MANUEL

DE

NUMISMATIQUE

ANCIENNE.

━━━ ❀❀❀ IMPRIMERIE ❀❀❀ ━━━
DE MADAME HUZARD (née VALLAT LA CHAPELLE),
rue de l'Éperon, n°. 7.

MANUEL

DE

NUMISMATIQUE

ANCIENNE,

CONTENANT

LES ÉLÉMENS DE CETTE SCIENCE ET LES NOMENCLATURES, AVEC L'INDICATION
DES DEGRÉS DE RARETÉ DES MONNAIES ET MÉDAILLES ANTIQUES, ET DES
TABLEAUX DE LEURS VALEURS ACTUELLES.

PAR M. HENNIN.

Tome Premier. — Élémens.

PARIS,

MERLIN, LIBRAIRE, QUAI DES AUGUSTINS, N° 7,

PRÈS LE PONT SAINT-MICHEL.

1830.

TABLE

DIVISIONS DE L'OUVRAGE.

TOME PREMIER.

—◦◦◦—

TOME SECOND.

NOMENCLATURE.

Monnaies et Médailles des Peuples, Villes et Rois.

Monnaies et Médailles Romaines.

INTRODUCTION.

Les transactions commerciales ont commencé avec la société, les premiers besoins ont amené les premiers échanges. Dans l'origine, les diverses valeurs s'échangeaient d'après des appréciations comparatives; mais, bientôt après, l'éclat, la durée et les autres propriétés qu'on reconnut aux métaux, les firent choisir pour représenter toutes les valeurs, et la monnaie fut trouvée. Ce fut plus tard que les pièces de métal, ordinairement consacrées aux relations commerciales, reçurent quelquefois une autre destination et devinrent de purs monumens (1). Le monnayage est donc une des inventions humaines qui ont le plus contribué à la civilisation.

Les peuples anciens ont émis une immense

---

(1) Ce sont ces dernières pièces qu'on désigne sous le nom de médailles.

quantité de monnaies qui nous fournissent les notions les plus intéressantes sous divers rapports, et ces monumens sont d'autant plus précieux, qu'ils ont été fabriqués dans des temps et dans des lieux sur lesquels nous n'avons que peu d'autres moyens de nous éclairer.

L'étude des monnaies et des médailles et de tout ce qui s'y rattache forme la science numismatique. Pour apprécier l'importance de cette science, il suffit d'un simple aperçu de quelques-uns des points de vue sous lesquels elle peut être considérée, et des secours qu'elle fournit à diverses branches de connaissances. Par elle, l'histoire est éclaircie et prouvée dans les nombreuses séries de souverains dont les monnaies nous ont transmis les noms, et sur-tout dans la suite des Empereurs Romains. Par elle, l'état politique des différentes contrées est établi; les localités, les villes reconnues; les dates des événemens et leurs rapports déterminés. Elle n'est pas moins utile à la géographie. Elle fixe les positions des lieux, leurs relations, les divisions territoriales et présente mille autres renseignemens importans. C'est elle encore qui dissipe une portion des nuages dont sont restées enveloppées les religions des peuples anciens, et si nous sommes parvenus à la connaissance d'une foule d'objets relatifs aux usages publics et privés, nous le devons aux monumens numismatiques, dont les types offrent une si étonnante variété, et nous ont conservé les traits exacts d'un grand nombre de souverains et de personnages célèbres, qui, sans eux, nous seraient restés à jamais inconnus.

En considérant ces monumens sous le rapport de l'art, on trouve encore en eux une source abondante d'observations, d'études et de jouissances. L'histoire des beaux-arts et leur pratique retirent de puissans secours des médailles antiques. Les divers styles, les diverses époques peuvent être d'autant mieux étudiés dans ces nombreux débris des âges anciens, qu'ils sont toujours de lieux et de temps à peu près certains, avantages que ne partagent que rarement les autres monumens de l'antiquité.

Cet accord d'utilité scientifique et d'agrément a fait, de l'étude de la Numismatique, une occupation aussi attachante qu'elle est instructive. La réunion, la classification et l'examen des monnaies anciennes ont été

le goût de prédilection d'un grand nombre
d'hommes distingués par leurs qualités per-
sonnelles et par leurs connaissances. Combien
d'entre eux ont trouvé dans ce goût, poussé
quelquefois, il est vrai, jusqu'à l'extrême,
mais toujours utile, sans entraîner de fâcheux
inconvéniens, le passe-temps le plus heureux,
des consolations dans les infortunes et des pré-
servatifs contre d'autres passions moins in-
nocentes !

L'étude des monnaies antiques, qui se rattache pour ainsi dire à toutes les connaissances humaines, conduit, plus que tout
autre sujet de méditation, à cette généralité
d'idées qui augmente la masse des lumières
et les coordonne. Cette science demande sans
doute une vaste érudition pour qui veut l'ap-
profondir ; mais pour celui qui n'y cherche
qu'un studieux délassement, elle est une
source continuelle d'instruction facilement
acquise, instruction qui se grave d'autant
plus sûrement dans la mémoire, qu'elle y est
introduite par les yeux, au moyen d'objets
qui piquent la curiosité, et se présentant en
connexion avec d'autres, rappellent tous des
classifications d'idées instructives.

Les savans qui se sont livrés à l'étude de

la Numismatique, ou à la formation de collections plus ou moins étendues, connaissent
les ouvrages dans lesquels ils doivent chercher les renseignemens dont ils peuvent avoir
besoin. Mais les personnes qui, avant d'avoir
étudié cette science, se sentent de l'attrait
pour elle ou désirent s'en faire une juste idée,
ont besoin de livres qui leur en donnent les
premières notions, qui leur fassent entrevoir
toute l'étendue de la carrière qu'ils ont à parcourir, tous les avantages qu'ils y trouveront;
de livres qui, leur aplanissant les premières
difficultés, augmentent leur goût pour une
étude aussi instructive qu'agréable. Que de
jeunes gens se fussent peut-être distingués
dans la recherche et l'examen des monnaies anciennes, s'ils n'eussent été forcés de renoncer à
ce goût, par l'absence de livres à leur portée,
qu'ils eussent pu prendre pour guides!

Il n'existe pas, en effet, d'ouvrage élémentaire de Numismatique qui remplisse les conditions que l'on doit trouver dans les livres
destinés aux commençans. Les Traités anciens, écrits dans ce but, sont d'une érudition diffuse, sans méthode et incomplets; ils
sont sur-tout, maintenant, restés tout-à-fait
en arrière du point où cette science est ar-

rivée, par les nombreuses découvertes faites
depuis leur publication, par les nouvelles méthodes introduites, et par l'aspect plus réellement instructif et plus raisonné sous lequel
les monumens numismatiques ont été envisa-
gés. Les livres élémentaires plus récens ne sont
guère moins incomplets ou arriérés. Aucun
n'offre cet ensemble de renseignemens, cette
unité de doctrine, si nécessaires pour l'instruction des personnes qui cherchent les bases
de la connaissance des monnaies anciennes.

J'ai donc pensé qu'un ouvrage qui s'éloi-
gnerait moins de ce but serait favorablement
accueilli.

Je l'ai écrit avec le désir de donner les notions indispensables et fondamentales à ceux
qui veulent s'instruire dans la Numismatique; mon but a été de leur ouvrir la route
vers des connaissances plus étendues.

J'ai pensé aussi qu'il était convenable de
rendre cet ouvrage utile à tous les Numismatistes (1), en présentant, dans un cadre res-

(1) Le mot *Numismate* a été remplacé, depuis quelques années,
par celui de *Numismatiste*, qui est maintenant adopté pour désigner celui qui étudie, explique, recueille des monnaies et
médailles antiques, qui cultive la *science numismatique* ou la *Numismatique*. Cette appellation est en effet plus conforme à l'ana-

serré, des notions qui se trouvent consignées ailleurs dans une forme plus satisfaisante, à la vérité, et plus complète, mais aussi beaucoup plus étendue. C'est sous ce point de vue que l'on pourra trouver utiles et usuelles les nomenclatures qui forment notre second volume. Il fallait les donner aux commençans dans des élémens; et peut-être ne seront-elles pas inutiles à ceux qui, depuis long-temps, cultivent la science des médailles. Ce sera pour eux une sorte de *vade mecum* concis et portatif, où ils pourront trouver des secours suffisans pour des recherches momentanées.

On me reprochera sans doute des longueurs et de nombreuses répétitions. Il m'était impossible de les éviter; elles tiennent à la nature même de l'ouvrage. Si l'on considère que chacun des Chapitres est en quelque sorte un Traité particulier qui s'appuie sur les précédens, et doit lui-même étayer ceux qui suivent, on concevra que de fréquens rappels,

---

logie. C'est ainsi que celui qui étudie la *Diplomatique* est un *Diplomatiste* et non pas un *Diplomate*.

Quelques personnes ont voulu remplacer *Numismatique*, science numismatique, par le mot *Numismatic*. Ce changement n'a pas été accueilli.

des redites même devenaient indispensables.
Dans les sciences, le fond doit commander
la forme, et ce serait manquer le but que de
sacrifier l'exactitude et la clarté à la vaine
prétention d'une élégance déplacée.

ÉLÉMENS

DE

NUMISMATIQUE ANCIENNE.

CHAPITRE PREMIER.

Origine des Monnaies.

1. Les hommes à peine réunis en société ont éprouvé, dans tous les temps et dans tous les lieux, les mêmes besoins, et suivi à-peu-près la même marche dans leurs premières organisations sociales. Il devait en être ainsi, puisque l'intelligence dont l'homme a été doué se retrouve par-tout la même. Aussi, les premières idées qui se développèrent chez lui, dans l'origine des sociétés, après les sentimens naturels et le besoin de sa propre conservation, furent et le désir d'améliorer son sort et la connaissance de la propriété. *Le tien* et *le mien* ont toujours été le grand mobile des actions des hommes, même dans la première enfance des nations. Sans doute, des sauvages isolés, des peuplades peu nombreuses n'ont eu, pendant long-temps, qu'un petit nombre d'idées et de besoins. Mais le moindre contact entre les hommes, la plus faible origine de société entre eux les rendirent aussitôt dépendans les

uns des autres, les forcèrent de recourir à des services
mutuels. Il s'établit dès-lors des échanges de choses
et de travaux, dont chacun reconnut bientôt les
avantages. Le commerce, qui n'est autre chose que
l'échange de certains objets contre d'autres, est donc
aussi ancien que l'homme.

On commença par des échanges fort simples, soit
en donnant une chose pour en avoir une différente,
soit en s'occupant d'un travail commun, qui profi-
tait à tous ceux qui s'y livraient. Une certaine quantité de fruits fut donnée pour une certaine quantité
de racines; un bœuf fut échangé contre un cheval;
deux hommes se réunirent pour chasser et tuer un
animal, qu'ils partagèrent ensuite. En même temps
que les idées de propriété, d'échange, de justice,
s'établissaient dans l'esprit des hommes, la tromperie, la friponnerie s'y introduisaient aussi; car le mal
marche toujours à côté du bien.

2. Peu à peu, les idées s'agrandirent, les richesses
s'augmentèrent, le sentiment de l'économie s'introduisit, les capitaux se formèrent, et les échanges,
d'abord limités par le peu d'importance des besoins
et la petite quantité des matières échangeables, devinrent plus nombreux, plus considérables, plus
compliqués. La différence entre les pauvres et les
riches s'établit, et ceux-ci, se trouvant en état de
commander du travail aux autres, purent leur imposer aussi l'obéissance et la soumission. Telle fut
l'origine du pouvoir. Ce ne furent pas la force ni le génie seuls, comme le racontent les historiens roman-
ciers, encore moins les idées de famille, comme le pré-

tendent des écrivains systématiques, qui fondèrent
les premières suprématies sociales. Sans la puissance
réelle que donnent les richesses, les autres avantages n'eussent pas suffi à ceux qui les possédaient,
pour s'élever au-dessus de leurs égaux. Le commerce,
l'économie créèrent les premiers chefs, les premiers
rois. Celui qui sut, le premier, économiser les vivres
qu'il s'était procurés, pour en donner à ceux qui
n'en avaient pas, a été le premier roi. Celui qui, le
premier, a su laisser à ses fils un amas de denrées
échangeables plus considérable que les amas de ses
voisins, celui-là a fondé la première dynastie.

L'économie, qui avait servi à fonder le pouvoir,
servit aussi à le conserver.

Toutes ces considérations, vraies en théorie, sont
prouvées par les faits.

3. La civilisation et les richesses s'augmentant,
toutes les principales productions naturelles utiles
à l'homme furent successivement découvertes ou
employées; les métaux furent trouvés, leurs qualités
reconnues, et ces précieuses substances devinrent
les agens les plus utiles de la civilisation. Rien, en
effet, après ce qui sert à la nourriture de l'homme,
n'offrait de plus grands avantages que les métaux.
Leur ductilité, la faculté de recevoir toutes les formes, d'être divisés et réunis à volonté, les rendaient
propres à tous les usages domestiques; on en tirait
des instrumens pour l'agriculture, des outils pour
les métiers, des armes pour la guerre; quant aux
métaux précieux, leur éclat invitait de plus à les
employer comme ornemens et comme parures.

4. Les avantages de divers genres que l'on retirait des métaux leur donnèrent donc bientôt une valeur plus usuelle que celle de tous les autres objets d'échange. La facilité qu'on trouvait à les diviser et à en réunir de nouveau les fragmens, en augmenta successivement l'importance comme moyen d'échange. Enfin les métaux, et particulièrement l'or et l'argent, devinrent peu à peu la valeur la plus facilement échangeable, et celle avec laquelle on obtenait plus communément tous les autres objets.

5. Arrivés à ce point, nous ne marchons plus avec des probabilités, qui, bien que certaines, sont enveloppées dans la nuit des premiers âges; nous avons des témoignages écrits des temps où les métaux se donnaient au poids contre les autres valeurs et comme les représentant plus particulièrement toutes. La Bible, Homère (1) et les premiers écrivains en offrent des preuves. Les auteurs anciens plus récens le confirment par beaucoup de témoignages. Cet état de choses dura plusieurs siècles. S'il était nécessaire de s'appuyer de faits plus rapprochés de nous, pour prouver l'usage adopté, dans l'antiquité, de l'emploi des métaux précieux au poids, comme représentant toutes les autres valeurs, on les trouverait chez plusieurs nations orientales, qui conservèrent encore cet usage bien long-temps après l'invention des monnaies.

6. Cette même propriété qu'ont les métaux d'être divisés à l'infini en fragmens que l'on peut réunir de

_____

(1) Il., H., 472. — Odyss., A., 430. — Il., Φ., 702.

nouveau, donna, dans la suite des temps, l'idée d'en former des morceaux de poids uniformes, que l'usage et la commodité rendirent d'une recherche plus générale. Déjà, sans doute, on avait pris l'habitude de marquer sur ces morceaux de métal leurs divers poids. L'uniformité qu'on leur donna devint une nouvelle commodité, une nouvelle simplification dans les transactions. Cette uniformité commença à servir de garantie de leur véritable valeur, et dispensa d'avoir continuellement recours à la vérification du poids. Ces morceaux de métal de poids égaux reçurent des noms particuliers, qui remplacèrent l'indication détaillée de leur poids. Telle fut, sans doute, l'origine des unités monétaires et des fractions qui en formèrent les divisions. Aussi a-t-on donné à ces morceaux de métal le nom de *monnaies non frappées.*

7. Il n'est pas possible, jusqu'à ces époques, de former aucune conjecture sur le titre des métaux précieux. On a connu long-temps ces substances avant de savoir les analyser, et l'on verra que nous n'avons même que peu de lumières, à cet égard, pour les temps où postérieurement les véritables monnaies furent fabriquées.

8. Après avoir divisé les métaux en morceaux égaux portant les indications du poids, et désignés par des noms particuliers que leur avait donnés l'usage, il ne fallait plus qu'un dernier pas pour trouver la véritable monnaie. On ne tarda pas à le faire, en limitant les diverses espèces de ces morceaux, en établissant des rapports réguliers entre

les poids de ces espèces différentes, en rendant les
morceaux très-portatifs par leur forme et leur peu
de volume, enfin en les marquant d'empreintes
uniformes, au moyen de coins en métaux plus durs
ou par le moulage. Cette invention, dont les résultats devaient être si importans pour les destinées fu-
tures des hommes, devint un des agens les plus actifs
de la civilisation : découverte prodigieuse, si l'on
pense aux fruits qu'elle a portés, et qui, commercia-
lement parlant, n'a été égalée qu'après plus de vingt
siècles, par l'invention de la lettre de change.

On conçoit combien de progrès les hommes devaient avoir déjà faits dans les sciences et dans les
arts lorsqu'ils parvinrent au point de fabriquer des
monnaies. Sans doute, les connaissances chimiques
nécessaires pour la fusion, la séparation, l'affinage
des métaux étaient peu avancées, les moyens mécaniques pour la fabrication des monnaies étaient
encore fort imparfaits ; mais l'art du monnayage était
créé avec tous les avantages qui devaient en résulter. Les morceaux de métal donnés au poids, que
nous nommons avec raison *monnaies non frappées*,
étaient remplacés par des monnaies véritables, multipliées uniformément au moyen de coins, et offrant
les trois qualités reconnues, depuis, nécessaires pour
constituer une monnaie : métal, poids et type (1).

9. Les beaux-arts ne furent pas étrangers à cette
grande découverte, et qui sait même si les inventeurs

_____

(1) Isidore, Orig., liv. XVI, c. 17.

de la monnaie ne furent pas des graveurs sur pierres
fines et sur métaux, animés du désir de faire connaître
leurs travaux, d'en voir apprécier les beautés, d'en
tirer de plus grands avantages et d'en multiplier les
produits? Ce qui est certain, c'est que les monnaies
les plus anciennes ont un mérite réel sous le rapport
de l'art, et attestent que, dès l'origine, des artistes
fort habiles se livrèrent à la gravure des coins. Ce
n'est point ici le lieu de développer les causes qui
portèrent les beaux-arts, dans la Grèce, à un point
de perfection si élevé. On trouve ailleurs les explications plus ou moins heureuses de ce concours de
circonstances auquel on dut ces artistes si habiles,
dont les travaux servent encore de modèles et de
règles. Il suffit de dire ici que l'art de la gravure
sur pierres fines ou sur métaux était chez les Grecs
aussi avancé que celui de la sculpture; que les artistes de ce genre se livrèrent à la gravure des coins
de monnaies, dès que le monnayage fut découvert;
que dans la suite la gravure des monnaies fut presque
toujours confiée dans chaque pays à d'habiles graveurs, et que beaucoup de monnaies antiques offrent
des chefs-d'œuvre de l'art, sous le rapport du style,
du grandiose et du goût réunis à la pureté du travail. Ajoutons, pour compléter cet aperçu, que les
monnaies ont, de plus que la plupart des monumens
de la sculpture, l'avantage de porter avec elles l'indication du lieu de leur fabrication et presque toujours celle de l'époque soit positive, soit approxima-
tive où elles furent frappées.

10. Quel est l'inventeur de la monnaie? A quelle

époque fut-elle découverte? ou plutôt à quelle époque précise commença-t-on à faire usage de monnaies uniformément multipliées par le coin ?

Nous sommes loin de pouvoir répondre d'une manière certaine à ces questions.

Les écrivains attribuent diverses origines à cette découverte, comme cela a eu lieu pour toutes les inventions qui datent des temps reculés. Le merveilleux, qui se mêlait chez les anciens à tout ce qui n'était pas bien constaté, fut invoqué aussi pour expliquer l'invention du monnayage. On en fit hommage aux dieux ; on l'attribua à Saturne et à Janus, et les habitans de l'Italie leur auraient dû ce bienfait. Les monnaies Romaines des premiers temps, qui portent la double tête de Janus, constatent que cette opinion était répandue à l'époque où elles furent fabriquées. Cette découverte fut aussi attribuée à divers personnages des temps anciens, bien antérieurs à l'époque réelle des premières monnaies. Des opinions plus probables furent ensuite répandues. Hérodote assure que la découverte du monnayage fut faite en Lydie, d'autres auteurs à Cumes, à Athènes, à Naxos, à Égine. On en fait honneur à un ancien roi de Thessalie que l'on nomme Jonus ou Itonus, à Numa Pompilius, second roi de Rome. Plusieurs écrivains Grecs enfin désignent comme le véritable auteur de cette découverte Phidon d'Argos, et un des marbres de Paros indique positivement que ce Phidon, Argien, frappa le premier une monnaie d'argent à Égine. Plusieurs villes se disputèrent la gloire d'avoir vu naître Homère. L'art du monnayage méritait aussi que l'honneur de son invention fût disputé (1).

11. Ces indications, indécises et probablement toutes inexactes, présentent peu d'intérêt. L'origine d'une invention qui date de temps aussi reculés est d'autant plus difficile à constater qu'il est probable que des essais plus ou moins informes mirent successivement sur la voie, et que les premières monnaies furent fabriquées dans divers pays presque à la même époque. Qui pourrait établir le moment précis de l'invention non pas du levier, la première découverte de l'homme, mais celle de la roue, de la charrue, du bateau? Il est vrai que celle des monnaies est d'une époque bien postérieure et demandait une grande masse de connaissances déjà antérieurement répandues; cependant on peut appliquer à cette découverte une partie des considérations qui se rapportent aux autres inventions.

12. Mais, outre les conjectures que fait naître la réflexion, outre les documens puisés dans les anciens écrivains, nous avons d'autres bases de nos investigations sur cet objet. Ce sont les monnaies primitives elles-mêmes. En se livrant à un examen approfondi et complet sur la fabrique de ces pièces,

---

(1) Il n'est pas inutile de dire ici que l'opinion qui attribue l'invention du monnayage à Phidon d'Argos a été, en apparence, appuyée par une monnaie des Béotiens, portant ΦΙΔΟ, mais cette pièce est d'une époque bien postérieure aux premiers temps de l'art monétaire, et ce nom est celui d'un magistrat en charge quand elle fut frappée.

le style de la gravure, la conformation des caractères, les types et les légendes, on trouve que quelques pays, quelques villes, peuvent être considérés
comme ayant frappé les premières monnaies; mais
on ne découvre aucun motif raisonnable pour faire
spécialement honneur de la découverte à tel ou tel
Peuple, à telle ou telle Ville. Les Grecs furent les inventeurs; mais il est impossible de rien établir de
plus précis.

13. Il reste à fixer l'époque vers laquelle furent
fabriquées les premières monnaies, et il est à propos,
pour la déterminer, de s'appuyer des écrivains anciens, en comparant leurs récits avec les monnaies
primitives elles-mêmes.

Un passage de Plutarque (1) porte que Lycurgue
substitua à Lacédémone la monnaie de cuivre à celle
d'or et d'argent. Il résulterait de ce passage, s'il était
exact, que les Lacédémoniens auraient eu des monnaies
d'or et d'argent dans le dixième siècle avant Jésus-
Christ, Lycurgue étant né 926 ans avant l'ère chrétienne, suivant les calculs de Fréret. Mais aucun autre
témoignage n'appuie cette assertion; elle ne se trouve
non plus justifiée par aucune monnaie Lacédémo-
nienne que l'on puisse rapporter à des temps si reculés: au contraire, un passage de l'*Eryxias*, dialogue
attribué à Platon, porte qu'à cette époque, les Lacédémoniens se servaient de poids en fer pour monnaie;
il est donc hors de doute que Plutarque a voulu parler de morceaux de métal donnés au poids, de *mon-*

_____

(1) In Lycurg.

naies non frappées, et non pas de monnaies véritables. Ce passage d'un auteur, dont le témoignage
est du reste d'une grande autorité, demandait à être
éclairci et réfuté.

Il est convenable de mentionner les anciennes monnaies portant les effigies de personnages qui ont vécu
avant l'invention du monnayage, comme Homère,
Pythagore, Numa Pompilius, Ancus Martius et autres.
Ces pièces ont pû être considérées et citées par des
gens peu instruits, comme preuves de l'existence du
monnayage aux époques où vivaient les personnages
qu'elles représentent. Ce sont des erreurs qui ne
méritent d'être réfutées que pour ceux qui n'en sont
encore qu'aux élémens de la science numismatique.
Ces pièces sont commémoratives. Elles ont seulement
l'avantage de prouver le haut degré de réputation
dont jouissaient dans l'antiquité les hommes que
l'on honorait ainsi long-temps après leur mort, et
celui de faire connaître leurs portraits ou du moins
les traits que l'on croyait avoir été les leurs.

Depuis l'époque où vivait Lycurgue, on ne trouve
rien qui indique positivement la découverte de l'art
monétaire. Ce n'est qu'au temps de Solon que les témoignages de l'existence des monnaies commencent
à se multiplier. Les lois de ce législateur d'Athènes
en font plusieurs fois mention; on y trouve même
la peine de mort prononcée contre les contrefacteurs
des monnaies (1). Solon avait acquis toute son influence vers la quarante-cinquième olympiade, six

---

(1) Demosthenes, Orat. adv. Timocrat.

2.

cents ans avant J.-C. Il fut contemporain de Tarquin
l'ancien, cinquième roi de Rome, et de Cyrus, roi
de Perse. Des témoignages divers attestent qu'en
Italie et en Perse l'art monétaire était pratiqué vers
cette même époque.

Si nous nous rapprochons ensuite des premiers
temps auxquels on peut, avec toute certitude, attribuer des monnaies déterminées, il faut arriver jusqu'à Alexandre Ier., roi de Macédoine, sous le règne
duquel furent incontestablement frappées les monnaies qui portent son nom et qui lui sont attribuées.
Ce prince régna depuis l'an 497 jusqu'à l'an 454
avant J.-C.

On voit donc que la découverte de l'art monétaire
peut être placée dans le VIIe. siècle avant J.-C.,
et que l'on peut regarder comme frappées depuis
cette époque jusqu'à l'an 500 avant J.-C. environ,
les monnaies primitives, dont les types et les légendes
indiquent les premiers temps de l'art. Les époques
successives de la fabrication des monnaies seront
détaillées dans le Chapitre III.

14. Il est probable que l'art du monnayage se répandit promptement dès les premiers temps de sa
découverte. Le nombre de Villes dont on trouve des
monnaies primitives ayant les mêmes caractères
d'antiquité le fait présumer, d'autant plus que ces
villes sont situées à des distances éloignées l'une de
l'autre, en Grèce, en Italie et en Sicile.

15. Les monnaies elles-mêmes se répandirent avec
rapidité. Le commerce les transporta bientôt dans
les diverses contrées ; aussi voyons nous que, dès

l'origine comme dans les temps postérieurs, les pays voisins de la mer en possédèrent de plus grandes quantités que ceux placés dans l'intérieur des continens.

Les législateurs réglèrent la fabrication des monnaies, les écrivains parlèrent de leurs avantages. Platon les admet dans sa république, non pas en or et en argent, mais en métal moins précieux, afin de ne pas exciter la cupidité des étrangers, et seulement pour servir aux échanges nécessaires aux besoins de la vie.

16. Bientôt la circulation des monnaies s'étendit de plus en plus, l'intérieur des continens en reçut, les lieux de fabrication se multiplièrent, et les nations même les plus reculées en apprirent l'usage. Les peuples auxquels les Grecs et les Romains ont donné le nom de Barbares, se servirent d'abord des monnaies de leurs voisins plus civilisés, et fabriquèrent ensuite des imitations grossières de celles de ces pièces qui s'étaient répandues parmi eux.

17. Plus tard, le peuple Romain, en conquérant la presque totalité de la terre connue et habitée, introduisit par-tout son système monétaire, soit en faisant admettre ses propres monnaies, soit en donnant à ses Colonies le droit d'en frapper, soit en conservant ce droit à quelques-unes des Villes conquises, qui le possédaient antérieurement.

18. D'après la classification générale adoptée pour l'ancienne Numismatique, elle est divisée en deux parties distinctes et séparées. Les monnaies et médailles des Peuples, Villes et Rois, que l'on désigne

aussi communément sous le nom de monnaies et médailles Grecques, comprennent celles de tous les peuples de l'antiquité, Grecs et autres, habitant les trois parties du monde alors connues, les Romains exceptés. Les pièces frappées aux effigies des Empereurs Romains ou à celles des personnages de leurs familles, par les Peuples, Villes et Rois, sont aussi classées dans cette première partie, qui est rangée dans l'ordre géographique. La seconde partie contient toutes les monnaies et médailles de coin purement Romain, rangées dans l'ordre chronologique.

CHAPITRE II.

Droit de frapper Monnaie chez les Peuples anciens.

19. Dès les premiers temps de l'invention des monnaies, le droit de monnayage fut considéré comme un droit de souveraineté. Ce principe fut consacré par les lois et par les usages de tous les peuples de l'antiquité. Les auteurs anciens, les faits historiques et les monumens eux-mêmes en fournissent les preuves. Les Villes et les Peuples Grecs qui fabriquèrent les premières monnaies, y inscrivirent leurs noms, pour constater leur droit d'*Autonomie* ou souveraineté, et à-la-fois comme garantie de la valeur des pièces. Les Romains en usèrent de même, et quelques-unes de leurs plus anciennes monnaies portent le mot ROMA.

20. Les Princes placèrent plus tard leurs images sur les monnaies. Un des premiers soins de ceux qui s'emparaient de l'autorité, et sur-tout dans l'Empire Romain, était de faire fabriquer des monnaies à leurs effigies. Les ambitieux qui, dans les diverses provinces de l'Empire, levaient l'étendard de la révolte contre l'Empereur, s'empressaient de répandre quelques pièces portant leurs images, s'ils avaient les moyens de les faire fabriquer. Ce fait, plus que tout autre, constatait pour eux ce qu'ils nommaient leur droit, mais servait aussi ordinairement plus que toute autre considération à déterminer à les attaquer celui qui possédait avant eux le pouvoir.

21. Les bornes de cet ouvrage ne permettent pas de citer les passages des auteurs anciens, qui servent de preuves à ces notions, ni le détail des faits qui les confirment. Quant aux monumens eux-mêmes, il suffira de faire observer, 1°. que l'on ne trouve point de monnaies antiques portant des effigies de particuliers, excepté celles de parens des souverains, placées par les ordres de ceux-ci, ou bien celles de personnages morts antérieurement ; ces monnaies employées à titre de commémoration ; 2°. que l'on trouve des monnaies de personnages qui ont régné peu de temps et même peu de jours ; 3°. que l'on trouve des monnaies de cette dernière nature surfrappées sur des monnaies antérieures ; ce qui indique la précipitation du travail ou le manque de quelques-uns des moyens de fabrication.

22. Il y a parmi les monnaies des Peuples, Villes et Rois des exemples de pièces portant les noms de

deux Villes ou de nations différentes, et même de plus de deux, en signe d'alliance.

23. A mesure que l'usage des monnaies se répandit, de nouveaux ateliers monétaires s'établirent. Toutes les villes de quelque importance, formant des états séparés, voulurent constater leurs droits souverains, en inscrivant leurs noms sur des monnaies. Mais il est nécessaire de faire observer ici que l'on possède des monnaies de villes très-peu considérables, et qu'il ne faudrait pas considérer toutes ces villes comme ayant formé des états entièrement indépendans. Ces petites villes frappaient monnaie en leur nom, soit comme faisant partie d'un état souverain, soit avec la permission de voisins plus puissans qui les dominaient, soit dans des temps de scissions causées par des guerres civiles, soit enfin par suite de ce mélange du droit et du fait, qui pouvait faire considérer alors le monnayage comme un droit à-la-fois souverain et municipal, en raison des principes démocratiques qui dominaient généralement dans ces contrées.

24. Lorsqu'avec le temps les Souverainetés qui s'étaient établies eurent affermi leur puissance, étendu leur territoire et acquis de l'influence même hors des limites de leurs possessions, les princes ne manquèrent pas de donner au monnayage les soins que demandaient l'intérêt de leurs finances, celui de leur pouvoir, celui même de leur amour-propre. Les pays conquis par des princes perdirent le plus souvent le droit de frapper monnaie. Quelquefois aussi les conquérans accordèrent aux villes dont ils s'emparaient

le droit de continuer à frapper des monnaies, mais
en y inscrivant leurs effigies ou leurs noms : il y en
a beaucoup d'exemples. Le droit de frapper des monnaies, ne portant aucune marque de dépendance, fut
quelquefois repris, dans de nouveaux temps de troubles, par ceux qui l'avaient perdu. Ce droit fut aussi
quelquefois rendu ou donné par des souverains à des
villes ou à des princes auxquels ils auraient pu le refuser, ou du moins ne l'accorder qu'avec des restric-
tions. On cite entre autres le droit de frapper des
monnaies propres, donné par Antiochus, fils de Dé-
métrius, roi de Syrie, à Simon, prince des Juifs :
*Et permitto tibi facere percussuram proprii numis-
matis in regione tuâ* (1).

25. Le droit de frapper des monnaies à titre d'état
souverain et indépendant, sans marques de supré-
matie étrangère, à titre d'*Autonomie*, a fait donner
aux monnaies des Peuples et Villes qui ont ce caractère le nom de monnaies *Autonomes*.

26. A mesure que les diverses contrées alors civilisées furent conquises par le peuple Romain, ou se
donnèrent à lui, en reconstituant ces contrées sous
la forme d'états en apparence indépendans, les Romains laissèrent à ces peuples la presque totalité de
leurs droits politiques. Ils conservèrent celui de frapper monnaie aux villes qui en avaient joui; mais
bientôt, lorsque Rome devint Empire, soit par adulation, soit par suite de dispositions formellement
ordonnées, les villes Grecques dûrent placer sur leurs

---

(1) Macchab., lib. I, c. 15, v. 6.

monnaies les effigies des maîtres du monde ou de
leurs parens. Les monnaies Autonomes ne furent plus
fabriquées. Rome ôta aussi à presque toutes les
villes Grecques le droit d'émettre des monnaies d'argent, et ne le conserva qu'à un petit nombre des
cités les plus considérables, comme Alexandrie d'É-
gypte, Antioche de Syrie, Césarée de Cappadoce,
Tarses, etc. Toutes les monnaies fabriquées par les
divers Peuples, aux effigies impériales Romaines,
ont pris le nom générique de monnaies *Impériales-*
Grecques.

27. Les Colonies Romaines obtinrent le droit de
frapper monnaie, quelquefois à leurs propres types,
mais ordinairement en y plaçant les effigies impériales et en y inscrivant la permission de l'Empereur
ou du Proconsul. Ces pièces prennent le nom de
monnaies *Coloniales.* On les distingue en *Coloniales-*
Autonomes, et *Coloniales-Impériales.*

28. Les Villes qui obtenaient de Rome le titre de
Municipe (*municipium*) avaient aussi le droit de
monnayage. Ces villes étaient gouvernées par leurs
propres lois ; leurs habitans prenaient le titre de
citoyens Romains, et ne pouvaient être imposés
qu'aux mêmes charges publiques que les Romains
eux-mêmes. On ne connaît pas précisément l'étendue et la nature de ces concessions de la puissance
Romaine. Les villes qui avaient ces droits ne manquaient pas de consigner sur leurs monnaies le titre
de *Municipe.*

29. La République Romaine ne donna à personne
le droit de frapper ses monnaies. Elle ne permit

jamais non plus d'y placer l'effigie d'aucun personnage vivant. Quelques hommes reçurent cet honneur après leur mort, avec l'autorisation du Sénat;
et les Triumvirs, chargés de la fabrication des monnaies, obtinrent quelquefois de pouvoir rendre cet
hommage à des personnages illustres de leurs familles. Le dictateur Sylla lui-même, qui jouit long-
temps de la toute-puissance et changea à son gré
plusieurs lois importantes, n'osa pas faire placer son
portrait sur la monnaie. Jules-César fut le premier qui
obtint du Sénat ce suprême honneur. Cet exemple,
une fois donné, devint un droit pour qui sut s'em-
parer du pouvoir. Pompée et ses fils imitèrent J.-Cé-
sar et firent frapper des monnaies en leurs noms et à
leurs images. Un fait plus singulier encore, c'est que
Marcus Junius Brutus, qui tua J.-César au nom de la
liberté et pour le rétablissement du gouvernement
républicain, fit placer son effigie sur des monnaies.

30. Auguste ne balança pas à suivre ces exemples,
même dès le commencement de son pouvoir; ses deux
collègues dans le triumvirat, Marc-Antoine et Lé-
pide, placèrent aussi leurs effigies sur des monnaies.
Auguste, resté seul maître de Rome et du monde,
accorda ce droit à ses parens. On vit sur les monnaies les effigies de Tibère, de Marcus Agrippa, de
Caius et Lucius fils d'Agrippa, adoptés par Auguste
et nommés Césars. Tibère y fit placer les portraits de
Drusus son fils, et de Germanicus, fils de Néron Claudius Drusus, qu'il adopta. Les monnaies portant l'effigie de Néron Claudius Drusus ne furent frappées
que sous le règne de Claude son fils.

31. Le droit de faire placer leur effigie sur les monnaies, de leur vivant, ne fut pas accordé, à Rome, aussi promptement aux femmes. Livie, femme d'Auguste, ne l'obtint pas, malgré l'attachement que lui portaient son mari et son fils Tibère. Cependant, il existe des pièces de cette époque représentant la Piété, la Justice, et autres divinités, dans les images desquelles on reconnaît les traits de Livie. Ces pièces ne portent pour légendes que PIETAS, IVSTITIA, etc. Du reste, cette observation ne s'applique qu'aux monnaies de coin Romain, car déjà quelques Villes Grecques et quelques Colonies s'empressaient de placer les images de la femme du maître du monde sur leurs monnaies, soit par une adulation spontanée, soit par suite d'obligations qui leur étaient imposées. Caligula et Claude commencèrent à faire placer sur leurs propres monnaies, de coin Romain, les effigies de leurs mères, Agrippine la mère, femme de Germanicus, et Antonia, femme de Néron Claudius Drusus. L'image d'Agrippine la jeune se voit sur les monnaies de son second mari Claude, et sur celles de Néron son fils. Il se trouve cependant aussi des médaillons Latins portant son effigie seule ; mais ce n'étaient probablement pas des monnaies, comme on le verra Chapitre V (86). Titus fit placer pour la première fois sur la monnaie l'effigie seule de sa fille Julie ; Domitien l'imita pour Domitia sa femme. Sous le règne de Trajan, le même honneur fut accordé à Plotine sa femme, à Marciane sa sœur, et à Matidie sa nièce. Depuis lors, cet usage fut constamment pratiqué suivant les volontés des Empereurs.

32. Rappelons encore que ces observations ne se rapportent qu'aux monnaies de coin Romain et que, dès le règne d'Auguste, les images des femmes de sa famille, celles de Livie sa femme et de Julie sa fille commencèrent à être placées sur les monnaies frappées dans quelques villes Grecques et dans des Colonies Romaines. Cet usage continua depuis.

Les portraits des parens des Empereurs avaient été aussi placés, dès le règne d'Auguste, sur les monnaies Impériales-Grecques et de Colonies.

Hadrien voulut placer sur les monnaies le portrait d'Antinoüs; malgré sa passion pour ce favori, qu'il divinisa après sa mort, il n'osa pas mettre son image sur les monnaies de coin Romain; mais plusieurs villes Grecques s'empressèrent, pour lui plaire, de la placer sur les leurs : c'est la preuve la plus forte d'adulation que les villes Grecques aient donnée aux Empereurs Romains.

33. C'est ici le lieu de parler de la signification des lettres *S. C.* qui se voient constamment sur les monnaies Romaines de cuivre depuis Auguste jusqu'à Gallien, et que l'on ne trouve que très-rarement sur celles d'or et d'argent. Ces lettres sont les initiales des mots *Senatus-Consulto.* Il n'y a aucun doute sur cette explication, et tous les auteurs sont d'accord à cet égard ; mais il y a eu des différences d'opinion sur la manière dont on doit entendre ces mots, sur la signification précise qu'avait cette annotation d'un Sénatus-consulte, d'un décret du Sénat, rappelé sur toutes les monnaies de bronze de coin Romain. Nous nous bornerons à présenter l'opinion

qui doit être tenue pour la véritable, et à indiquer
les principales objections qui y ont été opposées.
L'abbé Joseph Eckhel a exposé les points les plus
importans de cette discussion avec sa sagacité ordinaire, et c'est le meilleur guide à suivre dans l'examen de ce point de Numismatique (1).

34. On peut tenir pour certain qu'Auguste, devenu
tout-puissant, s'attribua le droit de faire frapper la
monnaie d'or et d'argent, et laissa au Sénat celui de
faire frapper la monnaie de cuivre; il y a tout lieu de
croire qu'il voulut en cela donner une preuve de
modération et conserver au Sénat un reste apparent
de son ancienne pleine-puissance, considération de
quelque poids à l'époque où il lui enlevait en réalité
le pouvoir souverain. Les monnaies fournissent deux
motifs principaux et décisifs pour établir ce principe.
1°. Les monnaies d'or et d'argent, depuis Auguste
jusqu'à Gallien, ne portent jamais les lettres *S. C.*
isolées; lorsque ces deux lettres s'y rencontrent,
elles sont relatives au type de la pièce et non à
la pièce elle-même. 2°. Les monnaies de cuivre ou
de bronze (2) des mêmes temps portent toujours les
deux lettres *S. C.* isolées, sauf cependant un petit
nombre d'exceptions qui s'expliquent d'une manière
claire et satisfaisante.

Quelques monumens autres que les monnaies

---

(1) Doctrina numorum veterum, t. I, p. LXXIII et seq.
(2) On trouvera, Chap. VII, 160 et suiv., les observations nécessaires sur les mots *cuivre* et *bronze*, et sur l'emploi de chacune de ces expressions.

viennent à l'appui de cette opinion. Un marbre
publié par Gruter (1) porte : OFFICINATORES.
MONETÆ. AVRARIÆ. ARGENTARIÆ. CÆSARIS.
Si la monnaie de cuivre eût été aussi frappée par
les ordres de l'Empereur, elle eût dû être mentionnée dans cette inscription.

Les auteurs anciens et quelques faits historiques
connus appuient encore cette opinion. Le Sénat,
au rapport de Dion (2), ordonna, après la mort de
Caligula et par haine pour sa mémoire, de fondre
toutes les monnaies de cuivre portant l'effigie de
cet Empereur. Pourquoi les monnaies de cuivre seulement, lorsqu'il s'agissait de donner une preuve de
mépris pour la mémoire du mort, si ce n'est parce
que celles-là seules étaient dans la juridiction du Sénat? On trouve une grande quantité de monnaies Romaines d'Othon, en or et en argent ; mais de ce prince
il n'en existe pas une, en bronze, de coin Romain.
Pourquoi le Sénat, s'il eût été chargé de faire frapper
les monnaies des trois métaux, en eût-il fait faire
pour Othon dans les deux métaux précieux, et non
en cuivre, tandis que cette dernière monnaie était
la plus usuelle? La séparation du droit de monnayage entre l'Empereur et le Sénat explique ce
fait. Othon fit frapper des monnaies à son effigie en
or et en argent, usant en cela de son droit ; et le
Sénat ne fit pas frapper de monnaie de cuivre pour
cet Empereur, qu'il avait cependant reconnu et qui
était maître de l'Italie. La raison n'en est pas connue.

(1) P. 74, I. — (2) Liv. LX, § 22.

On pourrait l'attribuer à ce qu'il fut le premier Empereur proclamé par les Prétoriens, ce qui ne dut pas lui concilier l'affection des Sénateurs; on pourrait alléguer aussi le peu de durée de son règne, qui ne fut que de quatre-vingt-dix jours. Mais ces raisons ne sont pas entièrement satisfaisantes, et il dut y avoir pour cette conduite du Sénat des causes que nous ignorons. Tacite dit qu'un des premiers soins de Vespasien, après son avènement à l'Empire, fut de faire frapper à Antioche de la monnaie d'or et d'argent(1); il n'avait donc pas le droit d'en faire frapper de cuivre, de coin Romain.

Pescennius Niger, gouverneur de Syrie, entraîné par des promesses que lui avait fait faire le Sénat après la mort de Commode, et pendant les troubles qui virent les règnes éphémères de Pertinax et de Dide Julien, se fit proclamer Empereur à Antioche. Bercé de fausses espérances, et croyant être reconnu en Occident comme il l'avait été en Orient, il ne passa pas en Italie. Septime Sévère fut reconnu Empereur à Rome, marcha contre lui, et gagna la bataille d'Issus, à la suite de laquelle Pescennius fut tué. Les monnaies de cet Empereur, non reconnu à Rome, sont aussi à l'appui de notre opinion, puisqu'on en trouve de coin Romain en or et en argent, mais qu'on n'en a point en bronze. L'examen des monnaies d'Albin est plus décisif encore.

Ce général gouvernait les Gaules et l'Angleterre

---

(1) Hist. II, 82.

lorsque Septime Sévère fut proclamé Empereur.
Celui-ci, ayant à détrôner Dide Julien reconnu à
Rome, et Pescennius Niger qui s'était fait proclamer
en Syrie, crut devoir ménager Albin et se l'attacher ;
il l'adopta et lui donna le titre de César. Après avoir
dépossédé Dide Julien et s'être fait reconnaître à
Rome, Septime Sévère alla combattre Pescennius
Niger et affermit son pouvoir en Orient. A son retour en Italie, il fit déclarer Albin ennemi de la
patrie, et se décida à l'aller combattre. Celui-ci prit
alors le parti de se faire proclamer aussi Empereur ;
mais il fut vaincu par Sévère à Trévoux près de
Lyon, et périt. Or, on a des monnaies d'Albin de
coin Romain, en or, en argent et en cuivre, avec
le titre de César, et en or et en argent seulement avec
le titre d'Auguste. Les premières furent frappées,
pendant la durée de la bonne intelligence entre
Septime Sévère et Albin, celles d'or et d'argent par
les ordres de Septime Sévère, Empereur, et celles
de cuivre par ceux du Sénat, puisque Albin était reconnu comme César ; les secondes furent frappées
par les ordres d'Albin lui-même, dans les Gaules,
ou en Angleterre, depuis qu'il eut pris le titre d'Empereur, mais en or et en argent seulement, Albin,
en cela, usant de son droit; et il n'en émit pas en
cuivre, parce que l'émission de cette monnaie était
dans les attributions du Sénat de Rome, qui ne reconnaissait plus Albin pour César, et bien moins
encore pour Empereur.

Les considérations que présentent les monnaies
elles-mêmes fournissent une autre nature de preuves

pour l'explication donnée des lettres *S. C.* Ces
preuves naissent sur-tout des rapports nombreux
qui indiquent une identité de fabrication et de direction entre les monnaies d'or et d'argent, quant
aux types et légendes, rapports qui ne se rencontrent plus avec les monnaies de cuivre.

Les légendes qui se trouvent dans les monnaies
Impériales sur les deux métaux précieux et non sur
le bronze, et celles qui sont sur ce dernier métal sans
être sur les deux autres, fournissent aussi des argu-
mens qui sont à l'appui de tout ce qui vient d'être
exposé; les types eux-mêmes confirment aussi cette
opinion. Les développemens qui naissent de toutes
ces observations seraient trop étendus pour être
donnés ici.

35. Ces détails établissent jusqu'à l'évidence l'exactitude de l'explication qui a été donnée des lettres *S. C.*
qui se voient sur les monnaies de cuivre de coin
Romain. Cependant on a opposé quelques objections à cette explication, et malgré leur peu de poids,
il est à propos d'en rapporter ici les principales et
de les réfuter en peu de mots.

On a cité cette légende, qui se voit fréquemment
sur les monnaies romaines : *III viri auro, argento,
æri, flando, feriundo.* Cette objection peut être facilement repoussée, en disant que rien ne s'opposait
à ce que les mêmes Triumvirs monétaires fussent
chargés de faire frapper les monnaies ordonnées séparément par l'Empereur et par le Sénat. La conve-
nance d'employer, pour ces diverses fabrications, les
mêmes ouvriers, les mêmes machines et les mêmes

ateliers était un motif suffisant, et plusieurs autres raisons pouvaient s'y joindre.

Une autre objection a été tirée des éloges excessifs qui sont prodigués aux Empereurs sur les monnaies. On en a argué qu'il n'était pas possible que les Empereurs eussent ordonné eux-mêmes de telles adulations, et qu'en conséquence il était à croire que le Sénat ordonnait ce qui avait rapport à la fabrication des monnaies des trois métaux. Mais on peut penser que les Empereurs déterminaient ce qui avait rapport au poids et au titre des monnaies, laissant aux Triumvirs monétaires à fixer les légendes et les types. Ajoutons que des princes qui ont divinisé leurs parens, qui se sont laissé rendre à eux-mêmes des honneurs presque divins, ont bien pu ordonner les légendes adulatrices qui furent placées en si grand nombre sur leurs monnaies.

36. Il est à propos, pour compléter ces notions, d'ajouter les observations suivantes :

1°. Les lettres *S. C.* se trouvent, comme on l'a vu, sur toutes les monnaies de cuivre de coin Romain frappées depuis Auguste. Cependant quelques pièces bien certainement Romaines n'ont pas cette indication. Ce sont des monnaies de la seconde grandeur, ou moyen bronze, frappées sous Tibère, Vespasien et Domitien, qui représentent, au revers, un caducée entre deux cornes d'abondance. Il est probable que ce type est le symbole du Sénat et du Peuple, et que, par ce motif, on ne plaça pas sur ces pièces le signe ordinaire *S. C.*

2°. Le plus grand nombre des médaillons de coin

3.

Romain, en bronze, frappés depuis Hadrien, ne portent pas l'indication *S. C.*; elle se trouve cependant sur quelques-uns. Cette omission sur la plupart des médaillons, la grandeur de leur module, leur rareté ont fait penser, avec beaucoup de probabilité, que ces pièces n'étaient pas des monnaies, ou du moins n'avaient pas le caractère de monnaie positive, comme toutes les autres. Ce point sera discuté au Chapitre V (85 et 86). Cette omission de l'indication *S. C.* sur la plupart des médaillons n'altère en rien le principe de la division du droit de monnayage entre l'Empereur et le Sénat, en admettant que les médaillons qui ne portent pas *S. C.* n'étaient pas des monnaies, opinion qui peut s'appliquer même à la plupart de ceux qui portent cette indication.

3°. Après le règne de Gallien, l'indication *S. C.* ne se trouve plus sur les monnaies de cuivre de coin Romain. Deux causes amenèrent probablement ce changement: 1°. la diminution successive des droits et de l'autorité du Sénat, qui n'avait plus, pour ainsi dire, qu'une ombre de pouvoir; 2°. l'établissement des ateliers monétaires dans les diverses provinces de l'Empire, et l'habitude qu'ils prirent de se soustraire, par une conséquence de leur éloignement, à l'autorité de la capitale pour tout ce qui se rapportait à la fabrication des monnaies.

4°. L'annotation *S. C.* se voit quelquefois sur des monnaies Impériales-Romaines d'or et d'argent. Il ne faudrait pas en conclure que ces pièces ont été frappées sous l'autorité du Sénat. L'annotation d'un Sénatus-consulte, dans ce cas, indique que ce à quoi

se rapporte le type de la pièce a été fait par ordre
du Sénat, et non pas la pièce elle-même. Ainsi, par
exemple, les monnaies en or et en argent de Vespasien relatives à sa consécration portent *EX S. C.*
Cela signifie que cet Empereur avait été consacré par
un Sénatus-consulte, et non pas que ces monnaies
avaient été faites par ordre du Sénat. Les monnaies
Consulaires frappées sous la République avaient offert antérieurement des exemples semblables, à une
époque où le Sénat réglait les monnaies de tous
les métaux. Ainsi, on lit sur une pièce : *Marcus
Lepidus S. C. tutor regis ;* ce qui indique que Lé-
pidus avait été nommé, par un Sénatus-consulte, tu-
teur du roi d'Égypte, Ptolémée V.

Il faut ajouter ici que quelques monnaies d'or de
Dioclétien et de Maximien portent les deux lettres *S. C.* Il serait difficile de trouver une explication
satisfaisante de cette singularité, non plus que de
plusieurs autres qui se remarquent sur les monnaies, à cette époque de confusion politique et de
décadence de l'art.

5°. On trouve aussi la marque *S. C.* sur les monnaies Impériales de quelques Villes, principalement
sur un grand nombre de pièces frappées à Antioche
de Syrie et sur les monnaies de quelques Colonies.
L'explication la plus naturelle de ce fait serait que
ces villes avaient reçu la faveur de voir leur monnaie
de cuivre assimilée à celle de l'Empire, et placée
sous la juridiction du Sénat; mais ce fait n'a pas été
convenablement expliqué. Il en est de même pour

les monnaies d'Agrippa II, roi de Judée, sur lesquelles se voit aussi la même marque.

6°. Les Empereurs Romains attachaient un tel
prix à placer leurs effigies sur la monnaie d'or,
qu'ils ne permettaient pas d'user de ce même droit
aux souverains étrangers sur lesquels ils pouvaient
exercer leur autorité, et qu'ils défendaient l'entrée
de l'Empire aux monnaies d'or portant d'autres
images que les leurs.

CHAPITRE III.

*Époques et limites chronologiques et géographiques de
la Numismatique ancienne.*

37. Le but principal de la recherche et de l'étude
des monnaies antiques est, sans aucun doute, l'instruction que l'on en peut tirer. C'est sous ce point
de vue que les savans et les collecteurs instruits
considèrent sur-tout ces restes de siècles si éloignés
de nous. Un des points les plus importans de la
science qui a pour objet l'étude de ces monumens
doit donc être de fixer le lieu et l'époque où chaque pièce a été frappée. C'est à l'aide de ces indications qu'on est parvenu à classer les monnaies et
à en tirer conséquemment une plus grande masse
de lumières sur tous les objets auxquels elles se
rapportent. Un classement raisonné et méthodique,
en rapprochant les monumens des mêmes lieux et

des mêmes temps, donne des notions plus justes, fait naître des idées plus exactes sur les faits que l'on veut expliquer et sur les opinions que l'on se forme.

38. La plupart des monnaies antiques portent les indications des lieux où elles ont été frappées. L'incertitude qui règne encore sur quelques attributions de certaines pièces à telle ou telle Ville, à tel ou tel Prince forme des points de discussion curieux et utiles; mais cette incertitude n'existe que pour un nombre de pièces très-petit, comparativement à la masse de celles qui sont *attribuées* avec certitude. Quant aux monnaies de coin Romain qui ne furent pas frappées à Rome, d'une part, elles sont entièrement Romaines par leurs légendes et leurs types, comme si elles eussent été fabriquées dans la capitale, et d'autre part on peut déterminer, avec beaucoup de probabilité, les lieux où elles furent frappées.

39. Mais si l'on est presque toujours certain des lieux où les monnaies antiques furent frappées, elles n'offrent pas toutes des indications aussi précises relativement aux époques de leur fabrication.

40. Sans doute, les monnaies qui représentent les images des princes lorsqu'elles ont été frappées de leur vivant, celles qui furent faites aux époques d'événemens dont la date est connue, celles qui offrent l'indication d'une ère bien fixée, toutes ces pièces portent en elles-mêmes les dates plus ou moins précises de leur fabrication. La plus grande partie des monnaies antiques est dans cette catégorie, et l'on peut s'en convaincre en se rappelant

que toutes les monnaies Romaines et toutes celles
des Rois et Princes Grecs sont de cette nature.

41. Mais un grand nombre de pièces ne portent
pas les mêmes indications précises de leurs dates ;
la presque totalité des médailles Autonomes des
Peuples et des Villes est dans ce cas. Il faut donc
chercher à découvrir quelles sont à-peu-près les
époques de la fabrication de ces pièces, en observant
et en étudiant les indications indécises qu'elles nous
offrent. Cette recherche est d'autant plus difficile,
que ces monnaies sont les plus anciennes et qu'elles
présentent en général peu de lumières sur ce point.
On trouve beaucoup d'obscurités et d'indécisions en
cherchant à soulever quelques-uns des voiles qui cou·
vrent les notions historiques de ces époques reculées.

42. Ces recherches sont peut-être la partie de la
Numismatique ancienne la plus hérissée de difficultés. Elles demanderaient, pour être traitées à
fond, une réunion de connaissances profondes et
variées, et une suite d'études et d'observations
longues et pénibles. Il faut ajouter même que l'idée
de chercher à former un système général et complet à cet égard doit être d'autant moins accueillie
par un Numismatiste, quels que soient d'ailleurs son
zèle et ses lumières, qu'il ne pourrait point espérer
de parvenir à son but. On éclaircira quelques points
de ces difficultés ; mais on ne pourra probablement
pas porter sur leur ensemble des clartés complètes.

43. Un petit nombre d'auteurs avaient hasardé
quelques idées à cet égard sans même concevoir la
pensée d'un système général, lorsqu'en 1750 l'abbé

Barthélemy lut à l'Académie des inscriptions son *Essai d'une Paléographie numismatique* (1). Son projet, dont il ne faisait paraître qu'une ébauche, était de poser d'abord les principes d'après lesquels on peut fixer l'âge des monnaies, et de faire ensuite l'application de ces règles aux pièces de dates incertaines de tous les peuples anciens. La science numismatique commençait alors seulement à prendre la direction raisonnée qui, depuis, lui a fait faire des progrès plus grands et plus solides; la masse des observations comparées n'était pas suffisante; les monnaies des premiers âges ne se trouvaient pas en grand nombre dans les collections.

44. Quant au plan de l'abbé Barthélemy et aux difficultés de son exécution, difficultés qu'il avait dès cette époque justement appréciées, on en peut juger par ce passage du commencement de sa dissertation.

« Dans cette vue, il faudrait examiner les suites
» nombreuses de médailles de Villes et de Rois; les
» comparer, soit entre elles, soit avec les autres monumens de l'antiquité; saisir, combiner mille rap-
» ports souvent légers et presque imperceptibles; se
» soutenir contre le dégoût de tant de détails inu-
» tiles en apparence, par l'espoir d'une découverte
» qu'on entrevoit de loin, et qui dans la suite de-
» vient un principe; remonter à l'origine de la gra-
» vure des médailles, et, malgré le silence des his-

_____

(1) **Mémoires de l'Académie des inscriptions et belles-lettres,** t. XXIV, p. 30.

» toriens, suivre cet art dans ses opérations, dans
» ses progrès et dans les révolutions qu'il a éprouvées
» en différens pays; se faire, pour chacun de ces
» pays, des systèmes particuliers qui se rapportassent
» tous à un plus grand, et qui fût lui-même concilié
» avec l'histoire des arts en général, et avec celle
» du commerce, qui influe toujours sur le nombre,
» le poids et la valeur des espèces. »

45. On ne pouvait indiquer d'une manière plus
précise le but à atteindre et les difficultés de l'en-
treprise. Ces difficultés et le manque, à cette époque, de secours suffisans, ainsi que nous venons
de le dire, empêchèrent l'abbé Barthélemy de développer les idées qui formaient le premier aperçu
du système qu'il voulait chercher à établir. Il com-
muniqua cependant à l'Académie, en 1784 et dans
les années suivantes, quelques nouvelles recherches
sur ce sujet, et une deuxième partie de son Essai
d'une Paléographie numismatique (1). Il annonçait
dans ce mémoire avoir réuni de nouveaux documens
sur cette partie de la science, et parlait de son désir
de terminer ce travail important. Cette nouvelle dissertation n'ajoute pas beaucoup de notions à celles
que son auteur avait exposées *près de quarante ans
auparavant.* Il y fait l'application des principes généraux de la paléographie aux pièces de diverses villes
de la Grande-Grèce.

Il y a tout lieu de croire que l'abbé Barthélemy se

_____

(1) Histoire de l'Académie des inscriptions et belles-lettres,
t XLVII. Mémoires, p. 140.

confirma de plus en plus dans l'idée de l'impossibilité ou du moins de la grande difficulté de coordonner les notions acquises à cette époque sur l'âge des
monnaies des Peuples et Villes, de façon à créer un
système complet à cet égard, et qu'il y renonça. Une
note jointe à la seconde dissertation, dans les Mémoires de l'Académie, l'assure. D'autres renseignemens porteraient à croire au contraire que l'abbé
Barthélemy avait terminé son travail sur ce sujet et
l'avait même disposé pour l'impression avant sa
mort. Quelque confiance que l'on puisse avoir dans
la source d'où sortent ces renseignemens, il paraît
certain cependant que ce travail ne s'est pas trouvé
dans les papiers de ce savant antiquaire.

46. Depuis lors, cette partie de la science occupa
tous ceux qui se livraient à l'étude des monnaies antiques et quelques points furent éclaircis plus ou
moins heureusement. L'avancement de la science,
la multiplicité des observations, la grande quantité des monnaies Grecques jusqu'alors inédites qui
furent découvertes, facilitèrent ces recherches. L'abbé
Eckhel profita des travaux de ceux qui l'avaient pré-
cédé dans cette carrière, et il exposa, dans son grand
et admirable ouvrage (1), les bases principales du
système qui lui paraissait le plus propre à éclaircir
cette partie de l'ancienne Numismatique. Nous le
suivrons dans cette route, et on ne peut mieux faire
que de l'y prendre pour guide. Des observations plus
nouvelles seront jointes aux siennes, et le sujet se

(1) Doctrina numorum veterum, t. I, p. cxxxi et seq.

trouvera suffisamment développé, tout en se ren-
fermant cependant dans les bornes imposées à cet
ouvrage par sa nature même.

47. Les indications qui doivent guider dans la
recherche des époques probables de la fabrication
des monnaies antiques dont la date n'est pas déterminée par leurs propres légendes ou types, sont les
suivantes :

*Le métal, les légendes, la forme des caractères,
la fabrique, le style de l'art.*

48. Comme on ne pourrait déterminer les dates
précises de fabrication que pour un très-petit nombre
de ces monnaies, et dans le vague qui dominera
toujours cette partie de la science que nous étudions, la seule marche à suivre est de fixer quelques
époques dans chacune desquelles viendront se ranger
les monnaies, suivant les principes généraux affectés
à chacune de ces divisions.

On peut donc classer sous le rapport chronologique toutes les monnaies antiques en six époques,
qui sont :

PREMIÈRE. Monnaies frappées *depuis l'invention
du monnayage jusqu'à Alexandre 1er., roi de Macédoine.*

DEUXIÈME. Monnaies frappées *depuis Alexandre 1er. jusqu'à l'avènement de Philippe II, fils d'A-
myntas, père d'Alexandre III le Grand, roi de
Macédoine.*

TROISIÈME. Monnaies frappées *depuis l'avènement
de Philippe II jusqu'au temps du renversement de
la République Romaine, sous l'empereur Auguste.*

Quatrième. Monnaies frappées *depuis le temps d'Auguste jusqu'à l'empereur Hadrien.*

Cinquième. Monnaies frappées *depuis Hadrien jusqu'à l'empereur Gallien.*

Sixième. Monnaies frappées *depuis Gallien jusqu'à la chute de l'Empire d'Orient et la prise de Constantinople par Mahomet II.*

Il est nécessaire de parcourir successivement ces six époques, en déterminant pour chacune d'elles les caractères généraux qui doivent se remarquer dans une monnaie, pour qu'elle puisse y être attribuée, et cela sous le rapport des diverses indications qui ont été établies.

49. Toutes ces recherches ont seulement pour objet les monnaies Autonomes des Peuples et Villes Grecs; celles des Rois portent les indications des époques de leur fabrication, puisque nous avons presque généralement les dates des règnes; les Impériales - Grecques et les Coloniales sont dans le même cas. Quant aux monnaies Romaines, les notions qui doivent servir à déterminer leurs âges seront exposées à la fin de ce chapitre.

Ainsi, dans les considérations qui vont suivre, il s'agit uniquement des monnaies Grecques Autonomes des Peuples et Villes.

50. Première époque. — Monnaies frappées *depuis l'invention du monnayage jusqu'à Alexandre Ier., roi de Macédoine.* L'invention du monnayage ayant été fixée dans le VIIe. siècle avant J.-C. (13), et Alexandre Ier. étant mort en l'an 454 avant J.-C., la durée de cette époque est d'environ deux cents ans.

Les monnaies de ces premières années, berceau

de l'art monétaire, offrent en général des traces de l'enfance de cet art, qui indiquent assez positivement qu'elles se rapportent à cette époque. D'un autre côté, leur rareté rend le nombre des observations plus restreint. Les Villes frappant monnaie étaient alors peu nombreuses, et les capitaux circulans fort peu considérables, la quantité de monnaies de ces temps qui sont parvenues jusqu'à nous doit être en effet très-bornée.

Métal. On employa pendant cette époque de l'argent, peu d'or et point de cuivre.

Légendes. Les légendes sont simples, formées seulement du nom de la Ville ou du Peuple, sans noms de magistrats ou autres annotations. Elles sont en ordre ou régulier, ou rétrograde, ou *boustrophedon* (1). Très-souvent, les pièces ne portent aucune inscription, ce qui rend plus difficile de déterminer le lieu où elles furent frappées, quand, d'ailleurs, les types n'en fournissent pas la preuve : aussi est-on obligé quelquefois de les classer parmi les incertaines.

Forme des caractères. Les indications que l'on peut tirer de la forme des caractères sont nombreuses, intéressantes et souvent décisives. Les recherches multipliées que cet examen nécessite ne peuvent pas être mentionnées dans un ouvrage de la nature de celui-ci ; les limites imposées à chaque partie de la science dans un livre élémentaire aussi court ne suffiraient pas pour établir clairement les bases de ces recherches et leurs conséquences. Cette partie si intéressante de la Numismatique doit être

---

(1) Voy. Chapitre XI, 294 à 297.

étudiée dans les auteurs qui en ont écrit spécialement avec détails, et sur-tout à l'aide du Traité de
l'abbé Barthélemy déjà cité dans ce Chapitre (1), et
de ce que J. Eckhel a exposé sur ce point dans son
grand ouvrage (2). D'autres auteurs ont consigné
dans leurs écrits des observations diverses sur ce
sujet. M. Mionnet a ajouté des formes de lettres à
celles qui avaient été réunies par J. Eckhel (3).

Fabrique. Une fabrique très-grossière se fait assez
facilement reconnaître et indique les pièces de ces premiers temps. Les formes globuleuses et irrégulières
des monnaies sont des caractères de cette époque; une
rotondité parfaite et globuleuse l'indique aussi quelquefois. Un grand nombre de pièces de ces temps
portent sur l'un de leurs côtés un carré creux, divisé
en diverses parties régulièrement ou irrégulièrement. Le coin informe qui produisait ce côté de la
pièce servait à fixer le flan de manière à ce qu'il
ne glissât pas dans l'opération de la frappe, et à ce
que l'impression du coin formant l'autre côté fût
obtenue avec exactitude. Ce procédé dont les monnaies des premiers temps offrent l'emploi indique
positivement l'enfance de l'art du monnayage. Un
grenetis autour du champ de la pièce est très-ca-
ractéristique de ces temps. On doit en dire autant
des pièces qui représentent le même type des deux

(1) Mémoires de l'Académie des inscriptions et belles-lettres,
t. XXIV. p. 3o. — OEuvres de Barthélemy.

(2) Doctrina numorum veterum, t. I, p. xvII, etc.

(3) Description de médailles antiques, Pl. XXXI et feuille
des citations jointe.

côtés, de l'un en relief et de l'autre en creux. Ce
procédé fut employé pour des monnaies de quelques
villes de la Grande-Grèce de cette époque; ces pièces
sont toutes en argent. On les nomme *incuses*. Il ne
faut pas les confondre avec celles qui sont incuses
par la faute des ouvriers monétaires, et dont il sera
question au Chapitre XIII.

Style de l'art. Il faudrait des développemens
étendus et un grand nombre de citations comparées, pour exposer les diverses considérations que
peut fournir l'examen des monnaies anciennes sous
le rapport de l'art. Développer les causes des progrès
des Grecs et du point de perfection où ils parvinrent dans la pratique des beaux-arts, serait déjà une
ample matière à discussions; ces recherches seraient
plus compliquées encore s'il fallait y joindre des
considérations sur l'âge des monumens. On ne peut,
dans un ouvrage de la nature de celui-ci, que renvoyer aux auteurs qui ont traité ces matières, et tous
les numismatistes des derniers temps s'en sont occupés ; mais on ne peut trop recommander l'examen attentif du plus grand nombre possible de monnaies. Il
suffira de rappeler, pour cette première époque, que
les beaux-arts se développèrent dès leur origine chez
les peuples anciens avec un sentiment de vérité
et d'expression qui leur est propre, et qui était
déjà presque de la perfection, malgré ce que l'on
peut reprocher d'incorrect et même de **bizarre** à
beaucoup de monumens de ces temps. Il est certain que les premiers artistes, sans modèles à suivre,
sans aucun des secours accumulés depuis, n'ayant

que la nature pour guide, arrivèrent promptement
à créer un style éminemment vrai et sublime. C'est
en se pénétrant des ouvrages de ces temps, et en
les jugeant par une suite de comparaisons multipliées, que l'on pourra appliquer au sujet qui nous
occupe les idées que l'on aura acquises. Ajoutons
que les beaux-arts, dans chaque pays, offrent des variations sensibles dans leur marche et qu'il faut les
étudier pour chaque contrée séparément : en effet
l'art, chez les Grecs proprement dits, chez les Étrusques, dans la Grande-Grèce, en Sicile, sans nommer
les autres contrées, offre des variations aussi multipliées que difficiles à indiquer.

51. DEUXIÈME ÉPOQUE. Monnaies frappées *depuis
Alexandre I*ᵉʳ. *jusqu'à l'avènement de Philippe II,
fils d'Amyntas, père d'Alexandre III le Grand, roi
de Macédoine.* Alexandre Iᵉʳ. étant mort en l'an 454
avant J.-C., et Philippe II ayant été roi en l'an 359, la
durée de cette époque est d'environ cent ans.

Pendant cette période, les beaux-arts s'élevèrent
en Grèce au plus haut point de perfection.

Métal. On se servit, dans cette époque, d'or,
d'argent et de cuivre, de ce dernier en petite quantité. Les premières monnaies de cuivre des rois de
Macédoine sont celles d'Amyntas II, qui régna de 397
jusqu'en 371 avant J.-C. On voit dans les *Grenouilles*
d'Aristophane, pièce qui fut représentée en 406
avant J.-C., que la monnaie de cuivre venait alors
d'être introduite à Athènes.

Légendes. Les légendes, dans cette période, offrent
les mêmes signes caractéristiques que dans la pre-

I.   4

mière, sauf les modifications que les progrès de l'art
du monnayage apportaient dans leurs dispositions.

Forme des caractères. Il faut se reporter, pour les
inductions à puiser dans la forme des caractères, à
ce qui en a été dit à la première époque et à ce que
nous avons indiqué relativement à la Paléographie.

Fabrique. La fabrication, dans cette époque, s'a-
méliora suivant les progrès que l'on faisait dans l'emploi des procédés. Les monnaies sont moins globuleuses, plus plates. Les carrés creux, irrégulièrement
divisés et sans types, ne se voient plus. Si des imitations de ces anciens carrés paraissent encore quelquefois comme souvenirs de méthodes antérieures,
ils sont réguliers, et l'on voit dans leurs divisions
intérieures des types et des légendes.

Style de l'art. Tout en suivant les préceptes établis
par les anciens artistes et en conservant la simplicité
du style de leurs productions, ceux de cette époque
perfectionnèrent l'art en mettant dans leurs ouvrages
plus de correction, de goût et de science. Ce fut le
temps où les beaux-arts, sortis de l'enfance, arrivèrent par des progrès rapides à ce haut degré de
perfection qui produisit tant de chefs-d'œuvre. Alors
vécurent Phidias, Zeuxis, Scopas, Praxitèle. Un cli-
mat admirable; des contrées délicieuses et variées;
de belles races dont les vêtemens n'altéraient pas les
formes; des événemens et un mode de gouvernement
qui exaltaient les imaginations déjà ardentes de ces
peuples; de grands hommes qui, chargés de la conduite des affaires de leur pays, inspiraient aux artistes ces ouvrages admirables, sources de jouis-

sances et de gloire, telles furent les causes qui contribuèrent à porter alors jusqu'au sublime la pratique des beaux-arts. L'absence de tout système de
convention, de tout modèle à suivre, pour ainsi dire,
préserva les artistes des fausses routes ; et l'examen
seul de la nature leur apprit à être simples et admirables comme elle.

L'art de graver les pierres et les monnaies fit les
mêmes progrès que les autres, et l'on trouve dans
les monnaies de cette époque des preuves nombreuses du point de perfection où étaient parvenus
les artistes. Elles sont d'autant plus précieuses, que,
parmi les monumens de la sculpture ancienne, ceux
que l'on peut attribuer bien positivement à cette
époque ne sont pas nombreux.

52. TROISIÈME ÉPOQUE. Monnaies frappées *depuis
l'avènement de Philippe II jusqu'au temps du renversement de la République Romaine sous l'Empereur
Auguste*. Philippe II ayant été roi en l'an 359 avant
J.-C., et l'Empereur Auguste ayant été maître souverain de l'Empire Romain en l'année de Rome 724,
trente ans avant J.-C., la durée de cette époque est
de plus de trois siècles.

Ce temps est celui où fleurirent les beaux-arts,
alors parvenus à leur apogée chez les peuples Grecs.

Métal. On employa l'or, l'argent et le cuivre pendant cette époque.

Légendes. Les inscriptions devinrent plus étendues, à cause des additions que l'on fit aux noms
des Peuples et des Villes ; on inscrivit sur les monnaies les noms des magistrats, des personnages que

4.

l'on voulait honorer, des divinités, etc., et les indications des années, des monogrammes, etc., etc.

Forme des caractères. Il faut encore, pour cette
époque, renvoyer à la Paléographie. On doit cependant observer que la perfection dans les arts produisit aussi des lettres de plus belles formes, mieux
placées et plus exactement gravées.

Fabrique. De nouveaux progrès dans la fabrication
des monnaies antiques caractérisent cette époque.
On y trouve plus de régularité, d'exactitude et d'uniformité. Cette fabrication atteignit alors le plus haut
degré de perfection auquel elle soit parvenue.

Ce point où fut porté l'art du monnayage chez les
anciens, quant à la partie mécanique, était encore
éloigné, sous certains rapports, du degré de perfection auquel cet art a été élevé par les modernes, sur-
tout dans ces dernières années. La différence la plus
notable est que les anciens n'ont pas connu l'usage de
la *virole.* Aussi toutes les pièces frappées dans l'antiquité sont-elles plus ou moins imparfaites sous le
rapport de l'exacte rotondité et de la concordance
des deux coins ; ce qui leur donne une apparence
d'imperfection aux yeux du commun des hommes,
habitués qu'ils sont à la régularité de nos monnaies
actuelles.

Les moyens mécaniques connus et employés dans
l'antiquité étaient fort simples et bien éloignés de
ceux qui ont été découverts dans les temps modernes. Il y a une grande différence entre le simple
marteau, avec lequel les anciens frappaient les monnaies, et les balanciers de nos jours. Cette considé-

ration rend plus remarquables les résultats obtenus par les anciens avec des procédés imparfaits. Quant à la gravure des types, une grande différence se trouve entre les monnaies antiques et celles des temps modernes, c'est le haut relief des unes comparé au travail entièrement plat de celles-ci. Ce travail de haut-relief était préféré par les artistes, comme leur donnant plus de ressources pour la perfection de leurs ouvrages ; d'un autre côté, la rareté des métaux précieux et celle du numéraire circulant étaient telles, que l'on n'avait pas senti la nécessité d'une fabrication de monnaies plates qui pussent s'empiler et être plus facilement comptées par quantités considérables. Ces circonstances ont servi à l'avancement de l'art de la gravure et à nous en conserver de si nombreux monumens ; car, avec un travail de bas-relief, les artistes anciens n'auraient pas produit des ouvrages si parfaits. Dans les temps modernes, les moyens mécaniques, perfectionnés, ont rendu les monnaies entièrement exactes et uniformes, et la nécessité d'en compter de grandes quantités en les empilant a porté à leur donner peu de relief.

Style de l'art. Pendant cette époque où l'on vit fleurir les beaux-arts, la gravure des monnaies se maintint dans le degré de perfection auquel elle était parvenue. Les mêmes genres de mérite que l'on trouve dans les monumens de la sculpture et du dessin de ce temps brillent sur les monnaies, dont le travail était, sans aucun doute, confié dans beaucoup de villes aux plus habiles artistes. Les monnaies de ce temps que l'on peut citer comme des chefs-d'œuvre

de l'art sont en si grand nombre, que les indiquer
serait sortir des bornes de cet ouvrage La quantité
de pièces, qui, sans être de ce haut point de perfection, offrent cependant un travail remarquable,
prouve combien était grand le nombre d'artistes
habiles qui s'occupaient de la gravure des coins. On
a regardé comme extraordinaire, d'après ces considérations, que les écrivains anciens ne nous aient
pas conservé les noms de quelques graveurs de monnaies. Il est probable que la gravure des coins était
pratiquée par les artistes qui gravaient les pierres
fines, et que ce dernier art était considéré comme
comprenant l'autre. En effet, pourquoi Pline, qui
rapporte les noms des plus habiles graveurs en pierres
fines, n'aurait-il pas cité aussi les graveurs en médailles, puisque un si grand nombre de ces pièces sont
des chefs-d'œuvre de gravure? On ne voit sur les monnaies antiques le nom d'aucun graveur, sauf une
seule exception authentique qui se trouve sur une
monnaie de Cydonia de Crète, portant : ΝΕΥΑΝΤΟΣ
ΕΠΟΕΙ (pour ΕΠΟΙΕΙ) (*fait par Nevantus*). Cette
absence du nom des graveurs sur les monnaies s'explique au reste fort bien par l'importance que l'on
attribuait au droit d'y inscrire les indications de la
souveraineté. Peut-être, au reste, quelques-uns des
monogrammes qui se trouvent sur les monnaies Grecques sont-ils les initiales des noms des artistes qui
les ont gravées. Nous n'avons sur ce point aucun
renseignement, même probable.

Il est nécessaire de remarquer ici que, dans cette
époque, que l'on peut nommer l'âge d'or des beaux-

arts, ce n'est pas seulement en Grèce, et dans les autres contrées où la culture des arts avait marché d'un pas égal, comme la Grande-Grèce et la Sicile, qu'il fut frappé des monnaies d'un beau travail. Des pays dont le peu d'aptitude aux sciences et aux arts était passé en proverbe, comme la Béotie et l'Arcadie; des contrées nommées barbares par les Grecs, comme la Thrace et la Bithynie; des villes lointaines, comme Cyrène et Marseille, eurent des monnaies dont la perfection est égale à celle des peuples Grecs les plus renommés dans la pratique des arts libéraux.

55. QUATRIÈME ÉPOQUE. — Monnaies frappées *depuis le temps d'Auguste jusqu'à l'Empereur Hadrien.* Auguste ayant été maître souverain de l'Empire Romain en l'an 724 de Rome, trente ans avant J.-C. et Hadrien étant devenu Empereur en l'an 117 de J.-C., la durée de cette époque est d'environ cent cinquante ans.

La décadence des arts, la diminution des prérogatives et de l'importance des peuples Grecs commencèrent à se faire sentir pendant cette époque. Le nombre des monnaies Autonomes diminua à mesure que s'établit l'usage de frapper des monnaies aux effigies Impériales. Un grand nombre de Villes perdirent ou abandonnèrent le droit de frapper monnaie, comme on l'a vu, Chapitre II (26). Il résulte de ces causes que le nombre des monnaies d'âge incertain est très-restreint pour ces temps.

Métal. Les monnaies de cuivre devinrent alors beaucoup plus nombreuses que les autres, l'argent ne fut plus guère employé que pour les monnaies

Impériales-Grecques. L'or ne fut plus frappé, sauf un très-petit nombre d'exceptions.

Légendes. Les monnaies ne portent plus que les noms des Villes et des magistrats sans titres. Les Impériales-Grecques portent les titres et les louanges des Empereurs.

Forme des caractères. Il y eut peu de variations pendant cette période.

Fabrique. L'art du monnayage commença dès-lors à dégénérer, et l'on en voit des preuves sur les monnaies de cette époque.

Style de l'art. Le style commence aussi à dégénérer, quoique l'on retrouve encore dans les ouvrages de ces temps de beaux restes du grandiose des temps antérieurs.

54. CINQUIÈME ÉPOQUE. — Monnaies frappées *depuis Hadrien jusqu'à l'Empereur Gallien.* Hadrien étant devenu Empereur en l'an 117 de J.-C., et Gallien en l'an 260, la durée de cette époque est d'environ cent cinquante ans.

Les beaux-arts éprouvèrent pendant cette période une grande et rapide décadence. Les troubles qui divisèrent l'empire, le débordement des peuples barbares, l'affaiblissement et la soumission totale des peuples Grecs, leurs calamités et la misère amenèrent cette décadence. L'art monétaire suivit le torrent ; il dégénéra rapidement. Le nombre des monnaies frappées par les peuples Grecs devint encore plus restreint que dans la période précédente. Il ne fut plus frappé que très-peu de monnaies Autonomes, et conséquemment très-peu de pièces de dates incertaines se trouvent à classer dans cette époque.

Métal. On employa le cuivre, peu d'argent et point d'or, sauf un très-petit nombre d'exceptions. Ce fut pendant cette période que l'on commença à altérer le titre des monnaies Romaines d'argent ; celui des Impériales-Grecques le fut aussi.

Légendes. Elles devinrent plus simples encore que dans l'époque précédente.

Forme des caractères. Voir encore, pour les formes des lettres, ce qui a été dit précédemment (50) relativement à la Paléographie.

Fabrique. La dégénération de l'art du monnayage devint encore plus marquée qu'antérieurement pendant cette période.

Style de l'art. On vient de voir quelles furent les causes qui amenèrent la décadence des beaux-arts pendant cette époque. La gravure des monnaies s'en ressentit et dégénéra entièrement On peut suivre cette décadence successive et rapide, en examinant la série des monnaies Romaines des mêmes temps. Celles d'Hadrien offrent encore des restes du grand style des artistes antérieurs, celles de Gallien sont barbares.

55. Sixième époque. — Monnaies frappées *depuis Gallien jusqu'à la chute de l'Empire d'Orient et la prise de Constantinople par Mahomet II.* Gallien étant devenu Empereur en l'an 260, et Constantinople ayant été prise en l'an 1453, la durée de cette période est d'environ douze siècles.

Ce long intervalle est marqué par la décadence la

plus complète des beaux-arts. Il serait trop long de
développer les causes de cette décadence et d'en
suivre les progrès. L'art du monnayage dégénéra
comme les autres arts, et dans aucune de ses parties n'offrit plus même les traces de ce qu'il avait été.
Il ne se trouve plus, pendant cette période, de monnaies Autonomes-Grecques ; les Impériales-Grecques
et les Coloniales disparaissent aussi. Les peuples
Grecs cessèrent presque entièrement de frapper monnaie, et on ne vit plus circuler que les pièces Romaines. Pendant que la fabrique des monnaies deve-
nait de plus en plus informe et barbare, la misère
des temps en rendait le nombre plus restreint.

Cette sixième époque ne se trouve donc pas pré-
sentée ici pour y indiquer les caractères auxquels
on peut reconnaître les pièces Autonomes de dates
incertaines que l'on pourrait y classer, puisqu'il
n'y eut plus alors de ces sortes de monnaies. Elle
n'est mentionnée à la suite des autres que pour
compléter le tableau et la division par époques de la
Numismatique ancienne tout entière et pour en faire
connaître les limites.

56. Il nous reste à parler de l'époque de l'introduction du monnayage à Rome et de ses développemens successifs. L'immensité du système monétaire
des Romains a rendu convenable, ainsi que nous
l'avons déjà vu (18), de former une classe séparée
de leurs monnaies propres, ou, autrement dit, des
monnaies de coin Romain. La nature de ces pièces
les rend, en effet, totalement distinctes de celles des
autres peuples.

57. Plusieurs auteurs rapportent les traditions qui attribuaient à Saturne et à Janus l'introduction du monnayage en Italie; nous avons déjà fait mention de ces fables, Chapitre I (10). En nous rapprochant d'époques moins obscures, Pline et d'autres écrivains affirment que les premières monnaies Romaines furent frappées sous le roi Servius Tullius, dont on fixe la mort à l'année 536 avant J.-C. (218 de Rome). Sans entrer dans les détails nombreux et dans les diversités d'opinions émises par les savans à cet égard, on peut admettre que le monnayage fut introduit à Rome, sinon sous Servius Tullius, du moins peu après. A cette époque, l'usage des monnaies existait dans d'autres parties de l'Italie depuis environ un siècle.

58. On frappa à Rome de la monnaie d'argent pour la première fois en l'an 269 avant J.-C. (485 de Rome), cinq ans avant la première guerre punique. L'or fut admis en l'an 206 avant J.-C. (548 de Rome).

59. On n'a que des notions fort insuffisantes pour classer chronologiquement les monnaies frappées à Rome sous la République, sauf les *As* ou parties d'*As*, qui fournissent dans leur poids quelques indications à cet égard.

60. Les monnaies Impériales sont d'époques connues, puisque nous avons les dates des règnes.

61. Le monnayage des pièces de coin Romain dura jusqu'à la chute de l'Empire d'Orient, et nous venons de voir les motifs qui le portent jusque-là. Ces fabrications cessèrent vers le milieu du XVe. siècle.

62. On voit donc que le monnayage fut inventé dans le VIIe. siècle avant J.-C., et que la Numismatique ancienne se prolonge jusqu'au milieu du XVe. siècle de l'ère chrétienne ; ce qui donne en tout une durée de vingt et un siècles.

Mais il faut observer que la Numismatique ancienne ne se trouve prolongée jusqu'à la prise de Constantinople que pour ne pas séparer les dernières monnaies de l'Empire d'Orient de la série des monnaies Romaines des temps antérieurs. Les Empereurs d'Orient, en effet, étaient les successeurs d'Auguste, d'Antonin et de Constantin, et malgré la décadence de leur pouvoir, ils forment une succession non interrompue de souverains du même peuple, tout réduit et dégénéré qu'il devînt successivement. Ces monnaies furent conçues dans le même système que les précédentes et circulèrent constamment de préférence à toutes les autres. On a regardé d'ailleurs comme difficile de fixer, quant à l'Empire Romain, une époque quelconque où finirait la Numismatique ancienne, pour passer à celle des temps modernes. La série complète des monnaies de l'Empire Romain d'Occident et d'Orient a donc été comprise dans la Numismatique ancienne. On trouvera dans le Chapitre XVII des idées plus développées sur ce sujet, et quelques vues nouvelles qui peuvent mériter d'être méditées.

63. Pendant la durée de l'Empire d'Orient, les divers peuples de l'Europe furent conquis ou séparés de l'Empire Romain. Ils formèrent des états indépendans que l'on vit successivement changer de maîtres,

de gouvernement et de limites. Ces états commencèrent à diverses époques, suivant leur position so-
ciale et l'état des arts, à frapper des monnaies plus
ou moins nombreuses, plus ou moins imparfaites.
Avec le temps, le monnayage s'étendit, se perfec-
tionna. Lors de la chute de l'Empire d'Orient, presque tous les peuples connus frappaient monnaie. Ces
divers systèmes monétaires font partie de la Numismatique du moyen âge et moderne.

64. Il pourrait paraître plus convenable de ne pas
diviser ainsi la Numismatique en ancienne et en moderne, et de faire du tout un seul corps de doctrine
et de classification. Mais les temps anciens sont si différens, sous tant de rapports, de ceux du moyen
âge et des époques modernes, que la Numismatique
ancienne forme réellement une science totalement
distincte. Les personnes qui l'étudient s'occupent en
général très-peu des temps postérieurs.

65. On vient de voir quelles sont les limites chronologiques de la Numismatique ancienne en général.
Celles de la Numismatique des États ou Provinces
en particulier se trouvent établies par l'examen des
monnaies de chaque État ou Province.

66. Quant aux limites géographiques, on les connaîtra aussi parfaitement par le tableau de tous les
peuples qui ont frappé monnaie; ce tableau se trouve
en tête de la nomenclature des pièces des Peuples,
Villes et Rois.

CHAPITRE IV.

Personnes préposées à la fabrication des Monnaies
chez les Anciens.

67. On ne trouve, dans les écrivains anciens qui
nous restent, aucune notion relativement aux magistrats ou officiers publics qui étaient chargés de la
fabrication des monnaies chez les peuples Grecs. Les
monnaies elles-mêmes et les autres monumens ne
nous apprennent rien à cet égard. Il est hors de doute
que les premiers magistrats des villes qui émettaient
des monnaies donnaient à cet important objet les
soins convenables. Les rapports de conformité que
l'on reconnaît entre les monnaies de diverses contrées, conformité nécessitée par les relations commerciales, prouvent que le monnayage était dirigé
avec les connaissances et l'exactitude nécessaires dans
cette matière. Mais nous ne connaissons aucun fait
positif relativement à ceux qui en étaient chargés.
Une belle inscription qui se rapporte aux finances
des Athéniens, et qui a été publiée par l'abbé Barthélemy, ne contient rien sur ce point.

68. On n'en sait pas davantage relativement aux
ouvriers qui s'occupaient, chez les Grecs, des travaux du monnayage.

69. Quant aux artistes qui gravaient les coins des
monnaies des peuples Grecs, nous ne trouvons non

plus dans les écrivains anciens aucun renseignement
qui leur soit relatif, ainsi qu'on l'a déjà vu dans
le Chapitre précédent. Le silence des écrivains sur ces
artistes est d'autant plus étonnant que quelques auteurs, et Pline sur-tout, nous ont conservé les noms
de plusieurs graveurs en pierres fines. Un très-grand
nombre de monnaies Grecques offrent un travail admirable, quelques-unes sont de véritables chefs-
d'œuvre ; il est hors de doute que, dans la plupart
des villes, la gravure des coins était confiée aux plus
habiles graveurs. Ces artistes auraient donc mérité
d'être nommés et célébrés par les écrivains. Il semble
que l'on doit conclure de ce silence des auteurs et
de la beauté des types monétaires, que les graveurs
en pierres fines étaient toujours chargés de la gravure
des coins des monnaies, et que ce dernier art n'a pas
été mentionné par les écrivains, parce qu'il était considéré comme faisant partie de celui de la gravure en
pierres fines. Le style des types des monnaies, et le
système employé généralement dans la gravure des
monnaies Grecques, comparés avec le travail des
pierres gravées des mêmes peuples et des mêmes
temps, viennent à l'appui de cette opinion.

Une objection peut être faite à cette idée, c'est que
les artistes habiles qui plaçaient leurs noms sur un
assez grand nombre de pierres gravées auraient pu
les inscrire aussi sur les monnaies, tandis qu'on n'en
trouve qu'un exemple sur celles de Cydonia de
Crète; il a été cité au Chapitre précédent (52). La
réponse à cette objection est facile, quand on pense
au principe généralement admis dans l'antiquité re-

lativement au droit de monnayage, qui fut toujours considéré comme attribut de la souveraineté, et au soin de n'admettre aucun type ni aucune légende en contradiction avec ce droit souverain. Au reste, on peut penser aussi que quelques-uns des nombreux monogrammes qui se trouvent sur les monnaies Grecques indiquaient les noms des artistes qui les avaient gravées. Nous n'avons aucune lumière à cet égard, et de simples conjectures seraient peut-être même hasardées.

Les monnaies Grecques n'offrent donc aucun éclaircissement sur les artistes dont elles étaient l'ouvrage, et les inscriptions et autres monumens de l'antiquité ne nous en apprennent pas davantage sur ce sujet.

70. Nous sommes plus instruits sur ce qui concerne les magistrats chargés du monnayage chez les Romains. Dès le temps de la République, la fabrication des monnaies fut confiée à trois personnes qui prenaient le titre de III VIR. A. A. A. F. F., ce qui signifie : III VIR*i* A*uro*, A*rgento*, A*eri*, F*lando*, F*eriundo*. On pense qu'ils furent institués vers l'an 465 de Rome (289 avant J.-C.).

Un passage de Tite-Live (1) indique de plus que les Questeurs avaient, jusqu'à un certain point ou dans quelques cas du moins, le droit d'inspecter les titres et les valeurs des monnaies et des métaux. Il s'agit, dans ce passage, de sommes envoyées à Rome par les Carthaginois pour paiement de tributs imposés, et on pourrait conclure des termes de l'his-

_____

(1) Lib. XXXII, 2.

torien, que déjà l'art de l'affinage des métaux était fort connu à Rome.

J. César augmenta les Triumvirs d'un quatrième; ils devinrent IIII VIRI; mais Auguste réduisit de nouveau leur nombre à trois. Dans les derniers temps de l'Empire, les magistrats chargés du monnayage prirent le nom de *Præses* ou *Præpositus monetæ*.

Les Triumvirs monétaires avaient, du temps de la République, une autorité puissante relativement à la fabrication des monnaies, puisqu'ils pouvaient faire constater, par les types et les légendes, des faits relatifs à l'histoire de leurs ancêtres ou d'autres personnages de leurs familles.

Les noms des Triumvirs monétaires, avec l'indication de leur charge, furent également placés sur les monnaies du temps de la République et même depuis. On trouve aussi ce titre donné à divers personnages sur plusieurs pierres tumulaires ou autres inscriptions Romaines.

71. Les marbres anciens nous ont également conservé les noms des ouvriers qui étaient chargés des diverses parties du monnayage. On y trouve les dénominations suivantes : *Monetarii*, *Officinatores monetæ aurariæ*, *argentariæ Cæsaris*, *Numularii officinarum argentearum*, *Familiæ monetariæ*, *Numularii officinatores monetæ*, *Exactores auri*, *argenti*, *aeris*, *Signatores*, *Suppostores*, *Malleatores*, *Flatores*.

72. Quant aux artistes qui gravaient les coins des monnaies chez les Romains, ni les écrivains, ni les monnaies elles-mêmes, ni les autres monumens de l'antiquité ne fournissent aucun détail à leur égard.

Il faut cependant citer ici une inscription antique qui porte : NOVELLIVS AVG. LIB. ATIVTOR PRÆPOS*itus* SCALPTORVM SACRÆ MONETÆ. Elle a été rapportée par Marini (1). On doit appliquer à ces artistes les observations qui viennent d'être faites pour la gravure des monnaies Grecques, et penser que les coins des monnaies Romaines furent aussi faits par les graveurs en pierres fines.

CHAPITRE V.

Différence entre les Monnaies et les Médailles.

73. On confond continuellement les mots *monnaie* et *médaille*, particulièrement pour les temps anciens. Il est donc nécessaire de définir ces deux expressions, et de ne les employer que convenablement.

74. Les *monnaies* sont les pièces de métal qui, multipliées uniformément en grand nombre, et portant des empreintes semblables constatant, soit réellement, soit fictivement, leur valeur, servent de moyen universel d'échange contre toutes les autres valeurs. Les monnaies doivent nécessairement réunir ces trois caractères déterminés, uniformes et connus : titre, poids et types.

(1) Iscriz. Alban., p. 109.

75. Les *médailles* sont les pièces de métal qui, multipliées uniformément, sans avoir de valeur précise, et sans réunir les caractères connus et déterminés pour les titre, poids et types, sont destinées à servir de commémoration d'événemens ou de personnages.

76. L'usage s'est introduit de nommer *médailles* toutes les pièces qui nous restent des temps anciens ; ces pièces, n'ayant plus cours aujourd'hui comme monnaies, ne se trouvent maintenant que commémoratives, et par conséquent ne sont plus réellement pour nous que des médailles. Sous ce point de vue, cette appellation paraît être raisonnée. Mais en donnant le nom de médailles aux monnaies des anciens, on tombe dans trois inconvéniens : le premier de nommer ces pièces par un autre nom que leur nom réel ; le second, de donner une idée fausse de ce qu'elles étaient dans l'antiquité ; le troisième, de confondre par là les monnaies et les médailles antiques, car les anciens ont connu la différence entre les unes et les autres.

77. Il m'a donc paru convenable de restituer à chacune de ces deux sortes de monumens numismatiques son véritable nom, et d'employer le mot *monnaie* dans le cours de cet ouvrage pour toutes les pièces qui ont été réellement des monnaies, bien que sous un certain point de vue elles soient pour nous maintenant des médailles, et que ce dernier mot ait été assez généralement employé jusqu'à présent pour les désigner.

Ainsi le mot *médaille* ne se trouvera employé ici

5.

que pour les pièces qui sont ou qui seront jugées être
dans la catégorie des médailles.

Quelles sont maintenant les pièces que l'on doit
considérer comme ayant été des monnaies dans l'antiquité? Quelles sont celles dans lesquelles on peut
reconnaître le caractère de médailles? C'est ce que
nous allons indiquer le plus brièvement possible.

78. On reconnaît, au premier aperçu, que presque toutes les pièces qui nous restent des temps
anciens étaient des monnaies. Tous les motifs tirés
du raisonnement et des probabilités portent à le
croire; l'examen des pièces antiques elles-mêmes le
prouve. Elles ont les caractères qui ont été reconnus
comme devant se trouver dans les monnaies. Les indications des valeurs et même les appellations monétaires inscrites sur plusieurs de ces pièces; leurs rapports de poids, de types et de fabrique pendant de
longues périodes; leur quantité; l'état de détérioration et de frottement dans lequel le plus grand
nombre se trouve et qui atteste la circulation; les
noms donnés à de certaines espèces de monnaies et
cités par les écrivains, tels que les *Philippe*, *les
Alexandre,* les *Cistophores*, etc., enfin une foule d'autres circonstances ne laissent pas de doute à cet égard.

Il est donc inutile de s'arrêter à l'opinion de quelques auteurs, tels qu'Erizzo et Hardouin, qui ont
prétendu que la presque totalité des pièces anciennes
avaient été de véritables médailles frappées en mémoire de personnages ou d'événemens, et non pas
des monnaies. Une telle opinion ne mérite plus d'être
réfutée.

L'opinion contraire est la seule véritable ; presque toutes les pièces qui furent faites dans l'antiquité et qui sont venues jusqu'à nous étaient des monnaies.

79. Il faut ensuite admettre que les anciens ont eu de véritables médailles. Mais tout en établissant ce fait, il est nécessaire de dire que les caractères qui peuvent servir à faire reconnaître les médailles des anciens ne sont pas tellement déterminés qu'il ne reste souvent des incertitudes. Ces incertitudes ne portent pas seulement sur le caractère de médailles à reconnaître ou à refuser à un assez grand nombre de ces pièces, on est encore dans le doute de savoir si des pièces frappées comme médailles n'avaient pas aussi une valeur fixe en rapport de quantités d'unités monétaires avec les monnaies et leur donnant cours. Enfin, il est souvent difficile ou même impossible de pouvoir déterminer dans quels buts ou pour quels usages ces pièces étaient frappées.

80. De la connaissance approfondie des pièces frappées dans l'antiquité, on peut conclure en général que, chez les anciens, les médailles étaient les pièces des plus grands diamètres. Des considérations diverses et la rareté de presque toutes les pièces de cette nature établissent cette opinion. Le mot *médaillon*, qui a été et qui est encore généralement adopté pour désigner les grandes pièces, est donc convenable, puisqu'il dérive du mot médaille, et nous l'emploierons toutes les fois qu'il s'appliquera à des pièces ayant le caractère de médailles.

Ce principe général établi, il convient, quant aux

autres circonstances, d'exposer des considérations séparées pour la Numismatique Grecque et pour celle
des Romains.

81. Parmi les pièces Autonomes - Grecques, en
bronze, il ne paraît pas qu'aucunes aient été des
médailles. Il existe bien des pièces de cette espèce
d'un grand et même d'un très-grand diamètre; mais
elles ont tous les caractères des monnaies. On peut
citer entre autres les grandes pièces de cuivre des
Ptolémée, dont la dimension était tout-à-fait inusitée
chez les Grecs, et qui pourtant doivent avoir été des
monnaies, parce qu'elles en ont tous les signes et
qu'on les trouve en très-grand nombre. Pour les
pièces d'argent, il paraît que les monnaies les plus
grandes qui aient été émises étaient les Tétradrachmes (quatre Drachmes), et que les pièces de
poids et de diamètres plus grands étaient des médailles. Le petit nombre d'espèces de ces dernières et
la rareté actuelle de chacune sont des motifs pour le
croire. Je citerai les grands médaillons d'argent de
Syracuse représentant la tête de Cérès, et au revers
un quadrige. Ces pièces, d'un volume et d'une valeur
insolites, étaient très-probablement des médailles.
Quelques-unes des variétés de ces pièces portent au
revers le mot AΘΛΑ (*Victoriæ præmia*). On peut
conclure de cette inscription que ces pièces étaient
des médailles, et qu'on les frappait pour être remises
aux vainqueurs dans les jeux. Quant au rapport
qu'elles peuvent avoir avec les monnaies par leur
poids, il est difficile d'établir si elles ont pu à-la-fois
être des médailles et avoir un cours réglé comme

monnaies. Nous n'avons pas de renseignemens assez certains pour l'affirmer. Quelques pièces des Rois, en argent, peuvent être aussi considérées comme médailles. Pour les pièces d'or, il y a lieu de croire que le plus grand nombre de celles de grand volume frappées aux effigies des Rois étaient des médailles, quoique elles offrent, la plupart du temps, les mêmes types et légendes que les monnaies plus petites des mêmes princes : ces pièces sont en général très-rares. Les grands médaillons d'or des rois de Macédoine et d'Égypte sont dans cette classe. Ces idées sont-elles justes, et quelles étaient les destinations de ces pièces ? Nous sommes à cet égard sans lumières positives.

82. Passons aux Impériales-Grecques et aux Coloniales. On y trouve, à dater du temps d'Hadrien, beaucoup de pièces de bronze de grandes dimensions auxquelles on peut attribuer le caractère de médailles. Entre autres motifs déterminans, nous citerons des médaillons d'Antinoüs portant les noms de villes qui n'ont pas fait frapper d'autres pièces de grandes dimensions. Si de telles pièces eussent été admises dans ces villes comme monnaies, pourquoi en eût-on frappé seulement à l'effigie de ce personnage ? Il est évident que c'étaient là de véritables médailles. Beaucoup de médaillons Impériaux-Grecs de bronze, rares en général, portent des inscriptions relatives aux jeux, qui doivent faire penser qu'ils ont été frappés pour être donnés en prix aux vainqueurs ou pour servir à d'autres usages dans ces spectacles.

Cette dernière considération pourrait faire croire que des pièces de la dimension ordinaire des monnaies, que l'on peut considérer comme telles, et qui furent frappées dans les villes Grecques lors des derniers temps où elles émirent des monnaies, étaient aussi des médailles destinées au service des jeux dont elles portent les noms. La monnaie Latine étant alors presque la seule qui eût cours dans l'Empire, on peut croire que ces pièces furent faites à l'imitation de celles de même nature frappées précédemment, mais en en réduisant les diamètres.

Les Impériales-Grecques d'argent paraissent avoir été toutes des monnaies. Il n'en existe pour ainsi dire point en or.

83. Un assez grand nombre de médaillons de bronze Impériaux-Grecs portent des contre-marques. On a voulu établir que ces pièces avaient été ainsi contre-marquées, pour leur donner par là valeur et cours de monnaie. Cette opinion n'est pas assez bien prouvée, et les motifs qui ont fait ainsi contre-marquer, dans l'antiquité, diverses pièces, ne sont pas assez connus pour que cette discussion puisse être suffisamment éclaircie.

84. Chez les Romains, le nombre des pièces auxquelles on peut attribuer le caractère de médaille est également assez considérable. Mais il est nécessaire d'abord de faire observer ici que les premières monnaies Romaines de cuivre ne sont pas de cette catégorie, quoique d'un volume très-considérable. Les premiers *As* et fractions d'*As* des Romains sont de dimensions très-volumineuses, et étaient pour-

tant incontestablement des monnaies. L'introduction des pièces que l'on peut considérer comme
médailles est de beaucoup postérieure. Aucune pièce
semblable ne fut faite pendant la durée de la République. Elles commencèrent à être introduites à
Rome dans les premiers temps de l'Empire.

85. Toutes les pièces d'or plus grandes que le
diamètre ordinairement employé pour les monnaies
Impériales peuvent être considérées comme médailles; il en est de même des pièces d'argent. Ces
pièces de ces deux métaux, que l'on nomme communément *médaillons Latins,* sont toutes d'une rareté
plus ou moins grande, et paraissent avoir été de véritables médailles, en leur appliquant toujours les doutes qui ont été établis pour cette nature de pièces.
Quant au bronze, le même principe peut être adopté
et il se trouve confirmé pour ces pièces-ci par quelques circonstances remarquables pour le sujet qui
nous occupe. On peut donc considérer que toutes
les pièces de bronze de fabrique Romaine Impériale, qui sont d'une dimension plus volumineuse
que les monnaies de la première forme ou monnaies
de Grand-bronze, étaient des médailles.

86. Dans ces médaillons Latins de bronze, des
différences de fabrique et de dispositions qui se font
quelquefois apercevoir, viennent à l'appui de l'opinion qui les fait regarder comme n'ayant pas été des
monnaies; on peut citer les médaillons portant la
tête seule d'Agrippine jeune (31) : à cette époque, les
effigies des femmes de la Famille Impériale n'étaient
pas encore admises seules sur les monnaies. Mais

une considération qui peut être indiquée comme dé-
cisive, et c'est la plus importante de toutes celles
qui se rapportent à cette matière, c'est l'absence des
lettres *S. C.* sur la presque totalité de ces pièces. On
a vu, Chap. II (33 et suiv.), que la fabrication de
la monnaie Romaine de cuivre dépendait du Sénat
et qu'en conséquence toute cette monnaie portait
ces deux lettres. Puisqu'elles ne se trouvent pas sur
les pièces de dimension supérieure à la première
forme nommée Grand-bronze, on peut en conclure
que ces pièces n'étaient pas ordonnées par le Sénat,
et conséquemment n'étaient pas des monnaies,
mais de véritables médailles.

87. Les médaillons formés de deux métaux sont
évidemment dans le même cas, et leur fabrique re-
cherchée en est une preuve suffisante.

Les soins apportés à la gravure et à la fabrication
de la plupart de ces grandes pièces fortifient encore
l'opinion qui les considère comme des médailles.
Leur rareté, je le répète, est un argument d'un grand
poids ; car nous pouvons citer les médaillons de
bronze de Trajan-Dèce, qui portent les lettres *S. C.*
et peuvent conséquemment, jusqu'à un certain point,
être considérés comme ayant été monnaies. Ces médaillons sont communs.

88. Quant au but pour lequel ces pièces étaient
frappées chez les Romains, et quant aux usages aux
quels elles étaient destinées, nous sommes, comme
pour les médaillons Grecs, dans l'impossibilité de rien
avancer de positif. Plusieurs de ces médaillons ont pu
servir pour les distributions d'argent ou libéralités

des Empereurs, pour les jeux et pour divers usages religieux et civils. L'absence de tout témoignage clair et positif nous laisse dans une incertitude complète. Les types et les légendes de ces pièces ne fournissent que peu de lumières sur ce point, et ces types sont quelquefois même plus simples que ceux des monnaies des mêmes princes.

Ces considérations doivent être terminées par les détails qui se rapportent à quelques autres pièces de nature particulière, qui, sans aucun doute, ne peuvent pas avoir été des monnaies.

89. Les plus remarquables de ces pièces sont celles que l'on nomme médaillons *Contorniates*. Ce nom moderne leur a été donné probablement à cause d'un cercle creux, placé au bord de toutes ces pièces. Elles sont en bronze seulement, de divers diamètres, mais ordinairement de celui des médaillons, et de peu d'épaisseur. Le rond creux, d'où ces pièces paraissent avoir pris leur nom, règne près des bords. Le travail a très-peu de relief. Ces pièces représentent à l'avers la tête d'un souverain ou d'un personnage illustre Grec ou Romain, et au revers un sujet de diverse nature, assez fréquemment relatif aux jeux du cirque ou scéniques, aux courses, aux chasses, ou à des particularités mythologiques. On remarque, dans le champ, des monogrammes en relief ou en creux, qui paraissent ajoutés après coup. Les légendes sont Grecques ou Latines. L'aspect de ces pièces est en-tièrement différent de celui de toutes les autres mon-naies et médailles de l'antiquité. Ces pièces sont en

général rares et les plus grands cabinets en ren-
ferment peu.

Divers auteurs se sont efforcés de fixer l'âge de ces
pièces et leur but. Quelques-uns d'entre eux ont attribué beaucoup de ces médailles aux époques res-
pectives dans lesquelles vivaient les personnages
qu'elles représentent. Cette opinion n'est pas sou-
tenable, car les Contorniates offrent les traits de personnages qui ont vécu à des époques et dans des
contrées fort différentes; il n'y a point de rapport
de travail entre ces pièces et celles fabriquées réellement dans les temps où vivaient les personnages qui
y sont représentés; tandis qu'au contraire les Contorniates sont évidemment tous de la même époque
ou du moins ont été fabriqués à peu d'intervalle les
uns des autres. L'opinion la plus vraisemblable est
que ces pièces ont été faites à Constantinople, depuis
que cette ville devint la capitale de l'Empire, jusqu'au
règne de Placide Valentinien III. Quant au but dans
lequel ces pièces ont pu être fabriquées, on ne sait
rien de positif; il est probable qu'elles étaient destinées à servir de tessères ou marques pour divers
genres d'utilité dans les jeux et autres cérémonies
publiques.

90. Il existe encore d'autres pièces de diverses espèces avec ou sans inscription, sans relations de fabrique entre elles ou sans rapports avec les séries
connues, en cuivre ou en plomb, qui ne peuvent
pas avoir été des monnaies, et doivent être considérées comme des tessères, des jetons, ou des marques

ayant été employés à divers usages ou services soit publics, soit particuliers.

91. Nous terminerons ces indications, en parlant d'une autre nature de pièces qui représentent des sujets libres, et ne peuvent pas être considérées comme ayant été des monnaies. On verra, Chap. XII (322) qu'il existe des pièces Grecques de cette espèce fabriquées dans la Macédoine, qui ont très-probablement été des monnaies. Mais il s'agit ici de pièces Romaines ayant eu certainement une autre destination, et que l'on doit considérer comme ayant été médailles. On leur a donné le nom de *Spintriennes*, mot dont l'étymologie indique l'espèce des sujets figurés sur ces pièces. Il n'en existe qu'en cuivre, d'un module un peu supérieur au Petit-bronze. Elles portent toutes d'un côté un numéro et de l'autre un sujet; on en connaît environ cinquante différentes; cependant elles sont rares. Tout, dans l'aspect de ces pièces, indique qu'elles n'ont pas pu être des monnaies, mais bien des jetons ou tessères qui servaient dans quelques réunions dissolues. Les sujets variés qu'elles représentent, bien éloignés du caractère que l'on remarque sur les pièces frappées en Macédoine, et qui sera signalé au Chapitre XII, attestent que leur objet était de fixer l'attention sur ces représentations. On pense que ces pièces, qui appartiennent à une seule époque, ont été fabriquées dans les dernières années du règne de Tibère et par les ordres de ce prince débauché, alors retiré à Caprée; et de fait on en a trouvé plusieurs dans cette île (323).

CHAPITRE VI.

Fabrication des Monnaies et Médailles antiques.

92. Les anciens ont connu et pratiqué deux procédés pour la fabrication des monnaies : elles ont
été ou moulées ou frappées. Un grand nombre de
pièces de quelques contrées, qui ont été sans aucun
doute frappées, conservent sur leurs bords des traces
de moulage. Ces traces indiquent que les flans de
ces pièces ont été moulés avant d'être soumis à l'o-
pération de la frappe. Il convient d'examiner quels
sont les renseignemens que nous fournissent les
auteurs et les monumens sur chacun de ces deux
modes de fabrication, et d'indiquer dans quels pays
et à quelles époques ils furent particulièrement employés.

93. Le titre donné chez les Romains aux Triumvirs monétaires, *Auro, Argento, Aeri, Flando, Feriundo*, ainsi que diverses inscriptions antiques,
attestent que le procédé de la fusion était employé,
dans le monnayage, non-seulement pour fondre les
métaux, mais encore pour les former en monnaies.
Ces renseignemens sont confirmés par l'existence
de moules de terre cuite, qui servaient à couler des
monnaies, et qui ont été trouvés en assez grand
nombre. Ces moules, dont il va être bientôt ques-

tion de nouveau (98), ne sont cités ici que comme preuves de ce procédé dans l'antiquité.

Si l'on passe ensuite à l'examen des monnaies elles-mêmes, on trouve que les pièces de certaines époques ont été évidemment moulées, et qu'elles en conservent des témoignages irrécusables. Les indices auxquels on reconnaît les pièces moulées sont principalement une certaine mollesse et de l'incertitude dans les contours, les inégalités globuleuses de toutes les parties, et sur-tout du champ, qui n'offre jamais le poli de celui des pièces frappées, les traces restées au bord des pièces et d'autres marques auxquelles on ne se méprend guère lorsqu'on a acquis un peu d'expérience dans la pratique matérielle de la Numismatique. L'examen attentif des monnaies antiques, l'habitude que l'on acquiert en en faisant passer un grand nombre sous les yeux, achèvent de donner sur ce point des connaissances dont les résultats sont certains. Avertissons ici que l'on ne doit pas perdre de vue qu'il existe beaucoup de pièces moulées dans les temps modernes sur des monnaies antiques, pièces fausses, fabriquées à l'imitation des pièces antiques, et pour être vendues comme antiques. Ces pièces fausses ne doivent pas être confondues avec les pièces moulées dans l'antiquité, et ne doivent pas sur-tout faire soupçonner celles-ci de fausseté. L'art de reconnaître l'authenticité des pièces antiques moulées ne peut s'acquérir que par une grande habitude réunie à des connaissances positives et au sentiment des arts et du goût. Ce sont le même tact, la même aptitude, qui font distinguer les monumens antiques de bronze, vraiment authentiques, de ceux qui sont falsifiés. Il est bien difficile de donner des règles positives sur ce sujet, qui sera traité dans le Chapitre XV.

Les procédés du moulage sont trop connus pour qu'il soit à propos de les rappeler dans un ouvrage de la nature de celui-ci. Ce qui concerne les métaux sera traité dans le Chapitre VII.

94. Les Grecs ne connurent point ou du moins n'employèrent pas la méthode du moulage des monnaies pendant les temps où ils frappèrent des pièces Autonomes. Il y a du moins fort peu d'exemples contraires, parmi lesquels on cite quelques monnaies d'or de Lysimaque et des monnaies des peuples nommés Barbares.

Quelques auteurs ont considéré un plus grand nombre de monnaies Grecques Autonomes, comme ayant été moulées. Ils ont été dans l'erreur. Ils ont cité entre autres les grandes pièces des Ptolémée, en bronze, comme étant d'un diamètre trop considérable et trop insolite pour avoir été frappées : c'est encore une erreur. Ces monnaies ont été évidemment frappées, ainsi que l'attestent leur poli et le point rond dans leur centre, qui est une marque indubitable de l'emploi du coin et de la frappe. Ces auteurs ont été particulièrement trompés par les marques de moulage, qui se voient en effet sur beaucoup de médailles Grecques Autonomes, marques qui indiquent que les flans destinés à ces pièces ont été moulés, puis ensuite frappés, mais non pas que les pièces elles - mêmes aient été moulées. Cette méthode, dont les Grecs ont fait usage, et qui n'est qu'une partie des procédés relatifs à la frappe, a été mentionnée au commencement de ce Chapitre; elle va être développée à l'article des *Monnaies frappées* (99 et suiv.).

On peut donc établir que les monnaies Grecques Autonomes ont été toutes frappées, sauf très-peu d'exceptions : il devait en effet en être ainsi. Les artistes Grecs gravèrent, dès l'invention du monnayage, des coins remarquables par la finesse du travail et par une exécution fort délicate. Le moulage ne leur aurait pas offert un moyen mécanique suffisant pour rendre le fini qu'ils voulaient mettre dans les monnaies : aussi ne s'en servirent-ils pas. L'argent et l'or furent employés par les Grecs pour leurs monnaies long-temps avant le cuivre, et cela, en partie, par la même raison.

95. Beaucoup plus tard, lorsque les Villes Grecques émirent des monnaies aux effigies des Empereurs et de leurs familles, quelques-unes de ces Villes, dans le second siècle, eurent des monnaies Impériales-Grecques moulées, sur-tout en billon ou potin. Antioche, Alexandrie et d'autres Villes firent fabriquer beaucoup de ces monnaies : plusieurs Colonies en émirent aussi.

96. Les Romains procédèrent à cet égard autrement que les Grecs. Leurs premières monnaies furent en cuivre et moulées. Les plus anciennes pièces de Rome et des peuples voisins, particulièrement celles de grands modules et les *As* de forme carrée, sont évidemment des produits du moulage. Nous

venons de voir les causes qui, chez les Grecs, ont
établi l'usage du coin dès l'origine des monnaies.
Si l'on cherche de même ce qui produisit la méthode du moulage chez les Romains et chez leurs
voisins, lorsqu'ils reçurent le monnayage, on re-
connaîtra que ce procédé fut, chez eux, le résultat
de diverses circonstances réunies, telles que la pau-
vreté des temps, la rareté des métaux précieux,
l'emploi du cuivre pour les monnaies, l'existence
de lois qui donnaient aux pièces des dimensions
volumineuses, mais sur-tout l'état des arts chez ces
peuples. On remarque sans doute dans les plus anciennes de leurs monnaies le grand caractère qui se
trouve en général dans les productions des beaux-
arts des premières époques chez les anciens ; mais
il est certain aussi que ces pièces présentent peu de
finesse dans le travail et tiennent plus du genre de
la sculpture, que de celui de la gravure en pierres
fines. Bientôt après ces premiers essais, les Romains
et leurs voisins, éclairés par l'exemple des autres
villes de l'Italie, admirent l'argent et l'or, et se servirent, pour la fabrication des monnaies, du coin,
dont l'usage fut constamment conservé par eux depuis cette époque.

97. Plus tard, sous l'Empire, il est probable que
quelques médaillons furent moulés. Lorsque l'argent
commença à être altéré, à l'époque du règne de
Septime Sévère, le moulage fut introduit et fort
employé pour les monnaies d'argent dont le titre fut
baissé, et qui devint successivement du billon et
même du cuivre argenté (*Saucé*) ; on se servit aussi

du moulage pour quelques monnaies de cuivre. Cette méthode fut pratiquée, mais non pas généralement, jusqu'au temps des Philippe et même plus tard.

98. C'est à cette époque que se rapportent les moules de terre cuite déjà cités au commencement de ce Chapitre, comme preuve du moulage des monnaies dans l'antiquité. Ces moules ont été découverts en divers lieux et en assez grand nombre. Ils consistent en plaques de terre cuite s'ajustant les unes dans les autres et laissant entre elles l'espace de l'épaisseur des pièces. On coulait le métal dans ces plaques, de manière à faire plusieurs pièces du même jet. Les monnaies produites par ces moules étaient toutes de l'argent altéré ou du billon qui circulait à cette époque. Ces moules ont été le sujet de recherches faites par divers savans et principalement par le comte de Caylus, pour expliquer la manière de s'en servir et les motifs qui les faisaient employer. On remarque dans quelques-uns de ces moules diverses singularités dont l'explication est difficile. Il en est, par exemple, qui portent avec la tête d'un prince un revers, qui évidemment n'a pas pu servir pour les monnaies de ce même personnage. Ces circonstances et d'autres observations, telles que des légendes imparfaites ou inexactes, ont fait penser à quelques écrivains que ces moules étaient destinés à faire de fausses monnaies. On peut en effet admettre qu'ils ont servi à des fabrications secrètes de monnaies, qui, tout en ayant la même valeur que les monnaies authentiques, étaient fabriquées mystérieusement par des gens que les gouvernemens autorisaient tacite-

6.

ment à le faire, ou par des hommes non avoués, entraî-
nés à ces fraudes secrètes par les bénéfices qu'offrait
l'émission des monnaies de billon, dans un temps
où la valeur du métal était successivement altérée au
gré des princes, et probablement sans règle fixe ni
publicité. En effet, il se trouve un grand nombre
de pièces de billon de cette époque qui offrent de
grandes irrégularités de fabrication dans leurs types,
leurs légendes et leurs formes.

99. Après avoir exposé ce qui a trait au procédé
du moulage, je passerai à ce qui regarde celui de la
frappe au moyen des coins. Les témoignages des auteurs sur ce sujet sont nombreux, et les monumens
nous en offrent quelques-uns. Les monnaies elles-
mêmes attestent l'emploi du coin, par les nombreuses
observations que l'on peut faire sur leur fabrique.
Voici les principales preuves qui le constatent, et
que l'on pourrait citer, s'il était nécessaire de dé-
montrer l'existence de ce mode de fabrication, qui
est de toute évidence : la grande pureté de contours
et la finesse des détails que le coin seul peut exprimer ; les pièces surfrappées ou qui ont coulé sous le
coin et sur lesquelles on remarque les traces des premiers coups, de façon que chaque contour est double ;
les fentes des flans, causées par la qualité ou la préparation du métal ; les pièces dans lesquelles les flans
n'ont pas été mis en rapport exact, de sorte qu'une
partie des types et légendes ne paraît pas d'un côté et
quelquefois des deux ; le point creux au milieu de la
pièce, point que l'on remarque dans les monnaies de diverses contrées de l'Égypte et de la Syrie, et qui servait

à fixer le flan entre les coins; les monnaies fourrées, c'est-à-dire de cuivre recouvert d'une feuille mince d'argent ou d'or, pièces que l'on considère comme ayant été de fausses monnaies; les monnaies faites avec des pièces antérieures et sur lesquelles on aperçoit des restes des types et légendes précédens; les médaillons formés de deux métaux, etc., etc.

100. Les procédés au moyen desquels la frappe des monnaies était pratiquée ne nous sont connus par aucun renseignement positif; les auteurs anciens et les marbres ne nous apprennent rien à cet égard; il faut donc recourir aux indications fournies par les monnaies elles-mêmes. Quelques coins antiques ont été découverts, ils sont en cuivre plus ou moins allié sans doute avec des parties d'autre métal. On n'a pas pu faire les expériences nécessaires pour connaître les moyens que les anciens employaient pour rendre ces coins suffisamment durs, ni les procédés dont ils se servaient pour la frappe avec ces coins. Il est hors de doute que les anciens ont employé aussi les coins en fer et en acier pour la fabrication des monnaies; mais ces coins n'ont pu parvenir jusqu'à nous et ont été détruits par la rouille.

Les détails relatifs aux métaux en eux-mêmes sont exposés dans le Chapitre VII.

101. Le métal était disposé en flans soit par la taille, soit par le moulage; mais il est difficile d'indiquer les procédés par lesquels ces flans étaient préparés pour les pièces qui n'offrent en elles-mêmes aucun indice à cet égard, et c'est le plus grand nombre

des monnaies antiques. On reconnaît que dans quelques contrées Grecques et principalement dans les
premiers temps, beaucoup de flans étaient préparés de forme globuleuse; ce qui indiquerait le procédé du moulage. D'autres monnaies, en assez grand
nombre, mais seulement de bronze, et principalement de l'Égypte et de la Syrie, ont été frappées sur
des flans dont un côté est plus large que l'autre;
ce qui doit indiquer l'usage de tailloirs imparfaits.
Mais une assez grande quantité de pièces de diverses
contrées offrent des traces évidentes de moulage an-
térieur à la frappe. Il est certain que les flans destinés à ces pièces étaient moulés. On peut citer, entre
autres, beaucoup de monnaies de la Sicile, de la
Grande-Grèce et d'autres contrées. Quelques pièces
offrent des excédans de matière très-considérables
sur les bords; on en connaît ainsi de la colonie de
Nîmes. Ces flans étaient-ils moulés seulement en
forme de simples plaques ou globules sans aucune
empreinte, ou bien étaient-ils moulés avec les types
et légendes, et achevés seulement par le moyen du
coin? Cette question a été traitée par des savans; mais
elle doit être décidée par l'expérience des résultats
de ces sortes de procédés. Or, il est à-peu-près certain qu'une pièce moulée avec ses types et légendes et
achevée seulement au moyen du coin ne peut jamais
offrir l'exactitude, la finesse, le poli et la perfection
du travail, comme on les obtient du coin, sur-tout
pour les parties délicates. Les globules laissés sur le
champ par l'effet du moulage ne disparaissent pas
sous le coin. Les finesses de travail des coins antiques

n'auraient jamais pu être fixées sur les monnaies par ce procédé. Il est donc évident que les flans moulés qui ont été employés pour les monnaies antiques étaient formés lisses, sans l'empreinte des pièces auxquelles ils étaient destinés, et frappés ensuite en entier sous les coins. On pourrait cependant admettre quelques exceptions à cette règle, et elles s'appliqueraient à des médaillons Romains de grand module, qui pourraient avoir été d'abord moulés avec leurs types et légendes et seulement achevés par la frappe.

102. Pour le procédé de la frappe en lui-même, les anciens n'ont connu que des méthodes fort imparfaites. Les flans étaient placés entre les deux coins sans y être fixés par des moyens sûrs ni réguliers, et l'opération avait lieu au moyen de coups de marteau redoublés. On n'a connu dans l'antiquité ni la virole, ni le balancier, ni les autres moyens mécaniques découverts depuis la renaissance des arts, et qui, perfectionnés aujourd'hui, donnent des monnaies parfaitement identiques. De là naissent chez les anciens l'imperfection des monnaies sous le rapport matériel, leur peu d'uniformité, l'inexactitude et les variations dans la rondeur des pièces, et le peu de régularité de la frappe. Les anciens n'en sont que plus à admirer pour avoir obtenu les résultats auxquels ils sont arrivés avec les moyens d'exécution qu'ils pratiquaient.

103. Rien ne peut nous faire connaître les procédés que les graveurs et ouvriers anciens employaient pour la préparation, la gravure et la trempe

des coins. Il y a tout lieu de croire qu'ils n'avaient
pas découvert la méthode de multiplier le même coin
par l'emploi successif de l'acier trempé et non trempé
agissant sur lui-même. L'extrême difficulté que l'on
trouve à rencontrer deux monnaies antiques sorties
du même coin (135), prouve que les coins étaient fort
multipliés, et que chacun ne fournissait qu'un petit
nombre de pièces; ce qui devait rendre en général
les monnaies frappées d'une fabrication coûteuse.

104. Les outils employés pour la fabrication des
monnaies ne nous sont guère plus connus. Il nous
reste seulement un monument de l'antiquité sur ce
sujet, et il est d'autant plus remarquable qu'il est le
seul. C'est un type qui se trouve sur quelques Deniers
Consulaires d'argent de la famille *Carisia*. Ces pièces
représentent à l'Avers une tête de femme que l'on
peut regarder comme *Juno Moneta*, avec la légende :
MONETA, et au Revers les tenailles, l'enclume, le
marteau et le bonnet de Vulcain, et pour légende :
T. CARISIVS (1); sur d'autres deniers semblables,
on lit au Revers : SALVTARIS. Une de ces deux
pièces a été restituée par Trajan.

105. Quant aux contrées et aux époques dans
lesquelles le coin fut employé, ce qui a été exposé
pour les pièces fabriquées par le procédé du moulage a déjà fourni à cet égard les éclaircissemens
convenables :

La frappe fut dans l'antiquité d'un usage général,
et le moulage ne fut que partiel et momentané;

---

(1) Cette pièce, soigneusement gravée, est placée au titre
de ce volume.

Les Grecs frappèrent les monnaies jusqu'à l'époque où, dans le second siècle, ils émirent des pièces Impériales ou Coloniales moulées (94 et 95) ;

Les Romains commencèrent par employer le procédé du moulage, qu'ils remplacèrent bientôt par le coin, qui fut toujours en usage depuis, sauf les exceptions qui eurent lieu depuis le règne de Septime Sévère, et qui ont été indiquées ci-avant (97).

106. Nous avons peu de renseignemens sur les ateliers monétaires eux-mêmes et sur tout ce qui se rapporte aux réglemens et aux usages qui les régissaient.

107. La détermination des lieux où les ateliers monétaires étaient établis est d'un grand intérêt, puisqu'elle fait connaître où les monnaies étaient frappées, but important de la Numismatique. Les monnaies Grecques offrent à cet égard peu de points de discussion : il est à-peu-près certain que les monnaies de chaque Ville étaient frappées dans la ville même qui les émettait. Les monnaies portant les noms des Princes, sans noms de Villes, étaient sans doute frappées dans la Ville la plus importante de la domination de chaque Prince. Il en est de même des monnaies des Peuples, qui étaient frappées probablement dans leur Ville principale. Quelques monnaies offrent des points curieux de discussion à cet égard. Les considérations qui peuvent résulter de ces recherches donnent des résultats géographiques ou historiques d'un intérêt local et partiel ; mais jamais le lieu où les monnaies ont été frappées n'est éloigné du point pour lequel elles ont été émises.

Les seules difficultés qui peuvent parfois se rencontrer sont relatives à la détermination de ces lieux. Le système monétaire de chaque Ville ou de chaque Prince n'ayant pas été en général fort nombreux, il n'est pas ordinairement difficile d'établir des points de doctrine positifs pour chaque localité. Les monnaies d'Alexandre-le-Grand, seules, présentent une masse nombreuse de pièces frappées dans divers lieux.

108. Les monnaies de coin Romain doivent être considérées sous ce rapport fort important, d'après un ordre d'observations et de conjectures entièrement différent. La puissance Romaine envahit successivement la presque totalité du monde connu des anciens : ce peuple eut donc un système monétaire immense. Il n'est pas question ici des monnaies frappées par les Peuples et Villes ou par les Colonies aux types Romains, mais seulement des pièces de coin Romain proprement dit. Le nombre de ces monnaies propres du peuple Romain est tellement considérable, qu'il égale le nombre des monnaies émises par tous les autres peuples, soit à leurs propres types, soit aux types Romains. Où furent fabriquées ces quantités immenses de monnaies de coin Romain? C'est une question qui n'a point encore été suffisamment éclaircie, et qui mériterait d'être spécialement traitée avec une étendue conforme à son importance. Resserrés dans les limites étroites que nous impose la nature de notre travail, indiquons en peu de mots les bases principales de cette discussion, en divisant cet examen d'après les trois natures de monnaies qui se succédèrent à Rome.

109. Les *As* de coin Romain furent très-probablement tous fabriqués à Rome. Le peu d'étendue du
territoire de la République pendant le temps où ils
furent émis permet de le croire. L'influence Romaine
commença sans doute à se faire sentir dans cette
période : des contrées voisines furent conquises ;
mais il y a lieu de penser qu'on ne sentit pas la nécessité de frapper hors de Rome des monnaies de
cuivre, dont la quantité était d'ailleurs fort bornée.
L'adoption du système monétaire de l'*As* Romain
par divers peuples de l'Italie corrobore même cette
opinion.

110. Lorsque la monnaie d'argent fut introduite
à Rome, ce qui arriva en l'an 269 avant J.-C. (485
de Rome), la puissance Romaine avait déjà pris un
grand accroissement ; elle s'étendit davantage encore,
les richesses et la masse du numéraire circulant augmentèrent : la monnaie d'or fut admise en l'an 206
avant J.-C. (548 de Rome). Des conjectures portent
à penser que, parmi les monnaies émises depuis cette
époque jusqu'aux premiers Triumvirs, quelques-unes
furent fabriquées hors de Rome. Nous n'avons pas
sur ce sujet de notions assez positives pour pouvoir
en tirer des conséquences satisfaisantes.

111. Sous les Empereurs, la puissance Romaine s'é-
tendit de plus en plus ; elle envahit le monde connu
presque entier. Les monnaies de coin Romain se répandirent par-tout et remplacèrent successivement
celles des pays soumis. Il paraît que, sous Auguste
et sous ses premiers successeurs, les monnaies de coin
Romain étaient encore frappées, sinon toutes, du

moins presque en totalité, à Rome même. Plus tard,
l'étendue toujours croissante de l'Empire et sa stabi-
lité dûrent conduire naturellement à établir dans
quelques provinces éloignées de la capitale des ateliers pour la fabrication de monnaies de coin Romain, semblables à celles émises à Rome. D'autres
causes amenèrent bientôt aussi des émissions de
monnaies Romaines hors de Rome : ce furent les
soulèvemens des divers personnages qui s'emparèrent du pouvoir dans les lieux où ils avaient l'autorité et qui se firent proclamer Empereurs. Ces
hommes s'empressèrent de constater leurs préten-
tions à l'Empire par l'émission de monnaies portant
leurs effigies, ainsi que nous l'avons vu déjà, Chapitre II (20). Plusieurs de ces chefs, qui s'emparèrent
ainsi de l'autorité souveraine dans les provinces, ne
possédèrent jamais la ville de Rome, occupée par
d'autres, et n'y furent conséquemment pas reconnus; nous avons cependant leurs monnaies de coin
Romain, conformes en tout à celles frappées à
Rome, et sans indication de lieu. On a vu d'ailleurs
(*Ibid.* 34) pourquoi ces personnages ne firent fabriquer que des pièces d'or et d'argent. Plus tard, lorsque l'Empire se trouva divisé volontairement entre
plusieurs maîtres, il y a lieu de croire que les monnaies de ces divers Augustes et Césars furent fabriquées dans les provinces qu'ils avaient reçues en partage, ou, du moins, simultanément dans ces contrées et à Rome.

112. Lorsque Constantin eut transféré le siége
de l'Empire à Constantinople, les monnaies des Em-

pereurs d'Orient furent fabriquées dans cette ville et dans quelques autres cités de l'Orient.

113. Le système général de la détermination des lieux où furent fabriquées les monnaies Impériales de coin Romain demanderait donc d'être traité avec des détails étendus. Nous devons nous borner à indiquer ici les principaux faits qui offrent quelque certitude. On peut établir :

1°. Que les monnaies des premiers Empereurs et de leurs successeurs furent fabriquées à Rome, sauf un petit nombre d'exceptions. On sait, entre autres, par Strabon, que l'on fabriquait à Lyon, dans cette période, des monnaies Romaines d'or et d'argent : elles ne pouvaient être que de coin Romain;

2°. Que, plus tard, quelques monnaies de coin Romain d'Empereurs reconnus à Rome furent probablement fabriquées hors de Rome. Nous avons, à cet égard, peu de renseignemens; mais des monnaies du bas-temps portent les indications de quelques villes où ces pièces ont été fabriquées, telles que Aquilée, Arles, Lyon, Milan, Ravenne, Serdica;

3°. Que les premières monnaies de quelques Empereurs qui se firent proclamer dans les provinces et furent ensuite maîtres de Rome et reconnus dans cette capitale, furent fabriquées dans les provinces où ils prirent la pourpre. Nous savons par un passage de Tacite (1) que Vespasien fit frapper des monnaies d'or et d'argent à son effigie à Antioche de Syrie, lorsqu'il se fut fait proclamer Empereur dans

_____

(1) Hist., lib. II, cap. 82.

cette contrée, et avant d'avoir été reconnu par le
Sénat. Or, il n'existe point de monnaies d'or ni d'argent de Vespasien, indiquant qu'elles ont été frappées dans cette ville. Les pièces en question étaient
donc de coin Romain : on peut en dire autant des
monnaies de Diaduménien, frappées également à
Antioche (1);

4°. Que les monnaies de quelques personnages
qui s'emparèrent du pouvoir dans les provinces et
furent ensuite reconnus et confirmés dans leur autorité par les Empereurs maîtres de Rome, sans pourtant venir à Rome y commander, que ces monnaies,
dis-je, furent fabriquées, partie dans les contrées
où ces personnages étaient maîtres, et partie à Rome.
Les monnaies de Cl. Albin (34) sont dans cette catégorie;

5°. Que les monnaies des personnages qui prirent
la pourpre dans les provinces sans être reconnus par
les Empereurs qui étaient maîtres de Rome, et sans
occuper l'Italie ni la capitale de l'Empire, furent
fabriquées dans les contrées où ces personnages
établirent leur autorité : ce fait est évident;

6°. Que les monnaies des Empereurs et des Césars
qui régnèrent en même temps, de commun accord,
sur les diverses parties de l'Empire qu'ils s'étaient
attribuées en partage, comme lors de la division de
l'Empire sous Dioclétien, furent probablement frappées simultanément dans la capitale et dans les pro-

_____

(1) Lampridius in Diadumenianum.

vinces où régnait chaque Empereur ou César : ce fait est encore de toute probabilité ;

7°. Que, lors de la translation du siége de l'Empire Romain à Constantinople, les monnaies des Empereurs furent fabriquées dans cette ville : ce fait est évident par lui-même et prouvé, de plus, par les nombreuses monnaies portant parmi leurs légendes : CON. CONS. CONST. CONOB. COMOB. KONSTAN., etc. ;

8°. Que, dans la division de la puissance Romaine en Empire d'Orient et en Empire d'Occident, chaque Empereur fit fabriquer ses monnaies dans les contrées où il régnait, à Constantinople ou à Rome ;

9°. Que, dans le Bas-Empire d'Orient, les monnaies furent fabriquées non-seulement à Constantinople, mais dans d'autres villes d'Orient, dont l'indication se trouve sur quelques pièces, telles que Cyzique, Héraclée du Pont, Nicomédie, Sirmium ;

10°. Que, lors de la translation de l'Empire Grec en Asie, après la prise de Constantinople par les Croisés, les monnaies des Empereurs Grecs furent fabriquées à Nicée, en Bithynie.

114. La détermination des lieux de fabrication des monnaies Impériales aux types Romains pourrait donc conduire à une classification de ces monnaies dans l'ordre géographique. Cette classification serait la même que celle adoptée pour les monnaies Grecques, et en joignant à celles-ci les monnaies Romaines, on aurait pour tous les peuples de l'antiquité une seule série, rangée d'après les mêmes bases. On verra avec plus de détails dans le Chapitre XVII quels sont

les motifs qui pourraient faire adopter ce classement et quels seraient ses avantages.

Mais revenons à la suite des considérations relatives à la fabrication des monnaies en elle-même.

115. Les opinions théogoniques des anciens les
portaient à personnifier les idées abstraites, les arts,
les métiers, à les représenter sous les formes humaines, et même à les placer au nombre des divinités subalternes. La monnaie reçut ces honneurs, et
les Romains la figurèrent souvent sur leurs pièces :
elle est représentée par une femme debout, tenant
de la main gauche une corne d'abondance, qui indique la source des métaux, et, de la main droite,
des balances, symbole de la fidélité dans le titre et
le poids des espèces frappées. On voit quelquefois
sur des pièces de grand module trois figures de femmes
semblables, représentant les trois monnaies d'or,
d'argent et de cuivre. Près de chacune des trois est un
morceau du métal destiné à cette espèce de monnaie.
La figure du milieu tient ses balances plus élevées
et représente certainement la monnaie d'or. Ces
pièces portent pour légende : MONETA AVG. ou
AEQVITAS PVBLICA, ou AEQVITAS AVGVSTI.

C'est ici le lieu où doivent être indiquées diverses
particularités de fabrication qui se remarquent dans
quelques monnaies et médailles antiques, soit isolées, soit formant des séries, lesquelles méritent d'être
observées, ou qui ont fait donner aux pièces dans
lesquelles on les trouve des dénominations spéciales.

116. La forme des monnaies et médailles antiques
est généralement ronde. Dans les pièces Grecques,

le rond est rarement exact, et l'on en a vu les motifs
dans ce Chapitre ; beaucoup de pièces, sur-tout des
premiers temps, sont globuleuses. Quelques monnaies, principalement de l'Égypte et de la Syrie, sont
frappées sur des flans taillés en *biseau*, c'est-à-dire
dont un des côtés est plus large que l'autre (101).
Les monnaies Romaines sont en général d'une rondeur plus régulière que les Grecques.

117. Quelques pièces carrées se remarquent dans
les premières monnaies Romaines. D'autres, du même
temps et également de très - grandes dimensions,
sont globuleuses et fort épaisses.

118. Dans le Bas-Empire, on trouve, sous quelques
règnes, des monnaies de bronze peu épaisses et de
forme concave : on les nommait *nummi scyphati*,
de *scyphus*, tasse, gobelet.

119. Un grand nombre de monnaies Grecques des
premiers temps offrent sur l'un de leurs côtés un carré
creux, divisé régulièrement ou irrégulièrement en
divers compartimens : il en a été question dans le
Chap. III (50). L'origine de ce carré creux vient du
défaut d'habileté des ouvriers et de l'imperfection
des procédés dans les commencemens du monnayage.
On employait un coin informe et divisé en parties
saillantes pour fixer le flan et obtenir plus aisément
l'empreinte du coin formant l'autre côté de la pièce.
Plus tard, à mesure que les procédés se perfectionnèrent, ces carrés creux devinrent plus réguliers, furent
ensuite ornés de types et de légendes, et disparurent
enfin entièrement, les deux côtés des monnaies se trouvant empreints de types également entiers et parfaits.

120. Des monnaies de quelques Villes de la Grande-Grèce représentent le même type des deux côtés, de l'un en relief et de l'autre en creux. L'usage de ce procédé tient à l'enfance de l'art, comme le précédent; en faisant un des deux coins en relief, on se servait de celui-ci pour fixer plus facilement le flan dans l'opération de la frappe. La forme des caractères et le style des types indiquent également que ces monnaies furent frappées dans les premiers temps du monnayage : elles sont toutes en argent et de peu d'épaisseur ; on les nomme communément *pièces incuses*, mais il est plus exact de les désigner sous le nom de *pièces de fabrique incuse* (339), pour les distinguer de celles dont il va être question. Il n'y a nul doute qu'elles n'aient été le résultat de deux coins différens, l'un en creux, l'autre en relief, puisque les deux types, l'un en relief et l'autre en creux, quoique représentant les mêmes objets et les mêmes légendes, ont cependant entre eux de légères différences. Quelques monnaies de la même espèce et des mêmes époques ont aussi des types différens de chaque côté.

121. Il ne faut pas confondre, comme on vient de le voir, ces pièces avec celles qui sont *incuses* par la faute et le manque de soins des ouvriers monétaires, qui, en oubliant de retirer une pièce déjà frappée, ont produit des pièces qui portent véritablement les mêmes types des deux côtés en relief et en creux : le premier, produit par le coin, et le second, produit par la pièce déjà frappée et laissée sous le flan nouveau, par négligence ou toute autre cause.

Il sera question de ces pièces au Chapitre XIII, qui est relatif aux monnaies fautives (338).

La série des monnaies Romaines Consulaires d'argent offre le plus d'exemples de monnaies fautives *incuses* de cette espèce.

C'est pour distinguer de cette nature de pièces les monnaies dont le genre de fabrication est l'objet des détails qui viennent d'être donnés, et qui se rapportent au présent Chapitre, qu'il est nécessaire de désigner celles-ci sous le nom de *pièces de fabrique incuse*, qui vient de leur être attribué.

122. Beaucoup de monnaies antiques offrent dans le centre du champ un point rond, creux, soit d'un seul côté, soit de tous les deux : ce point se trouve seulement dans des pièces de bronze. Il paraît probable que ce procédé fut employé, comme les deux précédens, pour fixer plus sûrement le flan entre les coins : on laissait, à cet effet, dans le centre d'un coin ou de tous les deux une petite pointe ronde, qui saisissait le métal dès le premier coup de marteau et empêchait le flan de vaciller ou de couler entre les coins. Quant à la circonstance que ces points creux ne se trouvent point sur des pièces d'or ou d'argent, il est probable que cela tient à la plus grande malléabilité de ces deux métaux. Les artistes monétaires qui ont employé ce procédé pour le cuivre, à cause de la difficulté qu'ils éprouvaient à frapper des monnaies de ce métal, ne l'auront pas employé pour les pièces d'or et d'argent dont la frappe réussissait sans l'emploi de ce moyen accessoire. Ces points creux se trouvent sur un grand nombre de monnaies de bronze

7.

de l'Égypte sous les Ptolémée et de la Syrie. Quelques autres contrées en offrent des exemples rares ; des pièces Impériales-Grecques les ont aussi : on ne les voit sur aucune monnaie de coin Romain.

123. On trouve parmi les monnaies antiques des pièces dont les bords sont divisés comme s'ils avaient été sciés : on les nomme *pièces dentelées*, à dents. Nous ignorons le but de l'emploi de ce procédé, qui devait être d'une exécution difficile pour les monétaires anciens, et coûteuse conséquemment. On pourrait penser que cette méthode était employée pour prévenir la fraude des pièces formées d'un flan de cuivre recouvert d'une simple lame d'argent, pièces que l'on nomme *fourrées*, et que l'on regarde comme monnaies fausses (350). Cette raison s'appliquerait aux monnaies d'argent de cette espèce; mais quelle explication donner aux pièces *dentelées* en bronze? Un assez grand nombre de Deniers Consulaires Romains d'argent et quelques monnaies de cuivre de la Syrie sont de l'espèce de ces *pièces dentelées*.

124. Les pièces connues sous le nom de médaillons *Contorniates* offrent un genre de fabrication particulier et qui ne tient en rien à toutes les autres séries de monnaies et médailles antiques. Il a été question plus longuement, dans le Chap. V (89), de ces pièces, qui n'étaient certainement pas des monnaies, et qui ont été probablement fabriquées depuis le règne de Constantin Ier. jusqu'à celui de Placide Valentinien III.

125. Plusieurs pièces, que l'on doit considérer comme des médailles, et qui sont classées ordinai-

rement parmi les médaillons, ont été frappées sur des flans plus grands que les coins ne l'auraient exigé. Les larges bords qui en résultent sont souvent remplis par des traits ronds concentriques. Ces sortes de pièces se trouvent parmi les médaillons de bronze de coin Romain, frappés pour les Empereurs du premier et du deuxième siècle : il y a aussi quelques pièces Impériales-Grecques de cette espèce ; mais elles sont fort peu nombreuses.

126. Un petit nombre de pièces de bronze sont formées de deux métaux (87), c'est-à-dire de deux qualités de cuivre différentes, le centre se trouvant enchâssé dans un cercle d'une autre qualité. Les flans ainsi préparés étaient frappés ensuite, et l'on ne peut en douter, puisque les lettres des légendes se trouvent quelquefois empreintes sur ces deux métaux à-la-fois. Ces pièces sont toutes Impériales de coin Romain, et l'on en trouve de divers Empereurs jusqu'à la fin du troisième siècle : elles doivent être sans aucun doute considérées comme de véritables médailles, et sont rangées parmi les médaillons. Elles sont en général de beau travail et remarquables par les soins apportés à leur fabrication : on leur donne le nom de *pièces enchâssées.*

127. Les monnaies Impériales d'argent de coin Romain ayant été successivement altérées depuis le règne de Septime Sévère, on en vint au point de fabriquer, comme monnaies de ce métal, des pièces de cuivre couvert d'une couche d'argent si mince qu'elle n'avait presque aucune valeur. Cette simple apparence de l'argent a même disparu par le frot-

tement et le temps. On désigne habituellement ces
monnaies par le nom de *pièces saucées*. Leur fabrication dura depuis Claude II le Gothique, jusqu'à
Dioclétien, qui rétablit la monnaie d'argent fin. Ce
genre de monnaie étant plutôt à remarquer sous le
rapport du métal que sous celui de la fabrication
en elle-même, il en sera fait mention plus particulièrement encore dans le Chapitre VII (152).

128. Il y a quelques exemples, dans l'antiquité,
de monnaies que l'on reconnaît avoir été frappées
avec d'autres pièces antérieurement émises, et employées de nouveau au lieu de flans. L'opération de
la frappe n'ayant pu faire disparaître entièrement les
types et légendes des pièces employées comme flans,
on les reconnaît encore et l'on distingue aisément,
lorsque ces sortes de monnaies sont bien conservées,
les restes des types et légendes de la pièce employée
au lieu de flan, et les empreintes de la pièce nouvelle.
On nomme ces monnaies *pièces refrappées* (337).
Il y a lieu de croire qu'un assez grand nombre de
pièces furent ainsi fabriquées dans l'antiquité avec
des pièces antérieurement en circulation, et que
celles sur lesquelles on aperçoit les traces de cette
opération ne sont que le résultat des fautes ou de la
négligence des ouvriers et des chefs des ateliers monétaires, qui auront fabriqué et mis en circulation
ces monnaies non suffisamment empreintes. Quant
aux causes qui ont fait employer ce mode de fabrication, elles sont sans doute de diverses natures. On
doit penser qu'il aura été adopté pour faire disparaître, en les changeant de nature, des monnaies

dont les types ou légendes rappelaient des temps
dont on voulait effacer la mémoire, ou pour con-
vertir des monnaies étrangères en monnaies aux
types du Prince ou de la Ville qui faisait faire
cette opération, ou enfin par le manque des moyens
nécessaires pour fabriquer des flans dans tel ou tel
moment, dans tel ou tel lieu. On doit penser aussi
que quelques-uns des personnages qui s'emparèrent
du pouvoir dans les provinces de l'Empire Romain,
et dont un des premiers soins était de répandre des
monnaies à leur effigie, se seront servis de ce moyen
pour fabriquer des pièces plus promptement; ils y
étaient forcés soit par manque de temps, soit par le
défaut des moyens monétaires nécessaires à une fabrication complète et à la confection des flans. Ces
diverses opinions sont appuyées par les monnaies de
cette nature qui nous restent et qui se trouvent dans
les cabinets. Il en existe de frappées sur des pièces
antérieures du même pays, et de frappées sur des
pièces d'autres contrées. Les monnaies de cette nature
sont en bronze ou en argent; on n'en connaît pas en
or. Parmi les monnaies Grecques, les exemples de
ce genre de fabrication ne sont pas communs; on
peut citer des monnaies de Marseille, des Béotiens et
de Simon de Judée. Chez les Romains, ces pièces sont
plus nombreuses; on en trouve sur-tout, comme on
vient de le voir, de quelques-uns de ces personnages qui s'emparèrent du pouvoir dans les Provinces, se firent proclamer Empereurs et se hâtèrent
d'émettre des monnaies à leur effigie.

129. Quelques pièces antiques portent de petites

contre-marques ajoutées postérieurement à leur fabrication, et probablement après qu'elles avaient
circulé. Ces contre-marques servaient sans doute à
l'admission dans une ville ou une contrée de monnaies étrangères, ou bien à quelques changemens
dans les valeurs numéraires. Nous avons trop peu
de renseignemens à cet égard pour pouvoir entrer
dans des détails plus étendus sur les *pièces contre-
marquées* (292 et 318). Il est d'ailleurs probable que
plusieurs de ces pièces servaient de tessères ou de
marques pour reconnaître les personnes qui pouvaient être admises en certains lieux, ou bien pour
acquitter certains services dont le prix était ensuite
payé sur la remise de ces marques.

130. Il existe un assez grand nombre de pièces
offrant des singularités qui ne tiennent pas à des procédés particuliers de fabrication, mais qui viennent
de fautes des ouvriers monétaires. De ce nombre
sont les pièces *à coins mal placés,* les pièces *à types
doublés*, les pièces *incuses*, etc. Tous ces accidens
de monnayage ne constituent pas des genres de fabrication, mais sont des erreurs des monétaires : les
détails qui y sont relatifs ont été réunis dans le
Chapitre XIII.

Nous ne parlerons pas ici des erreurs monétaires
dans la gravure des coins, parce que ce ne sont réellement pas des fautes de fabrication : il en sera
question aussi au Chapitre XIII.

131. Pour clore les observations précédentes relatives aux diverses particularités de fabrication que
l'on remarque dans les médailles et monnaies anti-

ques, il est à propos de dire ici quelques mots des
ornemens étrangers aux pièces en elles-mêmes, ornemens qui y ont été quelquefois ajoutés dans les
temps anciens, et qui sont hors d'œuvre.

Ces ornemens sont ajoutés au corps même des
pièces ou disposés autour de leurs bords. Dans le
premier genre, se trouvent les pièces de bronze,
qui ont été, dans l'antiquité, dorées ou argentées,
soit en tout, soit partiellement. Les parties qui ont
été ainsi couvertes de couches d'or ou d'argent sont
principalement les vêtemens, les couronnes, les lettres des légendes ou d'autres parties des sujets. Ce
genre d'ornemens, qui est fort rare, se trouve presque uniquement dans les pièces de grand module
de coin Romain, nommées *médaillons*. On peut citer, entre autres, un médaillon de Numérien, représentant au revers une allocution; ce médaillon
avait été entièrement argenté, sauf le vêtement de
l'Empereur, qui était couvert d'une pellicule d'or.

132. Le second genre d'ornemens étrangers aux
pièces consiste en bords travaillés, dans lesquels on
a enchâssé les pièces pour les orner et leur donner
un diamètre plus considérable. Ordinairement ces
sortes de pièces ont des bélières ou des anneaux.
Ces ornemens sont, la plupart du temps, d'un métal
plus précieux que celui de la pièce elle-même. Lorsque celle-ci est en bronze ou en argent, les entourages
se trouvent le plus ordinairement en or. Les pièces
ainsi ornées sont fort rares et se trouvent presque
uniquement parmi les Romaines du Bas-Empire. On
peut citer, entre autres, quelques grands médaillons

d'or de cette époque, qui ont été trouvés ainsi en-
richis d'entourages en or.

133. Il convient enfin de mentionner ici les pièces
antiques qui ont reçu, dans les temps modernes, des
ornemens ou embellissemens de la même nature que
ceux dont il vient d'être parlé, et qu'on a particulièrement dorées ou argentées, en tout, ou en partie, ou bien altérées de quelque façon que ce soit,
dans l'idée de les embellir ou de les rendre plus précieuses. On a été jusqu'à imaginer de contre-marquer
les pièces antiques avec des poinçons indiquant les
collections auxquelles elles appartenaient. La plupart des pièces qui formaient l'ancien Cabinet de
Modène avaient été ainsi surfrappées d'une petite
contre-marque représentant l'aigle à deux têtes, en
or sur l'argent et en argent sur l'or et le cuivre.
Tous ces prétendus enjolivemens altèrent les monumens, les dénaturent et ne doivent jamais être employés par des personnes de goût. Outre que ces
adjonctions nuisent aux pièces sur lesquelles on les
fait exécuter, puisqu'elles sont par là dénaturées, il
en résulte de plus que des pièces d'une antiquité indubitable se trouvent avoir, par ces altérations modernes, des apparences de fausseté : aussi ferons-
nous mention de ces pièces au Chapitre XV, relatif
aux pièces falsifiées dans les temps modernes (374).

134. Après avoir exposé tout ce qui concerne la
fabrication des monnaies et médailles des anciens, il
est à propos de terminer ce Chapitre par des considérations sur la quantité de ces monumens qui sont
parvenus jusqu'à nous et que l'on découvre tous les

jours; c'est d'après cette base que nous pourrons juger, par approximation, du nombre des monnaies qui étaient en circulation chez les anciens. Ce qui se rapporte aux trouvailles et aux causes qui réunissent les monnaies et médailles dans les collections sera exposé au Chapitre XVIII : il ne s'agit ici que du nombre de ces monumens.

Le nombre des monnaies antiques, à en juger par celles qui ont été découvertes et le sont journellement, doit avoir été très-considérable. Cela n'offre rien d'étonnant lorsque l'on songe à la puissance et aux richesses de tant de Princes et de tant de Peuples célèbres qui figurèrent dans les temps anciens, et parmi lesquels il suffira de citer les Athéniens, les Syracusains, Philippe II, Alexandre-le-Grand, les Ptolémée, et enfin le Peuple Romain. Cette quantité de monnaies circulantes dans les temps anciens, que nous avons lieu de croire avoir été très-nombreuse, doit être considérée sous deux aspects : d'abord la quantité des monnaies en elles-mêmes, comme signe de plus ou moins de richesses, et ensuite le nombre de types divers que ces monnaies portaient. On se ferait des idées fausses si l'on jugeait des monnaies des peuples anciens, sous ce dernier rapport, par comparaison avec les temps modernes. Le nombre des types est généralement borné maintenant pour les monnaies à un seul pour chaque espèce de pièces dans chaque pays : il n'en était nullement ainsi chez les anciens. On trouve une quantité considérable de types différens dans les monnaies des peuples de l'antiquité. Cette grande variété de types

existe parmi les monnaies Grecques non-seulement
pour des Peuples et des Princes dont les richesses
et la puissance étaient considérables, mais aussi pour
des Villes qui ne nous sont pas connues comme ayant
été importantes. D'un autre côté, aussi, quelques
Villes très-puissantes n'ont fait frapper que peu de
types différens. Chez les Romains, le nombre des
types différens dans les monnaies du même personnage est quelquefois très-considérable.

135. Mais ces différences de types ne sont rien
auprès de la grande quantité des variétés du même
type qui se trouvent, tant dans les monnaies des
Peuples, Villes et Rois que dans celles de coin Romain. On peut réunir des quantités nombreuses de
pièces portant les mêmes types et légendes, avec de
légères variétés dans les petits types accessoires, dans
les symboles, les lettres isolées et les monogrammes.
Quant aux variantes dans la disposition de la gravure
des pièces, elles sont innombrables. La quantité des
monnaies absolument identiques quant aux types
et légendes, sans être du même coin, et qu'il faut
nommer *répétitions* de la même pièce, est telle,
qu'elle surpasse ce que l'on pourrait se figurer, et
que l'on ne peut que difficilement se rendre raison
d'un système monétaire si véritablement prodigieux
et extraordinaire. C'est ce qui a porté plusieurs écrivains à affirmer qu'il n'est pas possible de trouver
deux monnaies antiques des mêmes coins. Cette opinion a été généralement répandue parmi les collecteurs; mais elle est exagérée, car l'on a trouvé et
l'on peut réunir souvent des pièces des mêmes coins,

en se donnant la peine de les chercher parmi les
pièces portant les mêmes types. Il est de plus à croire
que l'imperfection des procédés des anciens pour la
fabrication des monnaies contribue quelquefois à
faire trouver des différences apparentes dans des
pièces sorties originairement des mêmes coins ; mais
il n'en est pas moins très-difficile et très-rare de pouvoir réunir deux pièces parfaitement identiques et
des mêmes coins ([1]). Cette singularité numismatique, qui n'est pas une des choses les moins remarquables de ce que nous connaissons de l'antiquité,
ne peut s'expliquer que par la combinaison de ces
deux idées : 1°. le nombre borné des monnaies antiques parvenues jusqu'à nous ou conservées, comparativement à la quantité qui en a été émise ; 2°. cette
circonstance, déjà mentionnée dans ce Chapitre, du
peu d'usage que l'on obtenait des coins, soit à cause
de leur peu de dureté, soit en raison de l'imperfection
des procédés. Les graveurs anciens, n'ayant pas découvert la méthode de multiplier des coins uniformes par la frappe de l'acier trempé dans l'acier non
trempé, étaient obligés de graver chaque coin séparément. Mais dans l'hypothèse même de l'exactitude
de ces conjectures, cette difficulté de réunir deux
pièces des mêmes coins, car elle existe et est très-

([1]) Ceci est tellement exact, que lorsqu'on trouve dans les
plus grandes collections deux pièces des mêmes coins, on cite le
fait comme extraordinaire. *Voy.*, *entre autres exemples,* M. Mionnet, *Description, etc.*, *Supplément*, t. I, p. 3o3. Il cite deux
pièces de Métaponte, du Cabinet du Roi, qui sont dans ce cas.

grande, sera toujours fort extraordinaire et d'une
solution non entièrement satisfaisante. On a trouvé
des amas de monnaies du même temps, de la même
Ville ou du même personnage, d'une conservation
tellement belle, qu'il y avait lieu de croire qu'elles
avaient été enfouies peu de temps après avoir été
mises en cours. Eh bien ! dans ces trouvailles, la difficulté de réunir des pièces du même coin était la
même que pour des pièces usées et rassemblées de
divers côtés. Comment expliquer de pareils faits
d'une façon satisfaisante ? Il ne faut pas perdre de
vue qu'une fabrication de monnaies, au moyen de
coins tels qu'ils n'auraient produit, chacun, que
très-peu de pièces, est impossible à supposer, parce
qu'une telle fabrication serait trop coûteuse. Que
sont donc devenues ces pièces sorties en assez grand
nombre du même coin, et qui ne se rencontrent
jamais réunies, malgré les quantités considérables
de monnaies aux mêmes types, qui se trouvent assez fréquemment soumises à l'examen du même collecteur ?

136. Quoi qu'il en soit de ces considérations, dont
plusieurs sont et seront toujours enveloppées de bien
des voiles, il est nécessaire d'en tirer des conclusions
sur le nombre des monnaies des anciens, sous le
rapport de la quantité d'espèces monnayées ou de la
masse de métaux précieux en circulation, et sous le
rapport de la quantité des variétés de pièces. Quant
à la quantité d'espèces monnayées circulant chez les
anciens, tout nous porte à penser qu'elle a été fort
considérable, ainsi qu'on vient de le voir ; mais il fau-

drait une masse de renseignemens bien précis pour
pouvoir établir, même par approximation, quels furent les capitaux employés en espèces monnayées
chez les anciens dans les divers pays et les diverses
époques. Comment avoir, pour des temps si reculés,
de pareilles notions, qui se forment de tant d'élémens
divers, puisque l'on ne peut souvent pas les obtenir
pour des époques récentes? On ne peut que penser
que ces capitaux circulans dans l'antiquité étaient en
raison de la marche générale des richesses du temps.
Les anciens ont connu et exploité des mines assez
abondantes, mais qui ne pourraient cependant pas
être comparées à celles de l'Amérique, dont les
produits ont multiplié, depuis trois siècles, les métaux
précieux bien au-delà des bornes connues dans tous
les temps antérieurs. Il ne faudrait donc pas établir
de points de rapport, à cet égard, entre l'antiquité
et les temps actuels, et sur cela on ne peut que s'en
tenir à des conjectures.

137. Quant à la quantité des différentes monnaies
chez les anciens, nous venons de voir à quel point
elle était portée, non-seulement par le nombre des
types, mais aussi par celui des variétés que présentent les types qui sont reproduits avec des changemens infinis : nous pouvons, sous ce point de vue,
arriver à des résultats assez précis et qui ne doivent
pas être éloignés de la vérité. Les nombreuses découvertes de monnaies antiques, faites depuis le
temps qu'on les recherche pour les réunir dans les
cabinets, peuvent nous faire penser que, sinon la
presque totalité, du moins la très-grande majorité

des types des monnaies antiques est connue, et
que nous avons aussi le plus grand nombre de
leurs variétés. On peut se convaincre de la réalité de
cette assertion quand on pense que des trouvailles
nombreuses, faites maintenant, ne présentent souvent aucun type nouveau et bien peu de variétés
nouvelles; mais pour arriver au résultat que nous
cherchons, il faut bien préciser, avant tout, quel
doit être le but de ces recherches. Il s'agit de fixer,
par approximation, le nombre de types différens et
de leurs variétés, qui ont été émis par les peuples
anciens, mais sans prétendre connaître le nombre
des monnaies qui, parfaitement identiques dans
toutes les parties de leurs types et légendes, ne sont
cependant pas des mêmes coins, des monnaies que
nous venons de désigner sous le nom de *répétitions*
de la même pièce (135), et dont nous avons fait connaître la nature et sur-tout l'innombrable quantité. Ici
doivent nécessairement s'arrêter les recherches sur ce
sujet: comment, en effet, connaître, même par approximation, le nombre des pièces parfaitement identiques sans être des mêmes coins, puisque aucun
cabinet ne les conserve et ne peut même les conserver? En suivant ce mode, les collections n'auraient
point de limites, elles absorberaient des capitaux
immenses et occuperaient des médaillers sans bornes pour ne point offrir de résultats utiles. Les essais
qu'on a tentés en ce genre sont tout-à-fait propres à
décourager de telles entreprises. L'abbé de Rothelin
avait eu la patience de réunir plus de deux mille
pièces de l'Empereur Probus en petit bronze. Ce

nombre extraordinaire pour un seul règne fait connaître la réalité de tout ce qui vient d'être exposé
sous ce rapport, et fait juger de ce que seraient les
collections si on les formait dans ce système. Il est
fâcheux qu'on ne nous ait pas conservé un relevé
de toutes ces monnaies de Probus, classées par
types, variétés et répétitions : ce relevé serait d'un
grand intérêt pour l'objet qui nous occupe maintenant.

138. Si nous cherchons donc à établir quel peut
avoir été le nombre des types et variétés des anciennes monnaies et médailles, nous ne devons pas sans
doute prétendre à des résultats d'une certitude incontestable; mais nous pouvons espérer cependant
qu'en prenant pour base la plus grande collection
connue, et en y ajoutant par induction les pièces
qu'on présume y manquer, nous arriverons, sinon
à la vérité, du moins à une approximation aussi satisfaisante qu'il est possible de l'obtenir dans des
calculs dont les élémens ne peuvent être que des
suppositions.

Choisissons le Cabinet des médailles de la Bibliothèque du Roi, à Paris: c'est sans contredit celui qui
possède les suites les plus riches et les plus nombreuses. On va voir, par le relevé qui suit de ces diverses séries, qu'elles s'élèvent approximativement
à 65,000 pièces. En y ajoutant pour les pièces qui y
manquent probablement, 35,000, nombre totalement hypothétique, à la vérité, mais qui ne présente
d'ailleurs aucune invraisemblance, on arrive à la
quantité ronde de 100,000, qui donnerait le total des

diverses monnaies qu'on peut présumer avoir été émises par les anciens.

TABLEAU APPROXIMATIF

DU NOMBRE DES MONNAIES ET MÉDAILLES ÉMISES PAR LES ANCIENS.

Relevé des séries du Cabinet des médailles de la Bibliothèque du Roi.

MONNAIES ET MÉDAILLES DES PEUPLES, VILLES ET ROIS.

PIÈCES.

En tous métaux et tous modules.   32,000

MONNAIES ET MÉDAILLES DE COIN ROMAIN.

As et ses parties.		350	
Familles romaines, or.	50		
argent.	2,700		
bronze.	400		3,150
Impériales, or (médaillons)	100		
or.	3,500		
argent (médaillons) . .	150		
argent.	8,000		
bronze (médaillons) . .	1,100		
(Compris les Contorniates.)			
Grand bronze. . . .	4,250		
Moyen bronze. . . .	5,400		
Petit bronze.	7,000		
		29,500	
			33,000

Total des monnaies et médailles antiques du Cabinet de la Bibliothèque du Roi.   65,000

Nombre présumé des pièces manquantes.   35,000

TOTAL approximatif des pièces émises dans l'antiquité (sauf les répétitions). 100,000

159. Plusieurs écrivains numismatistes se sont occupés de semblables évaluations; mais les bases sur lesquelles ils ont établi leurs calculs n'étant pas clai-

rement définies, les notions répandues aux époques où ils écrivaient n'étant pas assez étendues ou
assez positives, les collections n'étant pas arrivées
au point où elles sont aujourd'hui, les résultats
qu'ils ont annoncés n'offrent ni vérité ni notions
claires et précises. On en peut facilement juger, lorsque l'on voit que le nombre des monnaies antiques
que l'on peut réunir a été évalué par divers écrivains depuis quelques milliers seulement jusqu'à
sept cent mille, points extrêmes aussi fautifs l'un
que l'autre. Parmi les opinions les plus raisonnables
nous citerons celle de Bimard de la Bastie, éditeur
et correcteur de Jobert, et dont l'évaluation s'élève à
cinquante mille, et celle du savant Joseph Eckhel, qui
a porté à soixante-dix mille le nombre des monnaies
antiques, différentes, connues au moment de la publication de son ouvrage (¹); il ajoute qu'en dédui-
sant de ce nombre les variétés peu intéressantes, on
réduit à trente mille la quantité de pièces suffisante
pour former une collection contenant tout ce que la
Numismatique ancienne offre d'intéressant. Les découvertes faites depuis plus de trente ans que l'ouvrage
de ce savant a été publié, ont beaucoup ajouté au nombre des pièces connues, et même, en restant dans les
limites établies par Eckhel, il faudrait augmenter les
quantités qu'il détermine. Dans tous les cas, de pareilles évaluations ne fournissent aucune notion
claire et utile, si elles ne sont pas précisées comme
je viens de chercher à le faire.

(¹) Doctrina nummorum veterum, I, p. LXXXIII.

8

CHAPITRE VII.

Matières employées pour les Monnaies et Médailles
antiques.

140. Les peuples anciens ont employé pour la
fabrication des monnaies et médailles l'or, l'argent
et le cuivre. Divers degrés d'alliage, qui furent particulièrement usités pour l'or et pour l'argent, établissent des distinctions dans l'usage de ces deux métaux. D'autres matières furent aussi employées, et nous
avons quelques renseignemens à cet égard, soit par
l'existence des pièces mêmes, soit par des passages
d'anciens écrivains. Ces matières sont le fer, l'étain,
le plomb, le cuir, le bois et les coquillages; mais l'u-
sage de ces dernières matières fut très-borné, si même
toutes furent employées. Nous allons exposer successivement ce qui se rapporte à l'emploi de chacune
d'elles, en citant brièvement ce qui mérite plus particulièrement l'attention, et en faisant précéder ces
notions de quelques observations générales.

141. On sait que les métaux ne peuvent être réduits que difficilement à l'état de pureté parfaite, et
qu'ils ont toujours quelques parties d'alliage, soit
parce que ces matières étrangères s'y trouvent encore
mêlées naturellement après les opérations de l'extrac-
tion et de la fonte, soit parce qu'elles y ont été ajou-

tées à dessein. Dans les monnaies, sur-tout, l'or et l'argent n'ont été employés qu'avec des alliages en plus ou moins grande quantité, qui réduisaient le titre du métal à un taux plus ou moins éloigné de la pureté parfaite. Le cuivre n'a pas été non plus employé à l'état de pureté.

Cette branche de l'art du monnayage tient à la partie des connaissances physiques et chimiques qui concerne l'exploitation des mines, la fusion des métaux, leur séparation et leur affinage. Il ne peut pas entrer dans le plan de cet ouvrage de donner sur ce point des détails qui seraient étrangers en réalité à la Numismatique en elle-même.

142. L'emploi des métaux comme représentant la valeur de tous les objets échangeables avait été un des premiers résultats de la civilisation, et l'invention du monnayage qui s'en était suivie était une des plus importantes découvertes que les hommes eussent faites, l'agent le plus utile qu'ils eussent imaginé; mais pour que les monnaies offrissent constamment tous les avantages qu'elles doivent procurer sans aucun des inconvéniens auxquels elles peuvent être sujettes, il eût fallu que les connaissances qui doivent servir de règles au monnayage eussent fait de grands progrès chez les anciens. Il ne pouvait pas en être ainsi dans les premières époques de l'introduction des monnaies, ni même long-temps après.

Les anciens n'avaient pas une assez grande masse de connaissances acquises dans l'économie politique pour établir de bonnes théories monétaires, et les sciences physiques, chimiques et mécaniques n'é-

taient pas assez avancées chez eux pour conduire
à une pratique perfectionnée de la partie matérielle du monnayage. D'un autre côté, la cupidité
mal entendue des chefs, autre suite de l'ignorance
des véritables principes, devait amener quelquefois
des altérations dans les titres et dans les poids des
monnaies, et d'autres irrégularités. En un mot, les
anciens ne pouvaient pas appliquer à la théorie et à
la pratique du monnayage des connaissances qui leur
manquaient, ni les résultats d'une expérience qu'ils
n'avaient pas acquise. Mais hâtons-nous de dire que
tout ce qu'ils ont fait dans le monnayage, malgré
l'insuffisance et l'imperfection de leurs connaissances
théoriques et pratiques, est étonnant : c'est une des
choses les plus dignes d'admiration que les résultats
que les peuples de l'antiquité surent obtenir dans
l'établissement de leurs monnaies, et cela dès l'origine de l'art du monnayage. Le degré de pureté des
deux métaux précieux qui furent employés pour les
premières monnaies, est un des points les plus remarquables des systèmes monétaires des anciens.
Quand on pense ensuite que cette fidélité dans la
pureté du titre de ces métaux se conserva si généralement et si long-temps, sauf quelques exceptions
dans les temps déjà voisins de la décadence de l'Empire Romain, et cela chez tant de peuples différens
d'usages, de gouvernemens et de langues, et privés
des moyens de communication qui se sont multipliés
depuis, on doit s'étonner davantage encore. Parmi
les nombreux sujets de méditation qu'offrent aux
esprits réfléchis les œuvres des peuples anciens, à la

naissance de la civilisation, ces résultats si remarquables du système monétaire ne sont pas un des moindres objets qui méritent l'examen des philosophes et
des historiens.

143. Combien plus encore les systèmes monétaires
des anciens méritent d'être admirés et étudiés dans
leurs rapports avec l'histoire générale des hommes,
lorsqu'on compare leurs bases et leurs résultats avec
ce qui s'est fait plus tard à la renaissance de la civilisation chez presque tous les peuples modernes! Les
vraies théories du monnayage ont été constamment
ignorées et violées jusqu'à ces dernières époques
dans la plupart des pays. La partie matérielle, après
avoir été pendant plusieurs siècles très-imparfaite,
n'a été portée que dans les derniers temps au point
de perfection qu'on lui connaît, sauf quelques exceptions peu anciennes. Encore aujourd'hui, cette
pratique est loin d'être satisfaisante dans beaucoup
de contrées. Mais c'est sur-tout dans l'établissement
des monnaies, sous le point de vue théorique, que
les vrais principes de la science économique, ceux
de la probité, de la fidélité aux engagemens, et les
règles du bon sens public ont été souvent violés. Les
altérations de titre et de poids dans les monnaies
n'ont été, jusqu'à nos jours, considérées que comme
des opérations de finances plus ou moins avantageu-
ses au fisc, selon qu'elles étaient plus ou moins fa-
tales pour les citoyens, c'est-à-dire pour le pays. Ce
n'est que de nos jours que cette partie des connaissances économiques a été suffisamment et sur-tout
généralement appréciée. D'un chaos de notions er

ronées, de préjugés, d'usages absurdes ou peu ho-
norables, on a vu sortir un ensemble d'idées simples et claires, qui, en instruisant les masses sur
cette matière jadis obscure, ont rendu impossibles,
pour l'avenir, les fraudes et les tromperies si long-
temps mises en usage.

Après cet exposé de ce qui se rapporte à l'emploi
des métaux pour le monnayage en général, venons
à l'examen de ce qui concerne chacune des matières
employées par les anciens dans la fabrication de leurs
monnaies.

144. *Or.*—Les anciens ont employé en général, pour
leurs monnaies, l'*or* à un degré de pureté très-élevé, et
aussi fin qu'on peut l'obtenir par les procédés les plus
parfaits pour l'affinage des métaux. C'est une chose
fort remarquable que cette élévation presque cons-
tante dans le titre de la plupart des monnaies antiques d'*or*; ce fait prouve que, malgré l'imperfection
des connaissances des anciens, ils avaient cependant
acquis une grande habileté dans la pratique de quelques branches des sciences : il est à noter, de plus,
que cette finesse de l'*or* fut établie dès les premières
monnaies frappées par les peuples Grecs, dans le
VIIe. siècle avant J.-C.; qu'elle se maintint constamment chez ces peuples, et que les Romains suivirent le même système lorsqu'ils commencèrent à
frapper des monnaies d'*or*, et le conservèrent sans
aucune interruption jusqu'au temps du Bas-Empire.
Nous avons trop peu de lumières sur les premières
mines exploitées par les anciens et sur les procédés
dont ils se servaient, pour savoir jusqu'à quel point

ils furent aidés originairement dans leurs tentatives
par la nature des métaux qu'ils employèrent; mais
comme les métaux avaient servi de moyens d'échange
et avaient été donnés au poids pendant long-temps
avant l'invention du monnayage, ainsi qu'on l'a vu
au Chapitre Ier. (5), il peut être considéré comme
certain qu'à l'époque de la fabrication des premières
monnaies, on avait déjà acquis une grande pratique dans la fusion et l'affinage des métaux, ainsi
que dans les moyens de connaître leurs degrés de
fin : cela est prouvé par la qualité de l'*or* employé
pour les monnaies dès leur origine.

145. L'*or* fut cependant altéré, pour la fabrication
des monnaies, dans quelques contrées et à certaines
époques. Cet *or*, mêlé avec d'autres métaux et presque constamment avec l'argent, était nommé, dans
l'antiquité, *electrum*. Ce nom lui a été conservé par
les écrivains numismatistes. La quantité d'alliage
que l'on ajoutait à l'*or* ne fut pas sans doute toujours la même, et pour connaître le titre des monnaies d'*electrum* des divers pays et des diverses époques où ces sortes de pièces furent frappées, il faudrait faire une suite d'essais, qui, jusqu'ici, n'ont pas
été exécutés avec ensemble et dans un but d'instruction bien suivi. Le peu de passages des auteurs anciens où il soit question des monnaies d'*electrum* indiquent que cette matière était composée de quatre
parties d'*or* et d'une d'argent[1], ou bien de trois parties d'*or* et d'une d'argent[2]. C'est en effet dans ces

(1) Plinius, lib. XXXIII, 23. — (2) Isidorus, lib. XVI, c. 23.

proportions que les monnaies d'*electrum* que nous
possédons paraissent avoir été faites pour la plupart;
mais il en existe à un titre encore plus bas.

Faisons connaître maintenant quelles sont les contrées et les époques où l'*or* fut employé dans la fabrication des monnaies, soit à l'état d'extrême pureté, ce qui est la presque généralité, soit à l'état
d'*electrum*, ce qui forme quelques exceptions. Nous
parlerons d'abord des monnaies des Peuples, Villes
et Rois, et ensuite de celles des Romains.

146. Les peuples Grecs (et par ce mot nous en-
tendons toujours tous les peuples anciens), les Romains exceptés, frappèrent, dès l'origine du monnayage, des monnaies d'*or*, mais en petites quantités,
comme on l'a vu, Chap. III (50); ils continuèrent à employer ce métal pendant tout le temps qu'ils eurent
le droit de battre monnaie ou qu'ils usèrent de ce
droit. Le nombre de Villes qui frappèrent des pièces
d'*or* est peu considérable, et ces monnaies sont en
général rares. La plupart des Villes du premier rang
n'eurent pas de monnaies d'*or*, et l'on peut citer particulièrement, à cet égard, Athènes. Il faut dire cependant qu'une ou deux pièces d'*or* de cette ville ont été
publiées il y a un certain nombre d'années, et que
quelques autres ont paru dans ces derniers temps;
mais ces pièces ne sont pas à l'abri de tout soupçon
de fausseté. Quoi qu'il en soit, en admettant même
leur authenticité, l'extrême rareté de la monnaie d'*or*
d'Athènes équivaudrait, pour une telle ville, à l'absence totale de l'emploi de ce métal comme monnaie
circulante. Les Peuples et Villes ne frappèrent en gé-

néral en *or* que des monnaies Autonomes. Lorsqu'on
frappa des Impériales Grecques, l'*or* ne fut pas employé pour ces pièces, à un très-petit nombre d'exceptions près. Quelques Rois firent frapper des monnaies d'*or* en plus grande quantité que les Villes. Les
Dariques se distinguent parmi ces pièces. Les monnaies d'*or* de Philippe II, d'Alexandre-le-Grand, de
Lysimaque sont très-nombreuses. Plusieurs pièces de
grand module, particulièrement des Ptolémée, sont
aussi remarquables par le travail que par la rareté.

147. Toutes les monnaies d'*or* des Peuples, Villes
et Rois sont de l'*or* le plus fin, sauf les exceptions
suivantes. On trouve en *electrum*, à divers titres,
des monnaies de Syracuse de petit module, des pièces
portant le cheval et le palmier, types Carthaginois,
que l'on croit avoir été frappées à Panorme et que
l'on classe à cette ville, des monnaies de quelques-
uns des Rois du Bosphore Cimmérien et d'autres pièces globuleuses, de petit module, que l'on attribue à
diverses Villes de la Grèce voisines de la mer Égée. Il
existe aussi, en *electrum*, un assez grand nombre de
pièces de travail barbare, que l'on classe parmi les
Gauloises; elles ont été frappées dans les Gaules ou
dans les pays voisins, au nord de l'Italie, et plusieurs
sont des imitations de monnaies des peuples Grecs,
comme de celles de Philippe II. Parmi ces pièces
Gauloises barbares, on en trouve plusieurs qui sont
d'*or* à très-bas titre.

148. Quant aux causes qui produisirent ces fabrications de monnaies d'*or* altéré, il serait bien
difficile d'en alléguer de plausibles et qui fussent

fondées sur des témoignages certains. On peut con-
jecturer que des peuples peu avancés dans la pratique des arts et des procédés monétaires, comme les
Gaulois, ont frappé de telles monnaies, faute de
pouvoir mieux faire; mais quels motifs donner aux
monnaies d'*electrum* de belle fabrique, à la vérité,
frappées en Sicile, dans le même temps qu'on en
frappait en *or* très-pur dans cette contrée?

149. Les Romains ne fabriquèrent de monnaies
d'*or* que long-temps après que le monnayage eut été
introduit chez eux, après même qu'ils eurent admis
l'argent. Il paraît certain que ce fut en l'an 206 avant
J.-C. (548 de Rome) que les premières pièces d'*or* furent frappées à Rome (58). Pendant toute la durée du
Gouvernement républicain, les monnaies d'*or* de coin
Romain furent rares. Dès que J.-César et ensuite Auguste se furent emparés du pouvoir, la monnaie d'*or*
devint plus commune et fut fabriquée postérieurement, sous certains règnes, en très-grande quantité.
La suite des monnaies d'*or* des Empereurs offre, depuis J.-César jusqu'à la chute de l'Empire d'Orient,
une série qui n'a que peu de lacunes, excepté pour les
temps de troubles, les règnes éphémères et quelques-
unes des époques du Bas-Empire. Toutes les monnaies
de coin Romain en *or*, frappées pendant ce long espace
de temps, sont de l'*or* le plus pur, sauf aussi quelques
exceptions dans le Bas-Empire. On a cité un passage de Lampride, qui dit, dans la *Vie d'Alexandre
Sévère*, qu'il fut frappé de ce prince des monnaies
en *electrum*. Comme aucune de ces pièces ne nous
est connue, et que cet exemple serait unique depuis

les premières monnaies d'*or* frappées à Rome jusqu'à
une époque postérieure de plusieurs siècles à Alexandre Sévère, il est hors de doute que cette assertion est
une erreur de Lampride ou une altération de ce passage dans les anciens manuscrits de cet auteur. Ainsi
les monumens doivent rectifier quelquefois les textes
des écrivains. Les seuls exemples de monnaie d'*or* altéré, dans la série des Empereurs, se trouvent dans
les temps du Bas-Empire et particulièrement sous les
les Comnène. Zonaras dit que, sous Alexis Ier. Comnène, qui régna en 1081, il fut frappé des monnaies
composées d'*or* et de cuivre en parties égales. Il
existe aussi, en *or* altéré, des pièces des Rois goths,
en Italie; elles doivent être mentionnées ici, puisque
les monnaies de ces princes sont classées parmi celles
qui forment la suite des Empereurs.

150. *Argent.* — Les peuples anciens se sont servis
en général, pour la fabrication des monnaies, d'*argent* d'un titre très-pur, principalement dans l'origine du monnayage, et lorsque ce métal commença
à être employé. Les notions générales qui viennent
d'être exposées relativement à l'*or*, s'appliquent en
grande partie à l'*argent*. Ce métal fut altéré dans
les monnaies de diverses contrées et de diverses époques par des mélanges de cuivre, de plomb ou d'autres substances métalliques, mais seulement plusieurs siècles après l'établissement du monnayage.
Ces altérations forment des exceptions dans la Numismatique des anciens, puisque l'*argent* fut en
général employé fort pur; mais elles sont plus nombreuses que celles qui eurent lieu pour la monnaie

d'or. L'*argent* fut altéré à divers titres, et on arriva successivement, dans quelques époques, à frapper des monnaies prétendues d'*argent*, dans lesquelles il ne restait plus que l'apparence de ce métal.

151. On a donné aux matières d'*argent* altéré les noms de *potin* et *billon*. Les écrivains ont adopté l'une ou l'autre de ces dénominations, soit indifféremment, soit en cherchant à trouver des différences entre la qualité des alliages qui formaient les matières ainsi qualifiées. On a voulu quelquefois faire une distinction entre le *potin* et le *billon* et établir que la première de ces matières ne doit pas contenir d'*argent*, tandis que le *billon* en contient une faible partie. Ces discussions ne conduisent à aucun résultat important, puisque ces dénominations sont modernes, qu'elles ont été employées, la plupart du temps, indifféremment par les écrivains, et qu'il serait difficile de faire l'application exacte de chacune d'elles, si l'on établissait une distinction précise entre la composition de ces deux matières. Il suffit de savoir ici que l'*argent* fut altéré à divers degrés dans différentes contrées et à différentes époques, et que l'on désigne les pièces frappées ainsi par les noms de monnaies de *potin* ou de *billon*, en observant, toutefois, que le nom de *potin* est plus généralement appliqué aux Impériales-Grecques, et celui de *billon* aux monnaies Romaines.

152. On alla plus loin encore, et, à certaines époques, le titre des pièces d'*argent* fut successivement réduit au point que ces monnaies ne furent plus faites que de cuivre recouvert d'une légère couche

d'*argent* ou même de métal blanc, qui a disparu dans
la plupart de ces pièces par le frottement et le temps.
On a donné à ces monnaies le nom de *pièces saucées* (127). Cette dénomination n'est pas entièrement
exacte, en ce qu'elle semble indiquer que ces monnaies auraient été teintes après leur fabrication, tandis que la couche de métal blanc a été certainement
appliquée avant la frappe.

Nous allons maintenant indiquer quelles furent
les contrées et les époques où l'*argent* fut employé à
l'état de pureté, ou bien avec des altérations, en
traitant d'abord ce qui concerne les monnaies des
Peuples, Villes et Rois, et ensuite ce qui se rapporte aux monnaies de coin Romain.

153. Les Peuples anciens, les Romains exceptés,
frappèrent des monnaies d'*argent* dès l'origine du
monnayage. Les premières monnaies émises en grand
nombre furent même de ce métal, l'*or* n'ayant été
employé d'abord qu'en petite quantité, et la fabrication du cuivre n'ayant eu lieu que postérieurement
Chapitre III (50 et 51). L'*argent* fut employé par
la presque totalité des Villes et des Rois, et quelquefois en quantités extrêmement considérables. Ce
métal servit à la fabrication des monnaies Autonomes
jusqu'au temps où les Peuples perdirent, par la conquête des Romains, le droit de frapper leurs propres
monnaies, ou cessèrent de se servir de ce droit. Postérieurement, quelques Villes, mais en petit nombre, frappèrent des Impériales-Grecques en *argent;*
mais cet usage se perdit avant celui de frapper ces
sortes de monnaies en cuivre. Le titre de l'*argent*

employé dans les monnaies des Peuples, Villes et
Rois est en général très-pur, et sur-tout dans l'origine du monnayage. Démosthènes rapporte que Solon avait pensé que beaucoup de Villes mettaient du
plomb ou du cuivre dans les monnaies *d'argent*
qu'elles faisaient frapper, afin de les altérer par ce
mélange frauduleux (¹). L'examen des monnaies d'*argent* de cette époque est tout-à-fait contraire à cette
assertion, et il n'en a pas été trouvé qui puisse l'appuyer. Il est possible que l'orateur ait fait allusion
aux monnaies *fourrées*, dont il sera question au Chapitre XIV (350). La pureté de l'*argent* fut long-temps
conservée dans les monnaies des Peuples, Villes et
Rois. Voici les principales exceptions qui doivent
être indiquées, et elles ne commencèrent guère à
avoir lieu que dans le III°. siècle avant J.-C. Les
derniers Rois de Syrie furent les premiers à donner
cet exemple, qui ne se rencontre pas ailleurs dans
les monnaies Autonomes. Les Impériales-Grecques de
l'Asie-Mineure, de la Syrie et de l'Égypte en fournirent ensuite de nouveaux et de nombreux exemples. Depuis Trajan, les monnaies Impériales-Grecques d'*argent* altéré se multiplièrent dans les contrées
de l'Orient où l'on frappait encore des pièces de ce
métal. La ville d'Antioche et l'Égypte doivent être
particulièrement citées, et les monnaies d'*argent* de
cette dernière contrée furent sur-tout émises à des
titres très-bas. Sous le règne de l'Empereur Claude,
la valeur du métal s'y trouve réduite presque à rien.

_____

(¹) Adv. Timocrat., p. 305.

On applique à toutes ces pièces, comme nous l'avons vu précédemment, le nom de *potin*(151). Il faut noter ici une singularité remarquable de cette époque. Parmi les monnaies de quelques Villes, par exemple d'Antioche, en même temps que les pièces d'*argent* étaient émises à un titre très-altéré, on trouve quelques monnaies d'*argent* très - pur. Cette singularité est encore à expliquer. Les monnaies des rois Parthes sont aussi d'*argent* très-altéré.

154. Les Romains ne firent pas fabriquer de monnaie d'*argent* dans les premiers temps où le monnayage fut adopté chez eux ; ils n'en eurent que long-temps après (58) : ce fut en l'an 269 avant J.-C. (485 de Rome). Lorsqu'ils admirent les espèces d'*argent*, ce métal fut employé très-pur : on le trouve tel dans les monnaies Consulaires. Pline rapporte que Livius Drusus, étant Tribun du peuple, fit admettre dans la monnaie d'argent un huitième de cuivre(¹). Le même auteur dit que Marc-Antoine, pendant le Triumvirat, fit mélanger du fer à l'argent (²). Il faut encore ici confronter les monumens eux-mêmes avec ces assertions, et celles-ci se trouvent par le fait entièrement démenties. La monnaie d'*argent* de coin Romain fut de la plus grande pureté jusqu'au règne de Septime Sévère. Ce prince commença à faire altérer le titre usité de ce metal. Caracalla, son fils, suivit cet exemple, et il établit de plus des monnaies d'*argent* un peu plus grandes que celles qui avaient été en usage jusqu'à cette époque. Sous les successeurs de

(¹) Lib. XXXIII, 13. — (²) Lib. XXXIII, 46.

ces Princes, le titre de l'*argent* fut successivement
baissé. A l'époque d'Alexandre Sévère, les monnaies
de ce métal ne contenaient plus qu'un tiers d'*argent*.
Bientôt après, à l'époque de Gallien, la partie d'*argent* se trouve réduite presque à rien. On donne à
toutes ces monnaies d'*argent* altéré, ainsi qu'on l'a vu
précédemment (151), le nom de *billon*. A cet état de
fabrication en succéda un autre plus misérable encore; ce fut l'émission des monnaies couvertes seulement d'une légère teinte argentée, qui sont désignées sous le nom, déjà expliqué (152), de *pièces-
saucées*. Ces espèces furent frappées jusqu'au règne
de Dioclétien. Cet Empereur rétablit la monnaie
d'*argent* fin, et elle continua à être ainsi frappée sans
nouvelles altérations, sauf quelques exceptions dans
les temps du Bas-Empire.

155. *Cuivre.*— Il faudrait beaucoup plus de lumières que nous n'en avons sur les temps de l'antiquité,
pour pouvoir faire connaître les mines d'où les anciens tiraient le *cuivre* qu'ils employaient, les qualités diverses de ce métal qui servirent pour les monnaies, et les procédés chimiques adoptés pour la préparation de ces matières. Les renseignemens divers
que l'on pourrait réunir sur ce sujet seraient loin
de présenter un ensemble satisfaisant. L'examen des
monnaies elles-mêmes peut fournir à ceux qui vou-
draient faire des recherches à cet égard les observations les plus importantes et les seules même que
l'on puisse réunir avec un résultat intéressant. On
trouve en effet une grande variété dans les apparences des *cuivres* employés par les anciens pour leurs

monnaies ; toutes les couleurs, toutes les propriétés visibles qui peuvent distinguer les diverses natures de ces matières, se trouvent dans les monnaies antiques, et ceux qui se sont livrés, dans les derniers temps, à des observations chimiques sur les pièces de diverses contrées et de diverses époques, ont trouvé de grandes variétés dans les qualités des *cuivres* et dans les altérations avec lesquelles ils furent employés pour le monnayage.

On reconnaît donc aisément qu'il ne serait pas possible d'établir, comme il vient d'être fait pour l'*or* et l'*argent*, quelles furent les diverses qualités de *cuivre* employées par les anciens dans le monnayage, ni de faire ensuite l'application de ces données aux monnaies des divers Peuples et des diverses époques.

Mais s'il n'est pas possible de réunir un assez grand nombre de notions locales pour établir des catégories, à cet égard, par contrées et par époques, nous pouvons au moins fixer les points principaux relatifs à l'emploi du *cuivre* en général dans le monnayage des anciens.

156. Le *cuivre* pur n'est pas d'un emploi entièrement convenable pour la fabrication des monnaies. Ce métal ne reçoit pas avec facilité l'empreinte des parties délicates et fines du travail des coins ; les reliefs déliés sont aisément effacés par le frottement. Enfoui dans la terre, il s'oxide profondément, et les empreintes qu'il a reçues sont assez promptement altérées. Allié avec une partie d'étain, le *cuivre* acquiert pour le monnayage les qualités contraires aux inconvéniens qui viennent d'être indiqués. Il reçoit

9.

alors aisément l'empreinte des détails de gravure les
plus fins, qui ne peuvent être ensuite effacés que
par un long usage; il peut séjourner plusieurs siècles
dans la terre sans être altéré, et sa durée est pour
ainsi dire indéfinie. Un long séjour en terre, loin de
lui nuire, lui est au contraire avantageux, comme on
le verra bientôt (158).

157. Les anciens reconnurent promptement les
inconvéniens du *cuivre* pur dans le monnayage et
les avantages que l'on trouvait à allier ce métal avec
l'étain. On pourrait penser que la nature des mines
de *cuivre* qui furent exploitées dans une haute antiquité mit sur la voie à cet égard; les observations
métallurgiques sur les mines en général éloignent
cette idée : ce fut donc un résultat de l'expérience et
de l'étude que cette habileté des anciens monnayeurs.
Un tel degré de perfection dans les applications des
sciences naturelles doit paraître extraordinaire à des
époques si reculées, et auxquelles nous supposons
généralement que les connaissances n'avaient pas fait
de grands progrès.

Les monnaies anciennes de *cuivre* furent donc
presque généralement de *cuivre* allié d'étain. D'après
les expériences qui ont été faites, la quantité de cet
alliage varie depuis cinq jusqu'à douze pour cent;
quelquefois l'étain est encore plus abondant. D'autres
substances furent aussi employées comme alliage du
cuivre, et spécialement le fer; mais cela n'eut lieu
que rarement.

158. Les monnaies de *cuivre* allié d'étain non-
seulement ne sont pas altérées par un long séjour

dans la terre, mais elles y acquièrent un mérite de plus. L'oxidation légère qui s'opère à la surface y produit une couverte naturelle de diverses teintes, suivant les degrés d'alliage et sur-tout suivant la nature des terrains dans lesquels les pièces ont séjourné, et ordinairement d'un verdâtre plus ou moins brun. Cette couverte, adhérente, dure, très-fine, a été nommée *patine*, du mot italien *patina*. Elle donne un aspect plus avantageux aux monumens qu'elle recouvre, parce que ses teintes sont plus harmonieuses que les couleurs du *cuivre*, la lumière n'y glissant pas et ne produisant pas de reflets; elle offre aussi des garanties de plus pour l'authenticité des ouvrages anciens, à cause de la difficulté qu'il y a de la contrefaire. Il sera question d'ailleurs plus en détail des découvertes des médailles et de leur état actuel, Chapitre XVIII.

On peut se convaincre de l'exactitude des notions qui viennent d'être exposées, en comparant aux monnaies antiques de *bronze* qui sont restées enfouies tant de siècles sans être altérées, des pièces de *cuivre* pur des siècles derniers, qu'un séjour de quelques années, peut-être, dans la terre a complétement gâtées.

159. Les motifs qui firent adopter le *cuivre* allié d'étain dans le monnayage le firent aussi employer pour tous les ouvrages de sculpture. Il y a dans les monumens anciens peu d'exemples contraires, parmi lesquels il faut citer les quatre chevaux de Venise.

160. On a donné au *cuivre* ainsi allié d'étain le nom de *bronze*, et on a appliqué aussi ce mot comme

nom générique aux monumens de ce métal. De cette
dénomination, dont on ne connaît pas généralement
le véritable sens, il est résulté l'idée erronée et fort
répandue, faute de réflexion, que le *bronze* des anciens est un métal particulier et autre que le *cuivre;*
ce qui n'est point.

Dans les temps modernes, on a également appliqué
le mot *bronze* à tous les ouvrages moulés en *cuivre*
et à tous ceux destinés à l'ornement des habitations,
soit que ces ouvrages se trouvent enduits d'une couverte à l'imitation de la patine antique, soit qu'on
les recouvre par la dorure ou autrement. Des fabri-
cans annoncent quelquefois des ouvrages en *bronze
antique.* Les acheteurs peu instruits croient ainsi acquérir des objets d'art ou d'ameublement d'un métal
particulier, tandis qu'ils n'ont que du *cuivre* allié
convenablement pour le rendre propre au moulage,
et couvert d'une teinte à l'imitation de la patine que
le temps a donnée aux monumens anciens.

Le mot *bronze* ayant été généralement affecté au
cuivre allié, employé pour le monnayage chez les anciens, on peut se servir indifféremment de ces deux
noms pour désigner les monnaies de ce métal, quoiqu'il soit réellement plus exact de se servir en général du mot *cuivre.* Le mot *bronze* est plus ordinairement employé. On pourrait se servir du mot
cuivre lorsqu'il est question du métal destiné au
monnayage et non encore employé, et du mot
bronze lorsqu'il s'agit des monnaies elles-mêmes.
Il est spécialement convenable d'employer le mot
bronze quand on doit rappeler des dénominations

généralement adoptées, comme celles de *Grand-bronze, Moyen-bronze, Petit-bronze* (283). C'est ainsi que je l'ai fait dans le cours de cet ouvrage.

161. Les monnaies de *cuivre* ou de *bronze* forment la partie la plus nombreuse du système monétaire des anciens.

162. Les Peuples anciens, les Romains exceptés, ne firent point frapper de monnaies de *bronze* dans les premiers temps du monnayage. On a vu, Chapitre III (50 et 51), qu'il n'en fut point fabriqué pendant la première époque, dont la durée est d'environ deux cents ans, et que les premières pièces de ce métal sont postérieures au temps d'Alexandre Ier., roi de Macédoine. On peut citer divers faits qui semblent devoir être considérés comme positifs à cet égard. Naxos, ville de Sicile, qui fut détruite par Denis l'Ancien en l'an 400 avant J.-C., n'a que des monnaies d'*argent* et n'en a pas de *bronze*. Sybaris, détruite par les Crotoniates 508 ans avant J.-C., et rétablie en l'an 441 avant J.-C. sous le nom de Thurium, n'a de monnaies avec le nom de Sybaris qu'en *argent*; tandis qu'on en connaît avec le nom de Thurium en *argent* et en *bronze*. Zancle de Sicile, qui fut renversée par les Messéniens en 475 environ avant J.-C., et ensuite rétablie sous le nom de Messine, n'a que des monnaies d'*argent* avec son premier nom et n'en a point en *bronze*. Si l'on eût fabriqué des monnaies de *cuivre* pendant le temps que ces Villes importantes frappèrent monnaie, pourquoi n'en eussent-elles pas émis en ce métal, et n'en eussent-elles frappé qu'en *argent?* On pourrait multiplier ces exemples.

On peut donc considérer comme généralement
certain que les Peuples et Villes ne firent point frapper de monnaies de *cuivre* pendant la première
époque du monnayage, dont nous avons fixé la fin
à la mort d'Alexandre Ier., roi de Macédoine, en
l'an 454 avant J.-C. Si l'on trouvait, des Peuples et
Villes, quelques pièces en *bronze,* ayant d'ailleurs les
autres caractères qui doivent faire attribuer une pièce
à cette époque, ce serait probablement une monnaie fourrée, fausse, c'est-à-dire en cuivre couvert
d'une pellicule d'argent, qui aurait été enlevée.

163. Depuis cette époque, la monnaie de *cuivre*
fut constamment frappée dans toutes les contrées,
et ce fut aussi la dernière que les Peuples anciens
frappèrent, tandis que la fabrication des pièces d'*or*
et d'*argent* cessa plus tôt suivant les lieux et les temps.

164. Chez les Romains, la monnaie de *cuivre* fut
frappée la première, avant celle d'*or* et celle d'*argent,*
et elle fut constamment fabriquée depuis.

165. Il est à propos de terminer ces considérations
sur l'emploi du *cuivre* dans le monnayage des anciens par un court examen d'une espèce de cuivre
ou plutôt de métal mélangé, dont il est fait mention
dans quelques auteurs de l'antiquité. Il s'agit ici de
la matière connue sous le nom de *cuivre* ou *bronze
de Corinthe.* On sait que des écrivains anciens, et
particulièrement Pline(') et Lucius Florus(²), racontent qu'au moment de l'incendie de la ville de Corinthe, les statues et les autres monumens en *or,* en

---

(') Lib. XXXIV, 3 — (') Lib. II, c. 16

argent et en *cuivre*, se fondirent, et que ces divers métaux s'étant trouvés réunis et mêlés par la fusion dans certains lieux, il en résulta un métal mélangé, dont on se servit ensuite pour faire de nouveaux monumens, et auquel on donna le nom de *cuivre*, ou *bronze*, ou *métal de Corinthe*. Malgré les assertions de ces écrivains et de plusieurs autres, on peut regarder ce récit comme un de ces contes populaires, qui, une fois imaginés, se répètent et prennent consistance dans l'esprit des gens peu instruits. Un semblable mélange de métaux serait tout-à-fait extraordinaire, on peut même dire impossible, dans l'incendie d'une ville. Comment supposer que les monumens de ces diverses matières se seraient trouvés placés près les uns des autres, que la chaleur de l'incendie aurait pu les mettre en fusion, et que la matière mélangée aurait été conservée? En supposant même qu'un fait aussi extraordinaire eût pu avoir lieu, comment croire que l'*argent*, et à plus forte raison l'*or*, eussent été en assez fortes quantités, comparativement au cuivre, pour influer sur le résultat de cette fusion? Enfin, en admettant même toutes ces combinaisons, pourrait-on raisonnablement supposer que ce singulier mélange de métaux eût eu lieu, pendant l'incendie de Corinthe, en quantités assez considérables pour constituer une nouvelle combinaison de matières métalliques, généralement connue depuis et qualifiée d'un nom particulier? Une telle série d'impossibilités place au rang des rêveries la formation du *métal de Corinthe* par le fait de l'incendie

de cette ville. Mais il existe une autre opinion relativement à ce métal. On pense qu'un mélange
quelconque de métaux était mis en œuvre à Corinthe, avant et après l'incendie de cette ville, pour
divers monumens ou ustensiles, et que ce mélange,
célébré comme très-beau, avait reçu le nom de *métal* ou *cuivre de Corinthe*. Quelques auteurs ayant
parlé d'ouvrages de ce métal existans et connus,
il est difficile de révoquer en doute leur témoignage, et il est convenable d'adopter cette dernière opinion.

Quoi qu'il en soit, aucune monnaie de Corinthe
n'offre les apparences d'un métal mélangé, et il est
certain que le *métal de Corinthe*, si c'était un mélange particulier de métaux, n'a pas été employé
pour le monnayage de cette ville. Aucun des auteurs anciens qui parlent de ce métal ne dit non
plus qu'il ait été converti en monnaies.

Après avoir exposé ce qui concerne les trois métaux qui ont servi à la fabrication de la monnaie
dans l'antiquité, qui ont continué depuis à recevoir
la même destination, et auxquels on donne le nom
de *métaux monétaires*, il est à propos de dire quelques mots des autres matières qui ont été employées
ou que l'on croit avoir été employées à la fabrication des monnaies dans quelques contrées ou à quelques époques.

166. *Plomb.* — D'après quelques passages d'auteurs anciens, on pourrait penser qu'il y a eu des
monnaies de plomb dans quelques contrées. Il
existe en effet quelques pièces de ce métal que le

temps a épargnées; mais ces pièces n'ont pas le caractère de monnaies, et doivent être considérées comme des tessères, des espèces de marques destinées à tout autre usage qu'à celui de monnaie, comme aux jeux, aux cérémonies religieuses, etc. Ficoroni a publié un grand nombre de ces pièces ('). Si l'on trouvait une véritable monnaie en *plomb* de pays et d'époques dont on a des monnaies d'argent ou de cuivre, ne devrait-on pas la considérer comme un essai monétaire? Il est possible d'ailleurs que des monnaies de ce métal aient été fabriquées dans quelques contrées; mais ce ne pourrait avoir été que dans peu de Villes et pour peu de temps. Aucune pièce connue n'appuie cette idée.

Le plomb a servi quelquefois aux faussaires anciens pour former le centre ou l'âme des fausses monnaies *fourrées* ou recouvertes d'une pellicule d'argent. On a encore quelques-unes de ces pièces, plus ou moins dépouillées de leur enveloppe d'argent.

Le plomb a dû servir aussi pour les altérations que l'argent a subies dans les temps et les lieux qui ont été indiqués en traitant de ce métal.

167. *Étain.*—Les observations qui viennent d'être faites pour le plomb s'appliquent à l'étain. Quelques auteurs parlent de monnaies de ce métal. On ne connaît aucune pièce antique d'étain; et, en effet, ce métal se détruit dans la terre plus facilement que le plomb.

(') I piombi antichi.

168. *Fer.* — Le témoignage de divers auteurs de l'antiquité doit faire penser qu'il a existé des monnaies de *fer* chez quelques Peuples, à l'invention du monnayage, et même postérieurement. Il faut citer principalement les Spartiates et les Byzantins ([1]). Au rapport de quelques écrivains, Lycurgue, ayant établi la monnaie de *fer* à Sparte, ordonna que le métal qui y était employé fût rendu impropre à tout autre usage, au moyen de la trempe dans le vinaigre ([2]). Les habitans de Clazomène eurent des monnaies de *fer*, s'il faut en croire Aristote ([3]). Enfin, quant au peuple Romain, divers écrivains affirment que la monnaie de *fer* fut établie à Rome par Numa Pompilius ([4]).

Ces témoignages et divers autres portent à croire que quelques Peuples eurent, à certaines époques, des monnaies de *fer*. Aucune de ces pièces n'est parvenue jusqu'à nous; mais cela n'altère en rien la possibilité de l'existence de ces monnaies, le *fer*, par sa nature, n'ayant pas pu se conserver pendant tant de siècles, et sur-tout en morceaux de peu de volume. Il est cependant extraordinaire, s'il a existé de ces monnaies, que quelques-unes, au moins, n'aient pas été enfouies dans des endroits à l'abri de l'humidité, et n'aient pas échappé à la destruction.

169. *Bois.* — Quelques expressions de textes anciens feraient penser que les Romains se servirent

---

([1]) Pollux, lib. VII, 106; lib. IX, 78, 79.
([2]) Plutarchus, in Lycurg., 44. Pollux, lib. IX, 70.
([3]) In OEconom., lib. II, 2. — ([4]) Suidas, in Ἀσσάρια.

de monnaies de *bois*. Il est probable que ces passages se rapportent à des tessères, ou marques destinées à d'autres usages. Aucune de ces pièces n'existe maintenant.

170. *Cuir.*—Des écrivains anciens parlent aussi de monnaies de *cuir* chez les Spartiates, les Carthaginois et les Romains : nous n'avons pas assez de lumières sur ce sujet pour entrer dans plus de détails. On peut penser que ces pièces servaient à d'autres usages qu'à celui de monnaie proprement dite. Peut-être aussi a-t-on fait allusion aux peaux d'animaux, qui se donnaient en compte, comme moyen d'échange, avant l'établissement du monnayage. Aucun fragment de *cuir* que l'on puisse considérer comme se rapportant à des usages monétaires, n'est parvenu jusqu'à nous.

171. *Coquilles.* — On trouve, dans Suidas, que les Romains employèrent les coquillages comme monnaies (¹) : nous n'avons point de renseignemens plus étendus à ce sujet. On a pu se servir de ces productions naturelles comme moyens d'échange dans l'antiquité, mais probablement avant l'établissement du monnayage. Dans les temps modernes, les navigateurs ont trouvé cet usage établi chez quelques peuples sauvages.

(¹) In Ἀσσάρια.

CHAPITRE VIII.

*Noms des Monnaies et Médailles antiques en général
et en particulier, et de leurs Parties.*

172. La monnaie en général était nommée par les
Grecs ἀργύριον, χρήματα, νομίσματα. Ἀργύριον, de
ἄργυρος, *argentum*, indique seulement la monnaie
d'argent; mais ce mot fut employé pour exprimer
les monnaies de tous métaux. Cela vint, sans aucun
doute, de ce que les monnaies d'argent furent les
premières frappées chez les Grecs, l'or ne l'ayant
été, dans les premiers temps, qu'en très-petite quantité, et l'émission du cuivre étant de beaucoup postérieure, comme on l'a déjà vu (5o et 5ı). Les Grecs
se servirent quelquefois aussi, cependant, du mot
χρυσίον, *aurum*, pour exprimer la même signification et dans le même sens. Χρήματα indique les biens
de toute nature que l'on peut posséder, et ce mot
fut appliqué avec raison aux monnaies, puisque,
avec elles, on peut se procurer tous ces biens. Le
mot Νόμισμα signifie *chose instituée par la loi.* Ce
nom fut convenablement donné aux monnaies,
puisqu'elles doivent être réglées par la loi, et qu'elles
reçoivent d'elle leur valeur et leur dénomination.

173. Dans la langue Latine, la monnaie, en général,
était nommée *Pecunia, Argentum, Moneta, Nummus, Numisma.* L'origine du mot *Pecunia,* s'il faut

en croire Pline ([1]), vient de ce que les premières monnaies Romaines, instituées par Servius Tullius, représentaient des bœufs et des brebis, d'où elles furent nommées *pecunia*, de *pecus*, troupeau, animaux. On trouve en effet des monnaies primitives de Rome en cuivre, de forme carrée, et empreintes de la figure d'un bœuf. Le mot *argentum* était employé par les Latins, pour les mêmes raisons qui avaient fait adopter son équivalent chez les Grecs, quoique la monnaie d'argent n'ait pas été la première introduite à Rome. Les Latins se servaient aussi quelquefois du mot *aurum* pour indiquer la monnaie en général. Le mot *moneta* était un des surnoms de Junon; cela est attesté par les écrivains et aussi par les Deniers de la famille *Carisia*, sur lesquels cette déesse est nommée MONETA et MONETA SALVTARIS. La fabrication des monnaies était établie à Rome dans le temple de Junon *Moneta*. Il en résulta que non-seulement les ateliers monétaires, mais les monnaies elles-mêmes prirent ce nom. La monnaie divinisée est représentée sur beaucoup de monnaies Romaines, ainsi qu'on l'a vu, Chap. VI (115). *Nummus* ou *Numisma* fut employé comme dérivé du grec Νό-μισμα.

Après avoir fait connaître les noms que les Anciens donnaient aux monnaies en général, indiquons ceux qui furent attribués aux diverses monnaies, en raison de leur poids et de leurs valeurs légales. Les noms de cette nature sont les appella-

([1]) Lib. XVIII, 5, et lib. XXXIII, 13.

tions génériques sous lesquelles les diverses monnaies étaient connues et indiquées habituellement.

Ces noms étaient ,

174. Chez les Grecs :

Drachma (la Drachme), et ses multiples ; *Didrachmum* (deux Drachmes), *Tridrachmum* (trois Drachmes), *Tetradrachmum* (quatre Drachmes).

Obolus (l'Obole); ses multiples : *Diobolus* (deux Oboles), *Triobolus* (trois Oboles), *Tetrobolus* (quatre Oboles), et ses parties ; *Semiobolus* (demi - Obole), *dimidium Semioboli* (quart d'Obole), *Chalcus* (huitième d'Obole), et même quelques fractions plus petites, peu connues.

Assarius, de *As*, *Assis*. Ce nom fut adopté par quelques peuples Grecs sous la domination Romaine. Il s'appliqua probablement aux pièces d'une Obole. L'*Assarius* eut ses multiples, indiqués par les nombres deux et trois, cette monnaie eut aussi sa moitié.

Stater (le Statère) ; son multiple, le *double-Statère ;* et ses parties, le *demi-Statère* et le *quart de Statère*. Cette espèce de monnaie existait en or et en argent.

175. Chez les Hébreux :

Siclus (le Sicle).

176. Chez les Romains :

Denarius (le Denier). .

Quinarius (le Quinaire, moitié du Denier ou cinq As, et ensuite huit As).

Sestertius (le Sesterce, quart du Denier ou deux As et demi, et ensuite quatre As).

As ou *Libella*, *Libra* , *Pondo* (l'As, poids d'une livre, la pesanteur de l'As-monnaie étant la même que celle de la Livre-poids); ses multiples : *Dupondius* (deux As), *Tripondius* (trois As), *Quadrussis* (quatre As), *Decussis* (dix As ou un Denier), et ses parties : *Semis* (moitié de l'As ou six Onces), *Quincunx* (cinq Onces), *Triens* (tiers de l'As ou quatre Onces), *Quadrans* (quart de l'As ou trois Onces), *Sextans* (sixième de l'As ou deux Onces), *Uncia* (Once ou douzième de l'As).

Le *Quincussis* (cinq As) et les *Deunx* (onze Onces), *Dextans* (dix Onces), *Dodrans* (neuf Onces), *Bes* (huit Onces), *Septunx* (Sept Onces), étaient des fractions monétaires citées, mais qui n'ont pas existé en monnaies effectives.

Il est nécessaire d'ajouter ici le nom d'*Aureus*, qui fut donné au Denier d'or, et celui de *Solidus*, que prit cette monnaie dans le troisième siècle.

Les détails relatifs à ces divers noms se trouveront exposés dans le Chapitre suivant, qui traite des poids et valeurs des monnaies antiques.

Il est nécessaire maintenant de faire connaître divers autres noms affectés dans l'antiquité à quelques espèces de monnaies et médailles, d'après des causes particulières qui vont être détaillées.

177. *Noms dérivant des personnages auxquels les monnaies sont relatives.* On trouve dans les auteurs anciens les indications d'un assez grand nombre de noms de cette nature donnés à des monnaies. On peut citer, pour les Peuples, Villes et Rois : les *Crœsii*, pièces de Crésus, roi de Lydie; les *Darici*, de Darius, roi de Perse; *Damaretii*, de Damarète, femme de Gelon, roi de Syracuse; *Philippi*, de Philippe II, roi

1.   10

de Macédoine; *Alexandrini*, d'Alexandre-le-Grand, son fils; *Ptolemaici*, des Ptolémée et autres. Pour les Romains : *Lucullei*, celles de Lucullus Sulla dans les monnaies du temps de la République; *Antoniniani*, des Antonin; *Philippei*, des deux Philippe; *Valeriani*, de Valérien; *Aureliani*, d'Aurélien; *Constantinati*, des Constantin; *Manuelati*, des Manuel, et autres.

178. *Noms dérivant des types.* Les écrivains de l'antiquité rapportent quelques noms de cette nature donnés à des monnaies. On peut citer, chez les Peuples, Villes et Rois : *Noctua*, pour les monnaies d'Athènes portant une Chouette; *Testudo*, pour les pièces représentant une Tortue; *Homerei*, pour les pièces offrant la tête d'Homère; *Cistophori*, pour celles où l'on voit la Ciste mystique de Bacchus; *Sagittarii*, pour les monnaies de Perse sur lesquelles se trouve un archer, etc.; chez les Romains : *Victoriati*, pour les pièces portant la figure de la Victoire; *Bigati*, pour celles qui présentent des chars à deux chevaux; *Quadrigati*, pour celles où se voient des chars à quatre chevaux, etc.

179. *Noms dérivant des lieux de fabrication.* Les noms de ce genre indiqués par les écrivains sont nombreux pour les pièces des Peuples, Villes et Rois, et les motifs qui les ont fait adopter n'ont pas besoin d'être développés. On peut citer : *Cyziceni*, *Æginæi*, *Oscenses*, etc.

180. *Noms dérivant du mode de fabrication.* Nous indiquerons seulement ici les *Nummi Serrati*, pièces *dentelées*, ainsi nommées, à cause de la forme de

scie donnée à leurs bords, et dont il a été question,
Chap. VI (123), et les *Nummi Scyphati* (*ibid.*, 118).

Il faut observer ici en général que les noms donnés aux monnaies, et principalement ceux qui résultent du mode de fabrication, se perpétuent souvent, quoique la fabrication en ait été changée.

Tels sont les noms donnés par les anciens aux
monnaies et médailles.

Nous passerons maintenant aux noms conservés
ou donnés par les modernes aux monnaies et médailles antiques, en suivant l'ordre qui vient d'être
observé.

181. On a donné, dans les temps modernes, à
ces pièces, en général, les seuls noms de monnaies
ou médailles indifféremment. Le Chapitre V contient
les observations nécessaires sur les différences qui
existent entre ces deux appellations, sur la nécessité
de les appliquer convenablement, et sur l'attribution
des pièces à chacune de ces deux catégories.

182. Les noms dérivant des poids et des valeurs
légales, appellations génériques et indicatives des
monnaies, ont été conservés et devaient l'être. On
se sert donc des noms antiques qui viennent d'être
indiqués (174 à 176), et dont quelques-uns ne se
traduisent pas en français, ainsi qu'on l'a vu : il
serait superflu de répéter ici cette nomenclature.

183. Passons aux noms affectés à diverses espèces
de monnaies et médailles.

La nécessité d'établir pour les monnaies antiques
des systèmes de classification, sans lesquels la Numismatique n'aurait point offert d'intérêt scientifi-

que ni de résultats instructifs, a produit diverses
appellations modernes pour certaines classes de pièces. Les anciens ne les avaient pas connues, ou du
moins ne les avaient pas adoptées dans le même sens,
parce que leurs monnaies ne furent jamais pour eux
un objet d'étude comme elles le sont devenues, depuis, dans les temps modernes. Il en est ainsi dans
les sciences naturelles; pour leur étude il a fallu
créer des classifications et des nomenclatures, sans
lesquelles on se perdrait dans un nombre infini d'êtres
ou de substances naturellement confondus. La science
de la Numismatique a eu ses phases comme ces sciences, et n'a commencé, comme elles, à faire des progrès véritables et tendant à un but utile et raisonné,
que lorsqu'on a adopté de bons systèmes de classification.

Les monnaies et médailles antiques se trouvent
d'abord divisées, comme on l'a déjà vu, en deux parties distinctes: monnaies des *Peuples*, *Villes et Rois*
et monnaies *Romaines*.

184. Les monnaies des Peuples, Villes et Rois sont
quelquefois aussi désignées par le nom générique de
Grecques; celles qui sont frappées aux types propres
du pays portent le nom d'*Autonomes;* celles qui
furent faites, depuis l'asservissement des peuples
Grecs, aux effigies des Empereurs Romains ou des
personnages de leurs familles, sont connues sous
le nom d'*Impériales - Grecques.* Les pièces émises
dans les Colonies se nomment *Coloniales*, et sont
distinguées, suivant qu'elles sont aux types propres
des Villes ou aux effigies Impériales, en *Coloniales-*

Autonomes et en *Coloniales-Impériales*. Les premières sont peu nombreuses. Lorsque nous les indiquerons par le seul nom de *Coloniales*, il s'agira de celles qu'on a frappées aux effigies Impériales (25 à 27).

Il est à propos de faire mention ici des Villes qui portaient le titre de Municipe (*Municipium*) : ces Villes inscrivaient ce titre sur leurs monnaies; nous en avons vu la signification, Chapitre II (28).

185. Les pièces *Romaines*, que l'on désigne aussi sous le nom de *Latines*, ont été ou sont encore divisées en diverses séries, auxquelles il a été affecté des noms particuliers. Les premières monnaies, qui, ainsi que nous l'avons déjà vu (84 et 96), furent en cuivre et de grands modules, ont pris le nom d'*As Romains*, parce qu'elles sont de la valeur d'un As, de ses multiples ou de ses parties. Les pièces que l'on frappa ensuite à Rome, sous la République, sont nommées monnaies *Consulaires* ou *des Familles*. Viennent ensuite les monnaies *Impériales*. Le grand nombre de monnaies de coin Romain émises sous les Empereurs avait amené, dans l'ancien système d'arrangement des collections, une classification par nature de métaux et par modules. Cette classification a fait donner aux pièces de cuivre des Empereurs les dénominations de *Grand-Bronze*, *Moyen-Bronze* et *Petit-Bronze*, suivant qu'elles sont de chacune des trois dimensions qui se rencontrent généralement dans cette longue série.

On doit se rappeler ici que l'on a affecté le mot *Médaillon* aux pièces de tous les métaux qui excèdent les modules ordinairement admis pour les piè-

ces que l'on peut considérer seules comme monnaies (80).

186. Il est nécessaire de mentionner ici une espèce
de monnaie d'une nature particulière, et qui a été
en usage spécialement à Rome : ce sont des pièces
copiées sur d'autres pièces antérieurement frappées,
avec l'adjonction de légendes qui attestent la reproduction de ces monnaies. On nomme ces pièces *restitutions* ou *monnaies restituées*, du mot RESTITVIT,
qui indique dans les légendes ajoutées le but de
l'émission de ces pièces. Elles furent frappées par
quelques Empereurs, pour rappeler la mémoire de
personnages des temps passés ou de ceux de leurs
ancêtres pour lesquels ils avaient une affection particulière.

Nous arrivons maintenant aux noms conservés ou
donnés par les modernes à quelques espèces de monnaies et médailles d'après des causes particulières
qui vont être détaillées, comme elles l'ont été pour
les anciens.

187. *Noms dérivant des personnages auxquels les
monnaies sont relatives.* L'usage qui existait dans
l'antiquité, comme on l'a vu précédemment, de donner à certaines monnaies les noms des personnages
qu'elles représentaient, s'est conservé parmi les écrivains et les collecteurs, quoique nous ne considé-
rions plus les monnaies antiques que comme des
objets d'étude. Ainsi on dit : les *Alexandre*, les *Ptolémée*, les *Auguste*, les *Gallien*, pour indiquer les
pièces d'Alexandre-le-Grand, des Ptolémée, d'Auguste et de Gallien. Le nom de *Dariques* a été aussi

conservé. Nous ne faisons qu'indiquer les principaux
de ces sortes de noms qui sont en usage.

188. *Noms dérivant des types*. Plusieurs des noms
donnés par les anciens ont été conservés, par exemple, celui de *Cistophores*, déjà indiqué (178).

On donne le nom de *Types parlans* à ceux qui
font allusion au nom des villes sur les monnaies
desquelles ils sont représentés, comme une *rose* sur
les monnaies de *Rhodes*, une *clef* sur celles de *Cli-
dès*, etc.

Quelques pièces antiques ont reçu le nom de *Spintriennes*, à cause des sujets libres qui y sont représentés. *Voy.* Chap. V (91) et Chap. XII (322 et 323).

189. *Noms dérivant des lieux de fabrication*. Cet
usage a été conservé parmi les écrivains et les collecteurs. Ainsi l'on dit : les *Athènes*, les *Syracuse*,
les *Marseille*, etc., etc., pour désigner les monnaies
de ces Villes.

190. *Noms dérivant du mode de fabrication*. Les
recherches auxquelles on s'est livré pour l'examen et
la classification des monnaies et médailles antiques
ont amené une foule d'observations sur les divers
genres de fabrication. Il en est résulté plusieurs
appellations, qui ont été créées par la nécessité de
s'entendre dans la désignation des pièces. On conçoit que ces appellations sont presque toutes modernes, puisque les anciens n'avaient pas fait de
leurs monnaies un objet d'étude. Quelques-uns de
ces noms ont cependant dû être employés par les
anciens, puisqu'ils ne sont ordinairement que l'indication de la configuration des pièces elles-mêmes;

mais l'emploi de ces noms dans l'antiquité n'a pas
pu nous être connu. Le nom des *pièces dentelées,
nummi serrati,* a été cité précédemment en son lieu
(180); mais il n'a pas dû être le seul employé par les
anciens, dans le sens dont nous traitons en ce moment. Les noms affectés, par les écrivains et les collecteurs, à quelques espèces de monnaies et médailles,
d'après des causes relatives au mode de fabrication,
sont les suivans : *Pièces globuleuses, en biseau, con-
caves, à carré creux, de fabrique incuse, à point
creux, dentelées, Contorniates, enchâssées, saucées,
refrappées, contre-marquées.* Les explications relatives à ces appellations ont été données, Chap. VI
(116 à 133). Les médailles nommées *Contorniates* doivent être particulièrement indiquées : il en a été
question en détail dans le Chapitre V (89).

191. D'autres noms ont été donnés aux *pièces fautives,* c'est-à-dire qui contiennent des erreurs monétaires : ce sont les pièces *à lettres transposées, à lettres
retournées, à lettres changées, à lettres changées et
transposées, à lettres inutiles ajoutées, à lettres omises, à mots mal orthographiés, à noms altérés, à
légendes transposées, à chiffres erronés, à coins mal
employés, à types doublés, incuses.* Les détails sur
ces sortes de pièces se trouvent dans le Chapitre XIII.

192. Les *pièces fausses falsifiées dans les temps
anciens,* et les *pièces fausses falsifiées dans les
temps modernes,* ont aussi une foule de noms particuliers; ce sont, pour les premières, les *pièces fausses
dorées* ou *argentées, pièces fausses frappées en or* ou
en argent altérés, pièces fausses moulées, pièces four-

rées. Les détails relatifs à ces pièces se trouvent au Chap. XIV. Pour les pièces fausses falsifiées dans les temps modernes, voici les noms qui leur sont affectés : *pièces conformes aux pièces antiques, pièces imitées des pièces antiques, pièces imaginaires, pièces antiques retouchées à l'outil, pièces antiques martelées, pièces antiques encastées, pièces fausses moulées sur des pièces antiques, pièces fausses de coin moderne, pièces fausses moulées sur des pièces de coin moderne.* On trouvera dans le Chapitre XV les détails qui se rapportent à ces pièces.

193. Les *Tessères* étaient des marques ou des jetons servant dans les jeux et cérémonies, ou bien à d'autres usages publics et privés.

194. *Noms dérivant de l'état actuel des pièces.* Le besoin d'indiquer l'état actuel des pièces, sous le rapport de la conservation, a produit les désignations de pièces *bien conservées, mal conservées,* et le nom de pièces *à fleur de coin,* que l'on donne à celles qui sont d'une conservation parfaite.

195. Il reste, pour terminer ce Chapitre, à faire connaître les noms donnés aux diverses parties de chaque pièce. Les écrivains qui se sont occupés de la Numismatique et les collecteurs ont admis ces noms, dont la connaissance et l'emploi sont indispensables pour l'étude de cette science et principalement pour l'exacte description des pièces.

Chacun des deux côtés de toute monnaie ou médaille devait être désigné par un nom qui lui fût propre. La plus grande partie des pièces antiques représentant d'un côté une tête de divinité ou de

personnage, que l'on pouvait considérer comme le
sujet principal de chaque pièce, ce côté fut regardé
comme étant le premier des deux. On nomma ce
premier côté, en latin, *antica pars, antica, adversa
pars, adversa,* et en français, *Tête.* On nomma le
second côté, en latin, *aversa pars, aversa, postica
pars,* et en français, *Revers.*

Le mot *Tête,* employé pour désigner le premier
côté des pièces, était fort mal appliqué. Beaucoup de
pièces représentent une tête de chaque côté, et bien
que l'une soit toujours la principale, l'appellation
ne se trouve pas moins inexacte. D'autres pièces ne
représentent pas de tête. On détermine sans doute
pour ces pièces celui de leurs deux côtés qui doit
être considéré comme le principal ou le premier;
mais rien quelquefois n'indique que ce qui est représenté d'un côté doive passer avant ce qui est représenté de l'autre. Le nom de *Tête* est donc encore
mal appliqué pour le premier côté de ces pièces. Il
résulte de cette appellation que le côté *Tête* de telle
ou telle monnaie représente, par exemple, plusieurs
têtes, ou bien un vase, contre-sens absurde et ri-
dicule.

Aussi ce nom de *Tête,* qui avait été donné au premier côté des pièces, a été peu employé. Le nom de
Revers, affecté au second côté, a été conservé, et il
est consacré par un usage constant. Il résulte de ceci,
généralement parlant, qu'en français le premier
côté des monnaies et médailles n'a pas de nom, et
que le second côté se nomme *Revers.*

Quelques-unes des personnes qui s'occupent de

la Numismatique ont voulu, dans ces derniers temps, substituer au mot *Téte*, inexact et tombé en désuétude, une appellation rationnelle, et elles ont adopté pour nom du premier côté des monnaies et médailles le mot *Avers*. Ce mot est, à la vérité, plutôt tiré du mot latin *aversa* que du mot *adversa ;* il signifie précisément partie opposée, d'où il semblerait résulter qu'il n'est pas convenable de l'employer pour indiquer le premier côté des pièces. Le mot *Revers*, adopté pour désigner le second côté, a, dans son étymologie, la même source, et dans son acception française, le même sens. Pour s'entendre, cependant, il faut que les choses aient des noms; ils doivent être sans doute clairs et précis, sur-tout quand on les crée. *Avers*, *Revers* ont la même signification, il est vrai, si l'on considère leur étymologie; mais cette étymologie même (*partie opposée*) leur convient et séparément et comparativement. Ils sont d'ailleurs en rapport convenable pour les significations auxquelles on les applique dans ce cas. Le mot *Avers* m'a donc paru devoir être adopté, et je m'en suis servi. Ce mot n'a pas été employé par beaucoup d'écrivains, et les collecteurs s'en servent rarement. Quelques personnes en désapprouvent même l'usage, en se fondant principalement sur ce qu'il n'est pas sorti de la plume *veterum artis nostræ magistrorum*. Mais ne serait-ce pas avoir trop de respect pour nos devanciers que de ne pas vouloir se servir d'une expression, parce qu'ils ne l'ont pas adoptée ou connue ?

196. Le tour des pièces se nomme *Bord*. On a

déjà vu que les anciens n'ont pas connu l'usage de
la virole. Il existe des pièces à *bords en biseau*, et à
bords dentelés; il en a déjà été question (116 et 123).

197. L'espace qui forme chaque côté des pièces
se nomme en général *Champ;* cependant ce nom
s'applique plus particulièrement aux parties que
laissent libres les objets principaux représentés et
les inscriptions.

198. La partie inférieure du *Champ* se nomme
Exergue lorsque cette partie est séparée par une
barre ou toute autre indication.

199. Tous les objets représentés sur les pièces se
nomment en général *Types*, et ce mot, lorsqu'il
s'agit d'une pièce ou d'une nature de pièce, s'applique sur-tout à l'objet principal représenté. Ainsi
l'on dit : *Le Type ordinaire des monnaies de Naples
est le taureau à face humaine*, quoique ces mêmes
monnaies portent avec ce taureau d'autres objets.
On dit dans ce même sens : *On ne connaît de telle
Ville qu'un seul Type;* ou bien : *Il existe de telle
Ville un grand nombre de Types.*

200. Les inscriptions se nomment en général
Légendes, les lettres isolées, *Lettres*, et les caractères composés de plusieurs lettres réunies, *Monogrammes.*

CHAPITRE IX.

Valeur et Poids des Monnaies antiques.

201. On a vu dans le Chapitre Ier comment les
métaux monétaires, et principalement l'or et l'argent,
devinrent le moyen d'échange le plus commode
entre toutes les valeurs ; comment ces substances
furent divisées en parties légalement reconnues ;
comment enfin les monnaies furent inventées.

Avant de présenter les détails convenables sur les
valeurs des monnaies antiques, et pour donner plus
de clarté et de précision à ce qui sera rapporté à ce
sujet, sans sortir du cadre étroit de cet ouvrage, il
est nécessaire d'exposer les principes généraux de
la théorie des monnaies sous ce rapport. Un simple
aperçu suffira pour rappeler et réunir ici les idées
qui servent de base à cette partie des sciences économiques.

L'or, l'argent et le cuivre convertis en pièces
dont les poids et les titres sont légalement établis
sont des *monnaies,* c'est-à-dire des objets échangeables, sans autre examen que celui de leur authenticité, contre toutes les autres valeurs. Au moyen des
monnaies, chaque contrat est bien encore un
échange, comme cela a été et sera toujours ; mais
c'est un échange dans lequel il n'y a à examiner
qu'une des deux valeurs à échanger, l'autre étant
généralement connue.

202. Ces trois métaux, convertis en monnaies,
ne perdent point pour cela leur valeur propre,
puisque ce sont au contraire cette même valeur et
leurs qualités constitutives qui les ont rendus aptes
à l'usage auquel ils servent. Ces métaux, quoique
convertis en monnaies, sont donc encore des marchandises; marchandises privilégiées, qui tiennent
de la nature les qualités qui les rendent propres à
représenter toutes les autres valeurs, et qui ont reçu
de l'homme des formes légales, appropriées à ce but.

203. A peine, cependant, a-t-on fait le premier pas
dans l'examen de cette théorie, que l'on est arrêté
par une difficulté qu'il faut résoudre avant d'aller
plus loin. Qu'une valeur, par les qualités qu'elle a
reçues de la nature et par les formes légales que les
hommes lui ont données, se trouve propre à représenter toutes les autres valeurs, à être échangée, sans
être examinée, contre toutes les autres marchandises, on le comprend sans peine; mais que cet avantage existe pour trois valeurs différentes simultanément, aux mêmes conditions et dans des rapports
constamment les mêmes, c'est ce qui ne paraît pas
possible : car il faudrait que ces trois marchandises
fussent toujours dans le même rapport entre elles,
condition qui ne peut se rencontrer, mille circonstances tendant, à chaque instant, à faire varier les
rapports de toutes les valeurs les unes avec les
autres.

On ne peut donc pas concevoir que les trois métaux
monétaires, c'est-à-dire trois marchandises diverses,
constituent la monnaie, valeur unique, échangeable

contre toutes les autres valeurs, et il ne doit pas être en effet possible de le concevoir ; car cela n'existe pas. Les rapports établis légalement entre les trois métaux ne peuvent être que des approximations : ce ne sont que des fictions, mais des fictions utiles à la marche des transactions sociales.

204. Une seule marchandise peut être moyen d'échange contre toutes les autres. Si la nature des trois métaux et les avantages qu'ils offraient comme monnaie, les ont fait admettre presque généralement tous les trois dans le monnayage, cette admission n'a pu changer la nature des choses. On a bien pu donner aux trois métaux des empreintes et des noms; mais on n'a pas pu leur donner des valeurs fixes entre eux, parce qu'il est dans l'essence des choses que leurs rapports varient perpétuellement et partout : aussi un seul des trois métaux est-il réellement monnaie, et les deux autres restent marchandises. Les pièces de ces deux derniers métaux font bien le service de monnaies, mais ce n'est presque toujours qu'avec des différences de prix, comparativement à leur taux légal, ou par une condescendance pratique, amenée par le peu d'importance dans la différence de leur valeur avec celle du métal, seul monnaie réelle, ou c'est enfin à raison de leur peu de valeur intrinsèque en elle-même.

Ces vérités ont été reconnues et développées par les écrivains qui se sont occupés, vers la fin du dernier siècle, de la théorie de la valeur des monnaies, en la dégageant des idées fausses et des obscurités qui en avaient fait jusque-là une science presque

occulte. Depuis lors, ces principes évidens ont été
légalement admis une seule fois, en France, en 1795,
et, peu de temps après, lorsque le système monétaire actuel fut établi. Les monnaies d'or alors
décrétées ne devaient porter que l'indication de
leur poids, et être considérées légalement comme
marchandises. Cette disposition, conforme au vrai
et en harmonie avec l'état des connaissances théoriques, ne fut cependant pas exécutée, et fut changée
sous le Consulat, lors de l'émission des premières
monnaies décimales d'or, qui portèrent l'indication
de la valeur légale qu'on leur affecta.

205. Comme, en toutes choses, le point également
éloigné des extrèmes finit en général par être préféré,
il s'est trouvé que, presque par-tout, l'argent, dont la
valeur est intermédiaire entre celle de l'or et du cuivre,
a seul été réellement monnaie. Les monnaies d'or ont
eu une valeur variant sans cesse au-dessus ou au-dessous du prix qui leur était attribué légalement; et si
celles de cuivre ont été presque constamment admises
pour leur taux légal, elles ne l'ont dû qu'à leur peu
de valeur intrinsèque et au besoin qu'en avaient les
petites transactions habituelles, abstraction faite de
leur valeur réelle. Encore, lorsque leur nombre s'est
élevé à des quantités plus considérables que ne le demandaient les besoins de la circulation, ces monnaies
ont-elles valu moins que leur prix légal.

Il n'est point question ici des monnaies de billon,
qui sont de l'argent à bas titre, et doivent être considérées comme altération de ce métal.

206. Il faut donc reconnaître qu'un seul des trois

métaux monétaires, et presque toujours l'argent, constitue réellement la monnaie. Les deux autres métaux reçoivent des empreintes, des noms, des valeurs légales; mais ces empreintes, ces noms, ces valeurs ne servent qu'à faire connaître les rapports légaux de ces deux métaux avec le métal régulateur, qui est seul monnaie. Les valeurs réelles de ces deux métaux s'établissent suivant leurs rapports effectifs avec l'autre métal, suivant leur abondance ou leur rareté, suivant les besoins du commerce, ou bien ces valeurs réelles restent stationnairement conformes aux valeurs légales, par le peu d'importance de la différence entre ces deux valeurs, ou pour la nécessité des petites transactions habituelles, comme nous venons de le dire.

207. Arrivés à ce point de la discussion, nous trouvons les bases de la théorie de la valeur des monnaies fort simplifiées : un seul métal, l'argent, est monnaie. Les deux autres métaux, l'or et le cuivre, sont marchandises; les valeurs légales qu'on leur attribue ne servent qu'à constater leurs poids et leurs titres. Ces pièces de métal ont des valeurs réelles, indépendantes de leurs valeurs légales, et les rapports établis par la loi entre ces deux métaux et l'argent ne sont exactement suivis que dans quelques cas : 1°. lorsque ces rapports légaux se trouvent accidentellement être réels; 2°. lorsque la différence entre le rapport légal et le rapport réel est trop légère pour être considérée; 3°. enfin, lorsqu'il y a dans les monnaies très-peu de valeur intrinsèque, et qu'on s'en sert comme d'instrumens indispen-

1.

sables aux transactions journalières de peu d'importance, quelle que soit, du reste, leur valeur réelle.

208. On peut donc considérer les rapports de l'or et du cuivre avec l'argent comme étrangers aux bases principales de la théorie de la valeur des monnaies. Les rapports légaux qu'on aura établis entre ces métaux et l'argent, rapports fort indifférens dans la réalité des transactions, ne pourront embarrasser l'examen de cette théorie en elle-même. Les monnaies d'or et de cuivre n'étant considérées, dans cette discussion, que comme des marchandises, leur prix en argent s'établira comme celui de toutes les autres valeurs. Les altérations, les variations des poids et des titres n'influeront en rien sur la théorie générale que nous avons à exposer, et dans cet examen nous considérerons ces deux métaux monnayés comme des denrées plus ou moins parfaites, comme des marchandises plus ou moins avariées, dont la valeur sera fixée en argent et généralement connue. Des lois ou des fraudes cachées auront pu introduire dans ces pièces des altérations de poids ou de titres; mais les hommes n'auront été trompés qu'un moment; ils auront fixé bientôt à ces pièces de métaux monnayés et plus ou moins altérés leurs véritables valeurs en monnaie d'argent.

Par cette distinction, la théorie de la valeur des monnaies, qui est la base principale du monnayage lui-même, n'est plus à discuter qu'avec un seul métal, une seule monnaie, un seul représentant de toutes les valeurs. Cette discussion devient par là beaucoup plus facile, et l'on peut reconnaître que les observations précédentes n'ont été présentées que pour arriver à ce point.

209. La théorie de la valeur des monnaies, ainsi ramenée à sa plus simple expression, devient aussi claire que peu compliquée. Le métal, par ses avantages naturels, a été choisi pour servir d'échange avec toutes les autres valeurs; l'homme a conçu l'idée d'en former des pièces uniformément divisées : le monnayage a été inventé. Que faut-il pour que cet instrument si utile aux transactions sociales produise toujours les avantages qui lui sont propres, sans qu'il en naisse aucun inconvénient? Il suffit de remplir exactement les conditions qui doivent constituer la monnaie : ces conditions sont l'exactitude et la fidélité dans le poids et le titre. Lorsqu'il a été établi que telle monnaie doit contenir une certaine quantité de métal à un certain titre, il suffit de maintenir fidèlement et constamment cette convention. Cette fidélité dans l'exécution des lois monétaires est la base indispensable de tout bon système de monnaies. Diverses dispositions de détail doivent ensuite coopérer à la perfection de l'établissement monétaire. Ce sont le choix le plus commode des fractions de monnaies, le degré convenable du titre, la bonne exécution matérielle des pièces.

210. Lorsque les Gouvernemens, dans des vues d'avantages pour le fisc publiquement avouées, font des changemens dans le système monétaire, en diminuant ou en augmentant la quantité réelle de métal dans les monnaies, c'est-à-dire leur poids ou leur titre, sans en changer le nom et la valeur lé-

11.

gale, ils ne font que diminuer ou augmenter la valeur des obligations antérieurement contractées. Ces
sortes d'opérations sont en substance injustes et absurdes ; car leur résultat est de prendre aux uns ce
qui leur appartient, pour le donner aux autres, à
qui il n'appartient pas. Les avantages momentanés
que le fisc peut retirer de ces sortes d'opérations ne
sont acquis qu'aux dépens du pays. Les Gouvernemens qui se les permettent perdent infiniment plus
en confiance et en crédit qu'ils ne gagnent en effec-
tif ; ils faussent toutes les transactions antérieures,
troublent les opérations courantes, et répandent de
l'inquiétude sur l'avenir. Le moment du changement
passé , toutes les transactions nouvelles se basent sur
la valeur nouvelle et réelle de la monnaie, sans que
les prévisions légales puissent l'empêcher.

211. Mais si un Gouvernement fait secrètement
des altérations dans le titre et le poids des monnaies,
il commet une fraude dont les conséquences sont
bien plus graves encore pour le pays.

212. L'établissement des monnaies, quant à leurs
poids et titres, est donc une chose à laquelle il est
à propos de ne point toucher dans un État. Le seul
cas où cela puisse être utile, c'est lorsqu'un pays a
un système de monnaies vicieux quant aux titres
et à la division des monnaies. Un Gouvernement,
dans une situation pareille, peut et doit même remplacer un mauvais système par un bon, mais avec
publicité, légalité, et en réglant équitablement le
sort des obligations antérieurement contractées.

Dans ce peu de mots, se trouvent toutes les bases

de la théorie de la valeur des monnaies, et conséquemment la théorie du monnayage lui-même. Le
surplus ne consiste qu'en applications générales, que
nous allons indiquer, et en dispositions particulières,
qui ont varié suivant les temps et les lieux.

213. On distingue, dans le système monétaire d'un
pays, *l'Unité monétaire*, *la monnaie de Compte*, *les
monnaies Effectives*. Dans les monnaies Effectives,
on distingue *le Titre*, *le Poids*, *la valeur Légale* ou
Nominale, *la valeur Métallique*. Ces expressions demandent à être brièvement expliquées.

214. *L'Unité monétaire* est la valeur première,
qui sert à nombrer toutes les autres, en la multipliant pour les valeurs au-dessus, et en la divisant
pour les valeurs au-dessous. En France, l'Unité monétaire est le franc. On dit vingt francs, cent francs, etc.,
quarante centimes, cinq centimes (ou centièmes de
franc), etc.

215. *La monnaie de Compte* est la valeur avec laquelle on désigne les diverses quantités de valeurs
dans les comptes. Cette monnaie est ordinairement
la même que l'Unité monétaire. Par exemple, en
France, la monnaie de Compte est le franc; mais
dans quelques pays il n'en est pas ainsi.

216. Il est à propos d'indiquer également ici la
monnaie de Banque, qui a été établie dans les temps
modernes. Cette monnaie est celle dans laquelle les
banques de paiement tiennent leurs comptes, et elle
a été distinguée de la monnaie réelle dans quelques
villes, à cause de l'altération des espèces courantes.

217. *Les monnaies Effectives* sont les pièces de

monnaie circulantes. Leurs valeurs légales sont ordinairement en harmonie avec l'Unité monétaire.
Leurs fractions sont plus ou moins bien entendues,
plus ou moins commodes pour les transactions. La
division actuelle des monnaies en France est sans
doute la meilleure; elle est basée, comme tout notre
établissement monétaire, sur le système décimal.
L'Unité monétaire est représentée par la pièce d'un
franc, dont les multiples et les parties offrent une
série aussi commode que bien entendue. Dans quelques pays, au contraire, les monnaies circulantes
ne sont pas en harmonie avec l'Unité monétaire ni
avec la monnaie de Compte. Dans la partie de l'Allemagne où l'on compte en florins d'Empire, il n'y
a point de monnaie effective qui vaille un florin,
ni aucune fraction vraiment commode du florin; on
a des monnaies de deux florins quarante-deux kreutzers, d'un florin vingt et un kreutzers, etc. Un tel
système rend les transactions habituelles moins faciles.

218. *Le Titre* est le degré de fin auquel le métal
est employé dans les monnaies. On vient de voir
qu'il est important de ne jamais l'altérer en rien, à
moins du changement total d'un système monétaire
vicieux. Quant au taux du Titre qu'il est préférable
d'admettre, il est hors de doute que, sous le rapport
de la plus grande facilité des transactions, on trouverait beaucoup d'avantage à employer l'or et l'argent
à des Titres élevés; mais l'expérience a démontré que
ces métaux monnayés à des Titres très-purs sont
beaucoup plus susceptibles de s'altérer par le frot-

tement que lorsqu'ils sont mêlés à un alliage, même peu considérable (¹). En France, par suite de l'application du système décimal à tout l'établissement monétaire, les monnaies d'or et d'argent sont à neuf dixièmes de fin et un dixième d'alliage.

219. *Le Poids* des monnaies est fixé en raison des fractions monétaires qu'elles valent légalement, et de leur Titre. On a vu qu'il ne doit pas être plus altéré que le Titre.

220. *La valeur Légale* ou *Nominale* est la valeur déterminée par la loi, en rapport avec l'Unité monétaire; c'est la valeur qui sert de règle à toutes les autres, celle pour laquelle une monnaie est reçue dans les transactions, le nom, en un mot, que l'on affecte à une certaine quantité de métal.

221. *La valeur Métallique* est le prix réel et variable du métal dont la monnaie est formée.

222. Il est évident qu'une monnaie doit avoir une valeur Légale un peu supérieure à sa valeur Métallique, parce que la fabrication est aussi une valeur dont il doit être tenu compte dans le prix de chaque objet manufacturé dont on tire un service. Si la monnaie était fabriquée sans frais, elle serait presque continuellement fondue pour les usages habituels qui exigent l'emploi du métal.

Mais observons que ce prix de fabrication n'est cependant qu'une fiction quand il a été retenu sur la masse du métal employé; car le nom qu'on donne à la

(¹) Considérations générales sur les monnaies, par Mongez. Paris, Agasse, an ıv, in-8, 26

monnaie, et la valeur qu'on lui attribue légalement, ne sont eux-mêmes que des fictions de la loi, que des moyens d'indiquer un poids et un titre déterminés dans les monnaies telles qu'elles existent.

223. Observons aussi que le même métal non monnayé, l'argent en lingots, n'est, à côté de l'argent monnayé, qu'une marchandise qui suit les chances de toutes les valeurs, c'est-à-dire qui varie perpétuellement dans ses prix, dont les stipulations sont déterminées en argent monnayé. Ces variations sont telles, que quelquefois l'argent en lingots, par le besoin du commerce, arrive à un prix si élevé, qu'il est avantageux d'en faire avec de l'argent monnayé, et de fondre les monnaies pour les réduire en lingots.

224. Ne perdons pas de vue non plus qu'il s'agissait ici d'examiner la théorie de la valeur des monnaies, pour pouvoir s'en rendre compte avec plus de clarté, dans l'hypothèse d'un seul métal-monnaie, de l'argent. Si l'on veut ajouter aux combinaisons résultant de l'argent-marchandise échangé contre l'argent-monnaie, celles qui sont produites par les variations de prix de l'autre métal précieux, de l'or, on arrive à des considérations plus compliquées encore, aux hautes conceptions commerciales. On revient alors, en définitive, à cette idée première de tout le système, que les trois métaux monétaires, monnayés et non monnayés, sont tous, séparément, des marchandises diverses, à une partie desquelles la loi imprime des marques qui en constatent uniquement le titre et le poids, et qu'à l'une de ces marchandises on reconnaît généralement l'avantage de représenter toutes

les autres valeurs, pour la facilité des contrats et des transactions sociales.

225. Terminons enfin par rappeler que toutes ces diverses valeurs des métaux monnayés ou non mon-nayés sont encore tout-à-fait idéales, théoriquement parlant, sous le rapport des résultats effectifs, puis-que, en réalité, ces métaux ne sont utiles, considé-rés comme moyens d'échange, qu'en raison de la quantité d'autres valeurs qu'ils procurent; mais, sous ce point de vue, ces considérations se ratta-chent plus particulièrement à l'économie politique et à la plus ou moins grande quantité de métaux exis-tante, points que nous n'avons pas à traiter dans cet ouvrage.

Ces considérations générales, qui ne sont qu'un aperçu de la théorie des valeurs monétaires, et dont la nature de cet ouvrage a borné l'étendue, devaient précéder ce qui va être exposé relativement à la va-leur des monnaies des anciens.

Il est convenable de suivre dans cet examen la nomenclature qui vient d'être indiquée des divers points à considérer séparément dans la théorie de la valeur des monnaies. Nous traiterons d'abord des pièces des Peuples, Villes et Rois, et ensuite de celles des Romains.

226. Un grand nombre d'auteurs ont fait des re-cherches sur la valeur et le poids des monnaies des anciens; mais cette matière est si vaste et si com-pliquée, qu'on trouve beaucoup de différence dans les résultats de leurs travaux, et peu d'accord même dans les divers buts qu'ils se sont proposés. Les

renseignemens que l'on peut réunir sur cet objet,
dans les écrivains de l'antiquité, sont éloignés de
fournir une masse suffisante de lumières pour éclaircir ces questions sur tous les points principaux, et
encore bien moins sur les variations qui ont dû
avoir lieu, suivant les temps et les diverses contrées. Les textes des auteurs anciens, souvent altérés, ont dû l'être particulièrement dans des passages
où il est question de chiffres et de noms de monnaies faciles à confondre. Dans les bas-temps, ces
notions, puisées dans les écrivains anciens, sont
particulièrement très-confuses. Les auteurs modernes qui se sont occupés de Numismatique se sont
livrés en général plutôt à la recherche de ce que
les monnaies anciennes peuvent enseigner sur l'histoire, la géographie et les religions, qu'à l'examen de
leurs valeurs et de leurs poids. Cependant plusieurs
écrivains se sont aussi occupés des recherches relatives à ce point important. Nous citerons principalement Budée, qui, dans son ouvrage intitulé *De
Asse*, a ouvert le premier la carrière, Savot, Sca-
liger, Gronovius, de la Nauze, Paucton, Romé de
l'Isle, et, dans ces derniers temps, M. Letronne. Malgré les recherches successives de ces savans, la masse
de lumières acquises à cet égard n'est pas encore
suffisante pour que l'on puisse établir des systèmes
généraux bien complets, et, à plus forte raison,
connaître les variations relatives aux temps et aux
lieux.

Ces sortes de recherches, il faut l'avouer, présentent de grandes difficultés. La fabrication, quelque-

fois peu régulière, quant au poids, la détérioration
des pièces par le temps et le frottement, sont autant
d'obstacles d'autant plus fâcheux, qu'il faut, dans
ce travail, avoir recours à des examens nombreux
des pièces elles-mêmes, et préférer ces observations
aux éclaircissemens des autres natures. Ce point de
la Numismatique ancienne demande encore à être
étudié et développé avec plus d'exactitude qu'il ne l'a
été jusqu'ici. Il faudrait, pour faire connaître toute
l'étendue de ce sujet et indiquer seulement toutes les
difficultés qu'il présente, entrer dans plus de développemens que ne le comporte la nature de cet ouvrage. Les détails qu'on va lire ne sont donc que la
simple indication des résultats qui ont été entrevus
sur ce qui se rapporte à la monnaie des Grecs ; mais
il resterait de nombreuses observations à recueillir
sur l'application de ces premières données, quant
aux différens peuples et aux diverses époques.

Monnaies des Peuples, Villes et Rois.

227. *Unité monétaire.* L'Unité monétaire des Grecs
était la *Drachme.* Cette unité fut admise par tous les
peuples Grecs, à mesure que l'usage des monnaies
se propagea : elle fut également adoptée dans les
autres contrées. Les modifications et les variations
que ce système a pu subir sont du nombre de ces
difficultés qui exigeraient les recherches qui nous
manquent. Il faut cependant faire observer ici que la
valeur réelle de cette Unité monétaire ne subit jamais
de grandes variations. Il s'établit des rapports d'uni-

formité entre la Drachme des divers pays. Les relations commerciales dûrent produire ce résultat.

La *Drachme* se divisait en six *Oboles*.
Cent *Drachmes* formaient une *Mine*.
Six mille Drachmes formaient un *Talent*.

Ces indications, souvent employées pour les fortes
sommes, diminuent la fixité de l'Unité monétaire
représentée par la Drachme, dans le sens que nous
attachons maintenant à cette unité. Les auteurs anciens citent diverses sortes de *Talens :* le *Talent* Attique, celui de Corinthe, celui d'Ægine, etc.; mais
ces *Talens* contenaient toujours six mille Drachmes et ne différaient entre eux que par la conséquence des légères variations qui pouvaient se trouver, dans les monnaies des divers pays, entre la
valeur de la Drachme des diverses contrées. Ces différences, minimes quant au rapport d'une Drachme
à l'autre, formaient, à la vérité, une somme importante lorsqu'elles se trouvaient répétées sur les six
mille Drachmes formant le *Talent*.

Lorsqu'on parlait de *Talent* en général sans le
spécifier, il s'agissait du *Talent* Attique.

228. *Monnaie de Compte.* Il y a tout lieu de croire
que l'on comptait généralement par Drachmes; cependant, comme on vient de le voir, les fortes sommes étaient désignées par les indications de *Mine* et
Talent.

Une opinion, établie ou plutôt indiquée précédemment, et développée dans ces derniers temps par
le comte Garnier, tendrait à établir que la Drachme

Grecque et le Denier Romain étaient des monnaies
de Compte, qui n'étaient pas équivalentes aux monnaies Effectives qui portent ces noms, et que la valeur de ces monnaies de Compte n'était que des
deux cinquièmes de la valeur des monnaies Effectives portant les mêmes noms. Cette opinion, qui
diffère de ce qu'ont établi tous les autres auteurs
qui se sont occupés de ce sujet, n'est pas d'accord
avec les observations résultant de l'examen des monnaies antiques elles-mêmes. Cette doctrine a été réfutée par M. Letronne (¹).

229. Les *monnaies de Banque* ou représentant
une valeur différente de celle des monnaies circulantes ne paraissent pas avoir été connues des anciens.

230. *Monnaies Effectives.* Aucune monnaie d'*or*
des Peuples, Villes et Rois ne porte l'indication de
sa valeur. Les passages des écrivains anciens qui se
rapportent à ce sujet sont insuffisans et peu d'accord
entre eux. Nous ne connaissons donc point le rapport
précis de l'or avec l'argent à aucune époque déterminée, chez aucun des peuples anciens, les Romains
exceptés, et encore bien moins les variations que
ce rapport a dû éprouver. Hérodote indique, pour
ce rapport, 1 à 13 (²), Platon 1 à 12 (³), Ménandre,
cité par Pollux, 1 à 10 (⁴). Ces notions sont trop

(¹) Considérations générales sur l'évaluation des monnaies
Grecques et Romaines, in-4. 1817.
(²) L. III, c. 95.
(³) In Hipparcho, 231
(⁴) L. IX, c. 26.

incertaines, trop peu fixées, quant aux temps et aux lieux, pour pouvoir servir de base à un système, qui nous conduirait à connaître les valeurs légales des monnaies d'or de ces contrées. Il est donc impossible d'établir précisément ce qu'étaient les monnaies effectives d'or des Peuples, Villes et Rois. On ne pourrait déterminer quelques données à cet égard que par des suppositions. Les nombreuses monnaies de Philippe II et d'Alexandre-le-Grand, du module ordinaire, doivent avoir valu vingt drachmes.

231. Il existe des monnaies d'or des Peuples, Villes et Rois de modules divers, depuis les plus petits jusqu'à un diamètre assez considérable.

232. Divers passages d'auteurs anciens ont rapport à des monnaies Grecques, désignées sous le nom de *Statère d'or* et *Statère d'argent* (*Stater*). Il est difficile de douter de l'existence de ces pièces; mais les textes anciens fournissent à cet égard peu d'éclaircissemens, et beaucoup d'auteurs ont révoqué en doute ces dénominations; J. Eckhel, lui-même, en a parlé d'une manière qui atteste qu'il n'avait pas sur ce sujet une opinion bien arrêtée. Cependant, d'autres recherches postérieures, appuyées sur des pièces nouvellement découvertes, ont fourni des notions plus certaines sur ce sujet ([1]).

Il paraît positif que les pièces nommées *Statères d'or* étaient du poids de deux Drachmes d'or et de la valeur de vingt Drachmes d'argent, dans le rapport

---

([1]) Voyez sur-tout : Descrizione degli stateri antichi illustrati con le medaglie, per D°. Sestini, in-4. 1817.

d'un à dix, telles que les pièces ordinaires de Philippe II, d'Alexandre-le-Grand, de Lysimaque, et que les pièces Persanes auxquelles on applique ce nom de *Statère*. Lorsqu'on désignait le *Statère* sans ajouter la désignation du métal, on entendait le *Statère d'or*.

Il paraît également certain que les *Statères d'argent*, ou les pièces auxquelles on attribuait cette dénomination, étaient des *Tétradrachmes* ou de la valeur de quatre Drachmes.

Le *Statère* avait son multiple, le *double Statère*; il avait aussi ses parties, le *demi-Statère*, et le *quart de Statère*.

Les *Statères* prenaient les dénominations des Pays ou des Princes pour lesquels ils étaient frappés : de là les *Statères* de Phocée, de Corinthe, de Cyzique, de Darius ou Dariques, de Philippe, d'Alexandre, de Lysimaque, etc. Ces pièces furent principalement en usage dans les Villes voisines de la mer Égée et dans quelques-unes des îles de cette mer.

Après cette digression sur ce genre de monnaies d'or et d'argent, nous revenons à la suite de nos observations sur le sujet qui nous occupe.

233. Les monnaies *d'argent* nous offrent plus de lumières que celles d'or, quant à leurs valeurs, et quelques pièces de ce métal portent les indications de la Drachme et de la Didrachme. On a donc pu connaître les divisions et les valeurs légales de ces monnaies, sauf toujours les incertitudes résultant des variations des temps et des lieux, sur-tout pour les pièces des plus petites valeurs.

234. Les monnaies Effectives en *argent* étaient :

La *Drachme*,

Unité monétaire valant six Oboles.

Ses multiples :	Ses parties :
Le *Didrachmum* (deux Drachmes).	Le *Tetrobolus* (quatre Oboles).
Le *Tridrachmum* (trois Drachmes).	Le *Triobolus* (trois Oboles).
Le *Tetradrachmum* (quatre Drachmes),	Le *Diobolus* (deux Oboles).
	L'Obolus.
Et quelques pièces de valeurs plus fortes, dont certaines n'étaient probablement pas des monnaies, comme on l'a vu au Chapitre V.	Le *Semi-obolus* (demi-Obole).
	Le *Dimidium Semi-oboli* (quart d'Obole).
	Ces deux dernières monnaies d'argent, de très-petite valeur, furent particulièrement frappées dans quelques Villes, lorsqu'on n'y admettait pas la monnaie de cuivre, par exemple à Athènes.

On a vu, à l'article des monnaies d'or, ce qui se rapporte aux pièces nommées *Statères d'or* et *Statères d'argent*. Il paraît que les premières valaient vingt Drachmes et les secondes quatre Drachmes, et que le *Statère* avait en pièces Effectives son multiple en or, le *double Statère*, et ses parties en argent et peut-être aussi en or, le *demi-Statère* et le *quart de Statère*.

235. La monnaie Hébraïque d'argent portait le nom de *Sicle*. Ce nom, ainsi que ceux de *demi-Sicle* et de *quart de Sicle*, se trouvent inscrits en caractères Samaritains sur des monnaies des Princes

de Judée. La valeur du *Sicle* paraît avoir été égale à celle de la Drachme grecque.

236. Les monnaies de cuivre nous offrent, comme celles d'argent, des renseignemens sur leurs valeurs et leurs dénominations. Quelques pièces portent l'indication de l'*Obole*, du *Triobole*, du *Semiobole*, de l'*Assarius*, ses multiples et ses parties. On a donc pu reconnaître les divisions et les valeurs légales de ces monnaies, sauf toujours les variations dépendant des temps et des lieux.

237. Les monnaies Effectives en *cuivre* étaient :

L'*Obolus*,

Dont six forment la *Drachme*.

Ses multiples :	Ses parties :
Le *Diobolus* (deux Oboles),	Le *Semi-obolus* (demi-Obole),
Le *Triobolus* (trois Oboles),	Le *Dimidium Semi-oboli* (quart
Le *Tetrobolus* (quatre Oboles),	d'Obole),
Et peut-être	Le *Chalchus* (huitième d'O-
La *Drachme* (six Oboles); et	bole),
même des pièces de valeurs	Et même quelques fractions
plus fortes, parmi les Impé-	plus petites peu connues.
riales-Grecques.	

On adopta chez quelques peuples Grecs, sous la domination Romaine, le nom ΑΣΣΑΡΙΟΝ, *Assarius*, de *Assis* (*As*). Cette indication se trouve sur quelques monnaies de bronze de *Chios*, et on y voit même sa moitié ainsi que ses multiples indiqués par les nombres deux et trois. Il est probable que ce nom latin grécisé s'appliquait à des pièces de la même valeur que l'Obole.

I.   12

238. Des monnaies de bronze de diverses Villes de la Grande-Grèce et de la Sicile portent des globules ou d'autres indications qui doivent avoir été en rapport avec les valeurs légales de ces pièces (264).

239. Quelques-unes de ces Villes avaient adopté, dans les premiers temps, pour Unité monétaire l'*As* Romain ; leurs monnaies sont divisées suivant ce système et en portent les indications. On nomme ces pièces *As Italiques* pour les distinguer des *As Romains*.

240. Il y a lieu de croire que des variations eurent lieu dans les valeurs des monnaies de cuivre chez les Grecs, et que ces variations furent plus multipliées et plus fortes que celles que subirent les monnaies d'argent : le peu de valeur intrinsèque du métal doit le faire penser. Il serait fort difficile, sinon impossible, d'établir un système quelconque à cet égard, et de fixer les valeurs légales précises de ces monnaies.

Rappelons ici, pour ce qui va suivre, que les recherches sur cette matière n'ont pas été assez multipliées pour donner des bases bien certaines, et qu'on ne peut arriver qu'à des approximations, en prenant même pour exemple un lieu et des époques déterminés. L'abbé Barthélemy s'est livré à quelques recherches sur la valeur des monnaies Grecques d'argent d'Athènes (¹). Quoique d'autres observations aient été faites depuis sur ce sujet, on peut, dans les appréciations que l'on voudra chercher à établir, prendre pour guides les résultats qu'il a adoptés. Nous allons en donner les bases principales.

(¹) Voyage du Jeune Anacharsis, Table XI.

241. *Titre.* On a vu, Chap. VII (144 et 150), que l'or et l'argent ont été employés généralement à l'état de grande pureté pour la fabrication des monnaies Autonomes des Peuples, Villes et Rois. Les exceptions qui eurent lieu à cette règle, postérieurement, pour les monnaies Impériales-Grecques, ont été indiquées dans le même Chapitre (147 à 154); mais outre ces exceptions, des variations ont dû exister et ont existé en effet suivant les temps et les lieux. Citons, pour en donner une idée, les Tétradrachmes d'Athènes, essayés sous les yeux de l'abbé Barthélemy. Ceux d'ancienne fabrique globuleuse, que l'on croit avoir été frappés jusqu'au temps de Périclès, ont été trouvés à $11^{deniers} 20^{grains}$ de fin, ceux de fabrique postérieure ont été trouvés à $11^{deniers} 12^{grains}$ et $11^{deniers} 9^{grains}$.

242. *Poids.* Les dénominations affectées aux monnaies d'argent étaient aussi celles des poids, et les pesanteurs étaient les mêmes. Une *Drachme-monnaie* pesait une *Drachme-poids.* Quant au rapport de la Drachme avec nos poids actuels, les variations des temps et des lieux doivent être admises. L'abbé Barthélemy a établi le poids de la Drachme, pour les anciens Tétradrachmes d'Athènes, à 82^{grains}, et pour les postérieurs, à 79^{grains}; mais il faut faire observer ici que ces variations ne furent jamais très-fortes, et que la Drachme ne changea pas beaucoup de valeur réelle.

243. *Valeur Légale ou Nominale.* La valeur Légale des diverses monnaies vient d'être indiquée à l'article des monnaies Effectives. On y a vu le système des

12.

valeurs Légales des monnaies chez les Grecs, et il
serait superflu de le répéter ici (232, 234, 237).

244. *Valeur Métallique.* La valeur Métallique des
monnaies des Peuples, Villes et Rois dans l'antiquité
nous est inconnue, c'est-à-dire que nous ignorons
quelle différence l'on faisait entre les métaux monnayés et ceux non monnayés. Aucun système ne peut
être établi sur ce point, et quelques renseignemens
à cet égard ne nous seraient point utiles, puisque
ces données seraient incomplètes.

Il ne peut point être question ici de la valeur Métallique actuelle des monnaies antiques ; elle doit se
calculer sur le Titre et le Poids exacts de chaque
nature de pièces en particulier ; il sera question de
cette valeur au Chapitre XIX.

Nous passerons maintenant à l'examen de ce qui
concerne la valeur des monnaies des Romains, en
suivant la nomenclature qui vient de nous servir de
règle, et en admettant également ici les notions premières, qui ont été établies pour les monnaies des
Peuples, Villes et Rois.

Monnaies Romaines.

245. *Unité monétaire.* On a déjà vu que, chez les
Romains, les premières monnaies fabriquées furent
celles de cuivre. La première Unité monétaire fut
une valeur nommée *As,* qui était représentée par une
monnaie Effective portant ce nom, et qui était également l'unité des mesures de pesanteur. L'*As* était
aussi nommé en conséquence *Libella, Libra, Pondo.*

L'*As*-monnaie, comme L'*As*-poids, se divisait en

douze Onces et en fractions d'Once, dont je ne donne pas ici les noms, parce qu'étant les mêmes que les noms adoptés pour les fractions monétaires effectives, ils seront rapportés ci-après (263).

Le poids de l'*As*-monnaie fut successivement réduit. Les notions qui nous restent sur ces réductions, quoique fort détaillées, ne sont pas assez claires ni sur-tout assez en harmonie avec les monnaies elles-mêmes, pour que l'on puisse établir, à cet égard, un système bien positif et fixer une échelle bien démontrée de ces diminutions successives, quoique cela ait été tenté par divers écrivains. Le premier *As*-monnaie, que l'on nomme l'*As libralis*, parce qu'il pesait en effet les douze Onces de l'*As*-poids, paraît avoir duré depuis l'établissement du monnayage à Rome sous Servius Tullius, en admettant ce dernier fait comme constant, jusqu'au temps de la première guerre Punique, qui commença en l'année 264 avant J.-C. (490 de Rome).

246. Ce fut cinq ans avant cette époque, c'est-à-dire en l'an 269 avant J.-C. (485 de Rome), que, suivant l'opinion la plus généralement admise, la monnaie d'argent fut introduite à Rome (58).

Il fut établi trois pièces d'argent différentes : 1°. le *Denarius*, valant dix *As* (alors *As libralis* de douze Onces-poids), ainsi nommé à cause de sa valeur même, de *denis assibus* ou *dena æris*; 2°. le *Quinarius*, valant cinq *As*; 3°. le *Sestertius*, valant deux *As* et demi.

247. A cette époque, l'Unité monétaire changea; l'*As*, qui se trouva d'une valeur successivement

moins importante, cessa de servir à nombrer les sommes. Le *Sesterce* devint l'Unité monétaire, pro-bablement parce que cette monnaie Effective était l'intermédiaire des trois espèces établies.

Mais il est nécessaire de mentionner ici les divers modes dont les Romains se servaient pour désigner les sommes en Sesterces :

1°. *Sestertius*, au masculin singulier, indiquait une pièce d'un Sesterce; pour désigner un nombre quelconque de ces pièces on mettait, avec le nombre, le pluriel masculin *sestertii*; *centum sestertii*, cent pièces d'un Sesterce.

2°. *Sestertium* ('), au neutre singulier, signifiait *mille sestertii*, mille pièces d'un Sesterce; son pluriel *sestertia*, avec un nombre, marquait autant de mille pièces d'un Sesterce que ce nombre contenait d'unités. Ainsi, *decem sestertia* équivalait à *decem millia sestertiorum*, dix mille pièces d'un Sesterce.

3°. Si l'on employait *sestertium*, avec les adverbes *decies*, *vicies*, *centies*, *millies*, etc., on sous-entendait *centies millies*, cent mille; ainsi, *decies sertertium* signifiait *decies centies millies sestertiorum*, dix fois cent mille ou un million de Sesterces; *centies sestertium* était *centies centies millies sestertiorum*, cent fois cent mille ou dix millions de Sesterces.

248. *Monnaie de Compte.* Les détails que l'on vient de lire sur les deux Unités monétaires succes-sives des Romains, font connaître également quelle fut la monnaie de Compte à Rome. Il est probable que l'on compta par *As* et ensuite par *Sesterces*.

(') Suivant quelques auteurs, *sestertium* serait ici adjectif se rapportant à *mille* sous-entendu, et signifierait *un mille sestertiaire*, comme *sestertia* serait l'adjectif de *millia*, *des milles sestertiaires*; mais avec les adverbes *decies*, *centies*, *sestertium* serait une contraction du génitif pluriel *sestertiorum*.

Il a été question, à l'article des monnaies des Peuples, Villes et Rois, d'une opinion suivant laquelle la Drachme Grecque de Compte et le Denier ou le Sesterce Romain de Compte ne seraient équivalens qu'aux deux cinquièmes de la valeur des monnaies Effectives portant les mêmes dénominations. Ce qui a été dit sur ce système pour les peuples Grecs est applicable aux Romains, et cette opinion paraît avoir été entièrement réfutée (228).

249. Les *monnaies de Banque* furent vraisemblablement aussi inconnues aux Romains qu'aux Grecs.

250. *Monnaies Effectives.* Nous avons vu que les premières monnaies frappées à Rome furent celles de *cuivre*, puis celles d'*argent*, et enfin celles d'*or*. Il serait à propos de suivre ici cet ordre dans les indications relatives aux monnaies Effectives; mais, pour ne pas intervertir la marche constamment adoptée dans toutes nos observations, nous suivrons l'ordre inverse.

251. Ainsi que nous l'avons déjà établi (58), les premières monnaies d'*or* furent probablement fabriquées à Rome en l'an 206 avant J.-C. (548 de Rome). Il fut établi deux pièces d'*or* différentes (255) : 1°. le *Denier d'or*, 2°. une pièce valant la moitié de celle-ci, et à laquelle on a donné le nom de *Quinaire d'or*.

252. Le rapport de l'or à l'argent est plus facile à constater chez les Romains que chez les Grecs, et nous avons, à cet égard, quelques secours qui nous manquent, ainsi qu'on l'a déjà vu, pour les systèmes monétaires des autres peuples. Les passages des auteurs anciens qui se rapportent à ce sujet ne sont

pas entièrement satisfaisans ; mais en comparant ces données avec la connaissance de la valeur du Denier d'or, fixée à 25 Deniers d'argent, et en faisant le calcul des poids, on arrive à des résultats.

De plus, nous trouvons dans les monnaies mêmes un renseignement très-important qui doit nous servir de guide, quoiqu'il ne se rapporte qu'à une seule époque. Trois monnaies d'or fort rares, qui ont été très-probablement frappées dans la Campanie, sous l'autorité Romaine, pendant la République, peuvent être considérées comme émises vers le temps où les monnaies d'or de coin Romain commencèrent à être frappées. Ces trois monnaies portent les annotations suivantes :

ΨX (soixante Sesterces).

XXXX (quarante Sesterces).

XX (vingt Sesterces).

Il n'y a pas de doute sur l'exactitude de ces interprétations.

D'après les examens que l'on a faits des poids de ces pièces, avec autant d'exactitude que la chose est possible pour des monnaies fort rares et dont il existe peu d'épreuves, on a trouvé les résultats suivans, qui ne doivent être considérés toutefois que comme des approximations, n'étant pas exactement d'accord entre eux.

Pièce de soixante Sesterces (qui devait peser trois *Scrupules* de la livre Romaine). . . . . 64 grains.

Pièce de quarante Sesterces (qui devait peser deux *Scrupules* de la livre Romaine). 43

Pièce de vingt Sesterces (qui devait peser un *Scrupule* de la livre Romaine). . . . . 21 $\frac{1}{3}$

On a fait ensuite les calculs suivans :

Le Scrupule d'or étant la vingt-quatrième partie de l'Once, une Livre ancienne contenait 288 Scrupules. En multipliant 288 par 21 ^{grains} $\frac{1}{3}$, poids de la pièce d'or de 20 Sesterces, qui pesait un Scrupule, on a, pour poids de la Livre ancienne, 6,144 grains.

Le Scrupule d'or valant 20 Sesterces d'argent, ou cinq Deniers, la Livre d'or, contenant 288 Scrupules, valait 1,440 Deniers d'argent.

Nous savons par Pline que l'on faisait 84 Deniers d'argent dans une Livre de ce métal.

Divisant 1,440 par 84, on trouve 17 $\frac{1}{7}$. Donc le rapport de l'or à l'argent était alors de 1 à 17 $\frac{1}{7}$, c'est-à-dire qu'une Livre d'or valait 17 $\frac{1}{7}$ Livres d'argent.

Mais il faut observer que ces calculs et leurs bases n'ont pas été généralement admis, et que les résultats ont été donnés par divers auteurs, de façons un peu différentes.

Voici les principales de ces évaluations :

Savot établit le poids du Scrupule Romain à 21 grains, et celui de la Livre Romaine à 6,048 grains.

De la Nauze les porte à 21 grains $\frac{1}{3}$ et à 6,144 grains.

Romé de l'Isle, comme Savot.

Eckhel, comme de la Nauze.

M. Letronne établit ces poids à 21 grains $\frac{308}{1000}$ et 6,160 grains.

253. Quoi qu'il en soit de ces différences et de quelques autres qui ne sont pas d'une grande importance, le rapport de l'or à l'argent était, en adoptant ce système, de 1 à 17 environ lorsque

l'or fut employé dans le monnayage par les Romains pour la première fois.

A cette époque, l'or n'existait qu'en petite quantité. Il devint successivement moins rare. On a cherché à fixer les diverses époques auxquelles le rapport de ce métal avec l'argent fut progressivement réduit. Les détails sur ce sujet seraient nombreux, et nous ne pouvons les exposer. Il faut se borner à indiquer ici quelle est l'opinion la plus généralement admise à cet égard. Voici donc l'indication de ces rapports, d'après le système le plus universellement adopté :

1. Depuis l'an 206 avant J.-C. (547 de Rome) jusqu'à l'an 193 avant J.-C. (560 de Rome). . .   1 à 17 $\frac{1}{7}$.

2. Depuis cette époque jusqu'à l'an 133 avant J.-C. (620 de Rome). . . . .   1 à 14 $\frac{2}{7}$.

3. Depuis cette époque jusqu'à l'an 118 avant J.-C. (635 de Rome). . . . .   1 à 13.

4. Depuis cette époque jusqu'à l'an 103 avant J.-C. (650 de Rome). . . . .   1 à 12 $\frac{1}{4}$.

5. Depuis cette époque jusqu'à l'an 36 avant J.-C. (717 de Rome). . . . .   1 à 11 $\frac{19}{21}$.

6. Depuis cette époque jusqu'à l'an 14 de J.-C. (767 de Rome). . . . .   1 à 11 $\frac{69}{86}$.

7. Depuis cette époque jusqu'à l'an 68 de J.-C. (821 de Rome). . . . .   » » »

8. Depuis cette époque jusqu'à l'an 217 de J.-C. (970 de Rome). . . . .   1 à 12.

Cette échelle des variations du rapport de l'or à l'argent est loin d'être certaine. On a contesté que les trois monnaies qui ont été citées fussent des fractions de la monnaie Romaine, en cherchant à prouver qu'elles sont Grecques; les calculs sur cette matière n'ont pas été établis d'une manière bien claire et bien positive; enfin les expériences faites sur les monnaies elles-mêmes n'ont été ni assez nombreuses ni assez exactes.

254. D'un autre côté, quelques passages d'auteurs anciens indiquent des données différentes. Il paraîtrait d'après ces passages que le rapport en question aurait été d'abord de 1 à 15, ensuite de 1 à 10 ('), de 1 à 9 (²), et même moins.

On voit donc que ces importantes notions n'ont pas été encore éclaircies d'une façon satisfaisante.

Depuis le règne de Septime Sévère, le désordre qui s'introduisit dans le monnayage sous le rapport des titres, rend les notions relatives au rapport de l'or à l'argent encore plus obscures et plus embrouillées, et l'on ne pourrait même plus établir de suppositions raisonnables. Dans les temps du Bas-Empire, cette obscurité est encore plus grande.

255. A l'époque de l'introduction de la monnaie d'or à Rome, il fut établi, comme nous l'avons vu (251), deux monnaies Effectives d'or:

1°. Le *Denier d'or* (valant 25 Deniers d'argent).
2°. Le *Quinaire d'or* (valant moitié du Denier d'or).

On a nommé ces pièces *Denier d'or* et *Quinaire d'or,* parce qu'elles sont des mêmes dimensions que les *Deniers* et les *Quinaires d'argent;* mais ces ap-

---

(') Titus Livius, L. XXXVIII, c. 11. — (²) Sueton., J. Cæs., c. 54.

pellations sont impropres en ce sens que ces noms étaient plus précisément ceux des monnaies d'argent, comme nous allons le voir.

On a donné aussi au Denier d'or le nom d'*Aureus*. Dans le troisième siècle, cette monnaie prit le nom de *Solidus*. Sous le Bas-Empire, les poids et les modules de ces monnaies varièrent beaucoup par suite du désordre qui régna à ces époques.

256. Outre ces deux natures de monnaies, quelques pièces d'or de plus grands modules se trouvent sous les Empereurs; il en existe même des bas-temps de dimensions fort grandes. Il est probable, ainsi qu'on l'a vu au Chapitre V (85), que ces pièces, nommées communément *Médaillons d'or Latins*, n'étaient pas des monnaies.

257. Les premières monnaies d'*argent* furent frappées à Rome en l'an 269 avant J.-C. (485 de Rome). Il fut établi, ainsi que nous l'avons déjà indiqué (246), trois monnaies Effectives d'*argent* :

    1°. Le *Denarius* valant dix *As* (alors *As libralis* ou de douze Onces). Il valut seize *As* à dater de la loi *Papiria*;

    2°. Le *Quinarius*, valant cinq *As*, et plus tard huit *As*;

    3°. Le *Sestertius*, valant deux *As* et demi, puis quatre *As*.

Le *Sestertius*, ainsi qu'il a déjà été dit (247), devint, à cette époque, l'Unité monétaire en remplacement de l'*As*.

258. Les monnaies d'argent Romaines, ainsi que celles des Grecs, nous offrent des indications qui fournissent les moyens de connaître leurs valeurs légales et leurs dénominations.

Plusieurs pièces de ce métal frappées sous la République (pièces des *Familles*) portent les indications, que voici :

Denarius	X ou ✷ ou XVI.
Quinarius.	V ou Q.
Sestertius.	IIS ou IIS.

La marque X sur le Denier et celle XVI sur la même monnaie sont relatives aux deux valeurs successives du Denier, qui fut d'abord de dix et ensuite de seize *As*. Observons que la marque X se trouve aussi sur les *Decussis* ou pièces de dix *As* en bronze.

La marque V sur le *Quinarius* indique la valeur première de cette monnaie, cinq *As;* la lettre Q est l'initiale de ce nom.

La marque IIS sur le *Sestertius* indique la valeur première de cette monnaie, deux *As* plus un *Semis* ou demi-*As*. La marque HS est la même, à la réserve que les deux barres, marquant les deux unités, sont unies par un trait.

Au moyen de ces indications, le Denier Romain et ses divisions sont bien connus.

259. Le Denier fut constamment frappé en beaucoup plus grand nombre que ses deux fractions, et cette monnaie constitua la masse principale de la monnaie Romaine, tant sous la République que sous les Empereurs. Le *Quinaire* et le *Sesterce* furent frappés en petites quantités, comparativement.

260. Dans les diverses époques du Bas-Empire, les modules, les titres, et conséquemment les va-

leurs des monnaies furent fréquemment changés. Diverses lettres ou autres marques placées sur les pièces de ces temps sont sans doute des indications des valeurs des monnaies, mais ne sont pas entièrement expliquées. Le système des valeurs légales des monnaies à ces époques n'a pas été d'ailleurs suffisamment établi.

261. Les pièces d'argent de coin Romain, de modules plus grands que le Denier, nommées communément *médaillons d'argent Latins*, n'étaient probablement pas des monnaies, ainsi qu'on l'a vu au Chap. V (85).

262. Nous passerons enfin aux monnaies de *cuivre*. On a déjà vu que ces pièces furent les premières introduites à Rome, et que l'on peut fixer l'époque de leur première fabrication vers l'an 500 avant J.-C. (57).

Ainsi que nous l'avons déjà mentionné, la première Unité monétaire fut l'*As*, qui était en même temps l'unité des mesures de pesanteur (245).

263. Les monnaies Effectives de *cuivre* établies à cette époque, furent les suivantes :

L'*As*,

Unité monétaire primitive, ou *Libella*, *Libra*, *Pondo* (poids, poids d'une Livre, la pesanteur de l'*As* monnaie étant la même que celle de la *Livre*-poids) pesant 12 Onces-poids et valant 12 Onces-monnaies.

Dix *As* valaient alors un *Denier* d'argent.
Depuis la loi Papiria, seize *As* valurent un *Denier* d'argent.

Ses multiples.	Ses parties.
Dupondius (deux *As*),	*Semis* (moitié de l'*As* ou six
Tripondius (trois *As*),	Onces),

Quadrussis (quatre *As*),
Decussis (dix *As* ou un De-
nier).

Quincunx (cinq Onces),
Triens (tiers de l'*As* ou quatre
Onces),
Quadrans (quart de l'*As* ou
trois Onces),
Sextans (sixième de l'*As* ou
deux Onces),
Uncia (douzième de l'*As* ou une
Once).

Le *Quincussis* (cinq *As* ou un Quinaire) et les *Deunx* (onze
Onces), *Dextans* (dix Onces), *Dodrans* (neuf Onces), *Bes*
(huit Onces), *Septunx* (sept Onces), étaient des fractions monétaires qui ont été quelquefois citées, mais qui n'ont pas existé
en monnaies Effectives.

264. Quelques-unes de ces monnaies portent des
marques ou légendes d'après lesquelles on a pu établir le système de leurs valeurs légales et de leurs dénominations.

Voici ces marques :

Decussis. . . . valant 10 *As*.	X
Quadrussis. 4	
Tripondius. . . . . . . 3 . . . . III.
Dupondius. . . . . . . 2 . . . . II.
As . . . . valant . . 12 Onces. . . . . . . I.
Semis. . . . . 6 . . . . S *ou* • • • • • •
Quincunx. . . . . . 5 . . . . • • • • •
Triens. . . . . 4 . . . . • • • •
Quadrans. . . . . . 3 . . . . • • •
Sextans. . . . . . . 2 . . . . • •
Uncia. . . . . 1 . . . . •

265. Mais ici se présente une observation importante qui n'a pas été exposée, relativement aux mon-

naies des Peuples, Villes et Rois, puisque aucune d'elles
n'y donne lieu. Par le concours des circonstances
qui se réunirent pour former l'établissement monétaire des Romains, l'*As*, cette Unité monétaire primitive, et qui était aussi l'unité des mesures de pesanteur, se trouva être d'un poids et d'un volume
considérables. Nous avons vu qu'il fut par la suite
successivement réduit. Pline fournit des renseignemens sur ces réductions jusqu'à l'époque des Empereurs. D'après les indications données par cet auteur,
on peut établir les gradations suivantes de ces diverses réductions :

1. L'*As libralis*, pesa 12 Onces - poids , depuis
l'introduction du monnayage, vers Servius Tullius,
mort en l'an 536 avant J.-C. (218 de Rome) jusqu'à
la première guerre Punique, qui commença en l'an
264 avant J.-C. (490 de Rome).

Le Denier d'argent, établi cinq ans avant, valait alors dix de ces *As*, et avait pris son nom de
cette valeur (246).

2. L'*As sextantarius*, pesa 2 Onces-poids, depuis
la première guerre Punique jusqu'à la dictature de
Q. Fabius Maximus, en l'an 217 avant J.-C. (537 de
Rome).

3. L'*As uncialis*, pesa une Once - poids , depuis
la dictature de Q. Fabius Maximus jusqu'à la loi
Papiria, dont l'époque n'est pas déterminée.

C'est depuis cette époque, que le Denier d'argent
fut déclaré valoir seize *As* (257).

4. L'*As semiuncialis*, pesa la moitié d'une Once-
poids, depuis la loi *Papiria*.

Telles sont les indications données par Pline ; mais elles ne sont ni entièrement probables, ni confirmées par les données fournies par les poids comparés des monnaies elles-mêmes. Il est difficile de croire qu'en si peu de temps l'*As* ait été réduit de douze à deux Onces. Les différences qui auraient été le résultat de réductions si fortes, eussent causé dans les fortunes de trop grands bouleversemens, pour que de telles mesures aient été admises.

D'un autre côté, il existe des *As* ou des fractions d'*As* de dimensions et de poids qui indiquent une réduction inférieure encore à l'*As semi - uncialis*, c'est-à-dire une réduction au quart d'une Once : d'où il résulte que l'*As* fut successivement réduit jusqu'à la quarante - huitième partie de son poids originaire.

Quoi qu'il en soit de ces réductions successives, il s'en est suivi qu'il existe des *As* et des fractions d'*As* de poids différens, et qui peuvent être classés en raison de leurs poids respectifs.

Ces diverses séries d'*As* successifs conservèrent leurs valeurs nominales et légales, abstraction faite de leurs valeurs métalliques ou de leurs poids successivement réduits.

266. Nous avons remarqué, à l'article des monnaies Effectives des Peuples, Villes et Rois (239), que quelques Villes de la Grande-Grèce avaient adopté pour Unité monétaire, dans les premiers temps, l'*As* Romain, que leurs monnaies étaient divisées suivant ce système, et qu'elles en portent les indications. On a donné à ces pièces le nom d'*As italiques*. Ce qui

I. 13

vient d'être exposé à l'égard des *As Romains* leur est applicable.

267. Le module et le poids, et conséquemment la valeur métallique de l'*As* furent successivement réduits à Rome, comme nous venons de le voir, jusqu'à l'époque des Empereurs : alors la monnaie de cuivre se trouvant fixée à une valeur basse, en raison de son poids, cette valeur conserva plus de fixité qu'elle n'en avait eu précédemment.

268. Dans les bas-temps, les modules et les valeurs furent changés, comme il a déjà été dit à l'article des monnaies d'argent (260).

269. Sous les Empereurs, et principalement dans les premiers temps de l'Empire, il fut frappé un assez grand nombre de pièces de bronze, de diamètres plus étendus que les pièces ordinaires. On a déjà vu (Chap. V, 85 et 86) que ces pièces, que l'on nomme communément *médaillons Latins de bronze*, n'étaient probablement pas des monnaies.

270. *Titre.* L'or a été employé à un très-haut degré de fin dans les monnaies Romaines (149), sauf quelques exceptions peu nombreuses dans les bas-temps. L'argent fut également employé très-pur jusqu'au règne de Septime Sévère. Il fut alors altéré successivement, comme nous l'avons déjà dit (154), jusqu'à Dioclétien. Ce dernier rétablit la monnaie d'argent fin, qui fut conservée depuis lui.

271. *Poids.* Les dénominations affectées aux monaies de bronze étaient originairement les mêmes que celles des poids, et les pesanteurs étaient pa-

reilles. On vient de voir que ces pièces éprouvèrent successivement des réductions (265).

272. Quant à l'argent, on sait que 84 Deniers Romains, monnaie, pesaient une livre Romaine, poids. On a donné comme certain que le Denier Romain était égal, relativement au poids, à la Drachme Attique ; mais la réalité n'est pas conforme à cette assertion, admise par quelques écrivains. Le poids du Denier, d'après de nombreuses expériences faites sur des Deniers des familles Romaines, était, à cette époque, de 73 à 74^{grains}. Il se maintint à ce taux pendant la République ; mais il fut diminué depuis, sur-tout sous le règne de Septime Sévère, époque où la monnaie d'argent commença aussi à être altérée sous le rapport du titre.

273. *Valeur Légale* ou *Nominale*. La valeur Légale des diverses monnaies a été indiquée en traitant des monnaies Effectives. On y a vu quel était le système des valeurs Légales des monnaies chez les Romains.

274. *Valeur Métallique*. Nous devons faire, à cet égard, les mêmes observations que pour les monnaies des Peuples, Villes et Rois ; c'est que nous ignorons quelle différence l'on faisait, dans l'antiquité, entre les métaux monnayés et ces mêmes métaux non monnayés, et que ces détails, si on pouvait les établir, se rapporteraient plutôt à l'économie politique qu'à la Numismatique.

Quant à la valeur Métallique actuelle des monnaies antiques, elle se calcule sur le poids et le titre exacts de chaque nature de pièces. Il en sera traité au Chapitre XIX.

13.

275. Nous terminerons cet exposé par une observation remarquable. Aucune monnaie d'or des Peuples, Villes et Rois ne porte d'indication de sa valeur Légale. Chez les Romains, trois monnaies d'or
seulement portent la marque de cette valeur (252).
Ces trois pièces, frappées à une seule époque, et vers
le temps où la monnaie d'or fut introduite à Rome,
sont fort rares, et aucune autre monnaie d'or Romaine n'offre de semblables indications. On n'a donc
pu trouver le rapport précis de l'or avec l'argent
dans le monnayage des anciens que pour une seule
époque chez les Romains. Parmi les monnaies d'argent et de cuivre, tant des Peuples, Villes et Rois,
que des Romains, quelques-unes portent des indications qui ont suffi pour retrouver les systèmes de
division de ces monnaies, leurs valeurs Légales, leurs
noms, et le rapport de ces deux métaux entre eux.
Ne semble-t-il pas que nous devons conclure de là
que les anciens avaient découvert dès le commencement du monnayage et ont toujours reconnu depuis, sauf une seule exception, que les deux métaux
précieux ne pouvaient pas être monnaies tous les
deux à-la-fois ; que de ces deux métaux, ils admettaient
seulement l'argent comme monnaie, en considérant
l'or monnayé comme marchandise à laquelle le monnayage donnait seulement un poids et un titre constatés ; enfin qu'ils admettaient aussi le cuivre comme
monnaie, par les motifs qui ont été développés au
commencement de ce Chapitre (204 et suiv.)? Cette
opinion, qui n'est pas justifiée par des textes anciens,
peut être considérée, sans doute, comme au moins

très-hasardée; elle donnerait une idée trop exagérée peut-être des connaissances des anciens en écono- mie politique, dans des temps si reculés; mais ce- pendant en combien de points ne découvre-t-on pas souvent que les anciens étaient plus avancés dans les sciences qu'on ne le pense communément, malgré l'insuffisance de leurs moyens? Quoi qu'il en soit, ce qui vient d'être exposé est un fait, et il est extraor- dinaire que ce fait soit d'accord avec la vraie théorie du monnayage, théorie qui, développée dans les der- niers temps seulement, a été légalement constatée en France au moment des discussions sur le système monétaire actuel, mais qui n'a pas encore été réelle- ment mise en pratique.

Le hasard a-t-il produit ce fait singulier, ou bien faut-il dire que les peuples anciens étaient plus avancés que nous sur ce point, il y a vingt-quatre siècles?

CHAPITRE X.

Dimensions des Monnaies et Médailles antiques.

276. Il est convenable d'exposer en peu de mots ce qui se rapporte aux dimensions des diverses mé- dailles et monnaies antiques, parce que des considé- rations qui ne sont pas sans intérêt peuvent naître de cet examen, et qu'il est utile, pour l'étude d'une science aussi compliquée, de la considérer sous di- vers aspects.

Nous traiterons ce sujet d'abord pour les monnaies
et médailles des Peuples, Villes et Rois, et ensuite
pour celles des Romains, en exposant séparément
ce qui concerne chacun des trois métaux monétaires.

Monnaies et Médailles des Peuples, Villes et Rois.

277. *Or.* Les pièces de ce métal présentent une
assez grande variété de grandeurs. Celles des premiers temps sont en général de petits modules. Les
monnaies de Philippe II et d'Alexandre-le-Grand,
du module ordinaire, qui furent frappées en si grand
nombre, constituèrent la monnaie d'or la plus universellement répandue à cette époque. Des pièces de
ces princes et de quelques autres sont d'un poids
double de celles-là. Enfin on a, des Rois et Reines
d'Egypte et de Syrie, des pièces d'un module plus
grand et d'un poids considérable ; on les nomme
communément *Médaillons Grecs d'or,* mais on doute
qu'ils aient été des monnaies (81). Les Peuples et
Villes ne frappèrent pas de monnaies d'or d'une si
grande dimension.

278. *Argent.* Les monnaies d'argent furent, comme
on l'a déjà vu (50), les premières frappées par les Peuples Grecs. Leurs dimensions varient dans tous les
temps et presque dans toutes les contrées, depuis
les petits modules jusqu'à celui du *Tétradrachme.*
Les premières monnaies de chaque valeur, dans ce
métal, sont en général plus globuleuses, et conséquemment d'un diamètre plus restreint que celles
des époques moins reculées. Il faut cependant en

excepter les anciennes monnaies de fabrique incuse
de quelques Peuples de la Grande-Grèce ; elles sont
fort minces. Celles des Rois Sassanides offrent le
même genre de fabrication. On a des monnaies de
quelques Villes qui sont d'une valeur très-minime,
et conséquemment d'un module extrêmement petit.
Elles furent principalement frappées dans des Villes
qui alors n'admettaient pas la monnaie de cuivre.
On peut désigner, entre autres Villes, Athènes, dont
nous avons de ces sortes de monnaies de la plus
petite dimension. Quant aux pièces de diamètres
plus étendus que les grands *Tétradrachmes*, il en
existe fort peu. Il faut citer les belles pièces de Syracuse de huit Drachmes et même au delà, et quelques autres du même genre, frappées dans d'autres
Villes de la Sicile, et que l'on désigne communément d'ailleurs, ainsi que les Tétradrachmes, sous le
nom de *Médaillons Grecs d'argent*. On ne pense pas,
ainsi que nous l'avons déjà dit (81), que ces grandes
pièces d'un diamètre supérieur à celui des grands
Tétradrachmes aient été des monnaies. Les Impériales Grecques d'argent ou de billon excèdent
rarement le diamètre des grands Tétradrachmes.

279. *Cuivre*. Les monnaies de cuivre des Peuples,
Villes et Rois offrent une grande variété de dimensions, par suite du peu de valeur intrinsèque de ce
métal relativement aux deux métaux précieux. Nous
avons vu que les monnaies de bronze furent les
dernières émises chez les Grecs. Tant que ces peuples
frappèrent des monnaies Autonomes, les modules
de celles de cuivre furent restreints à la valeur pro-

bable de deux à trois oboles. Il y a peu de pièces
auxquelles on doive attribuer une valeur supérieure.
Il faut compter parmi celles-ci les très-grandes
pièces des Rois d'Égypte, dont le diamètre est tout-
à-fait insolite parmi les Autonomes. Mais lorsque
les Romains imposèrent aux Villes, auxquelles ils
laissèrent le droit de frapper des monnaies, l'obligation d'y placer les effigies Impériales, alors les
pièces de plus grands modules commencèrent à
être adoptées. Ce fut vers le règne d'Hadrien, sauf
quelques exceptions antérieures. Deux motifs y
contribuèrent sans doute : d'abord la cessation successive et presque totale de l'emploi de l'argent dans
le monnayage de ces Peuples, et conséquemment le
besoin d'y suppléer par des pièces de cuivre de valeur
plus forte que celles précédemment usitées ; et ensuite le désir ou l'obligation de se conformer aux
usages monétaires des Romains, qui admettaient des
monnaies de cuivre plus grandes que celles des
autres Peuples. On en a la preuve dans le système
monétaire de quelques Villes, dont les monnaies
de bronze Impériales sont d'un diamètre plus grand
que celles frappées sous l'Autonomie, quoique du
même poids. Les monnaies Égyptiennes Impériales
des bas-temps paraissent être les seules dont les
poids aient été conservés en restreignant au contraire les diamètres. Mais les pièces de grands modules dont nous venons de parler, et que l'on désigne communément sous le nom de *Médaillons
Impériaux-Grecs de bronze*, n'étaient probablement
pas toutes des monnaies (82).

Monnaies et Médailles Romaines.

280. Il y a plus de fixité dans les dimensions des monnaies Romaines, puisque ces pièces formaient le système monétaire d'un seul peuple, et que les valeurs étaient les mêmes. Cependant des variétés remarquables dans les dimensions se trouvent aussi parmi cette longue série monétaire, d'abord dans les premiers temps pour le cuivre, à cause de la réduction successive du poids de l'*As* (265), et ensuite dans le Bas-Empire pour tous les métaux, par suite du désordre des temps, désordre qui influa particulièrement sur le monnayage.

281. *Or*. Les monnaies d'or furent les dernières introduites à Rome. Celles qui furent frappées sous la République, et en petites quantités, sont du diamètre du Denier d'argent. C'est à cette époque que se rapportent aussi les trois rares monnaies d'or portant les indications de 60, 40 et 20 Sesterces, citées dans le Chapitre précédent (252). Sous l'Empire, les pièces du module du Denier d'argent continuèrent à former la masse principale de la monnaie d'or, et ces pièces furent frappées en quantités très-considérables. On frappa aussi des pièces valant la moitié de celles-là. Ces monnaies sont nommées communément, mais improprement, *Denier* et *Quinaire d'or*, parce qu'elles sont des mêmes diamètres que les véritables *Deniers* et *Quinaires* d'argent. Sous le Bas-Empire, les diamètres furent confondus, comme les poids et les titres. Il existe quelques

pièces en or de modules plus grands que celui de la
pièce ordinaire ; ces pièces sont fort rares ; on en a
des bas-temps du plus grand module, et ornées souvent de bords d'orfévrerie travaillée.

Il est douteux que ces pièces, nommées communément *Médaillons Latins d'or* aient été des monnaies (85).

282. *Argent.* Lorsque la monnaie d'argent fut
introduite à Rome, on frappa des *Deniers*, des *Quinaires* et des *Sesterces*. Aucune pièce plus grande
que le *Denier* ne fut émise sous la République,
sauf un bien petit nombre d'exceptions qui se remarquent parmi les pièces de fabrique Campanienne
portant le nom de Rome. Ce système ne fut pas
maintenu sous les Empereurs. Non-seulement on
fabriqua des *médaillons* d'argent à leurs effigies dans
quelques Villes Grecques, et cela dès le règne d'Auguste ; mais bientôt aussi furent frappées quelques
pièces de cette nature, de coin Romain. Il est presque
certain, comme nous l'avons dit plusieurs fois,
que ces pièces n'étaient pas des monnaies. Quant
à celles-ci, Caracalla fit frapper des Deniers plus
grands que ceux usités jusqu'à lui, mais probablement parce que le titre de l'argent commença à
être altéré à cette époque. Plus tard, on trouve
quelques pièces de plus grands modules, des *Médaillons Latins d'argent,* qui ne furent sans doute pas
tous des monnaies ; il faut faire aussi la même observation sur quelques pièces qui ont paru sous les
Constantin, et qui sont d'un diamètre plus grand
que les Deniers. Ces pièces sont fort minces.

283. *Cuivre*. Les premières monnaies des Romains furent de cuivre. L'*As*, unité monétaire primitive, et qui était aussi l'unité-poids, se trouva d'une pesanteur et d'un volume considérables comme monnaie. On frappa des pièces non-seulement de la valeur de l'*As*, mais même de plusieurs *As*, comme on l'a vu précédemment (176 et 263). Le volume de ces pièces est tel, leur diamètre est si grand, qu'elles paraissent plutôt destinées à servir de poids que de monnaie. Quelques-unes ont la forme d'un carré long. L'*As* fut successivement réduit de poids et conséquemment de diamètre, sans changer de valeur légale (265). Ces réductions ont produit plusieurs séries de l'*As*, ses multiples et ses parties de poids et conséquemment de diamètres successivement plus petits. On trouvera de nouveaux détails sur ces pièces à la nomenclature des monnaies Romaines.

Vers les derniers temps de la République, et au commencement de l'Empire, la monnaie Romaine de cuivre fut réglée en pièces de trois grandeurs, sauf quelques exceptions pour des pièces peu nombreuses, qui sont de diamètres intermédiaires, et parmi lesquelles se trouvent les *spintriennes*, attribuées au règne de Tibère (91). On désigne ces trois grandeurs par les noms de *Grand-bronze*, *Moyen-bronze*, *Petit-bronze* (185). Ce système dura jusqu'à Gallien; alors ces modules commencèrent à être respectivement réduits. Plus tard, les divers modules se confondirent davantage encore, et tellement qu'il est difficile quelquefois de déterminer à laquelle des trois séries certaines pièces doivent être affectées. Dans

le Bas-Empire, les monnaies de bronze offrent encore
une plus grande confusion de modules, ainsi que
de poids.

Sous les Empereurs, et depuis Hadrien seulement
on frappa à Rome un assez grand nombre de pièces
de cuivre de diamètre plus considérable que celui
de la monnaie de la première grandeur ou *Grand-
bronze*. Ces pièces sont communément nommées,
suivant l'usage ordinaire, *Médaillons Latins de bronze*. Plusieurs de ces *Médaillons* sont d'un beau travail,
et aussi recommandables par leurs sujets et leur
rareté, que par leur dimension. Il est plus que probable que la plupart de ces grandes pièces n'étaient
pas des monnaies, comme nous l'avons dit plusieurs
fois, et comme le prouvent les détails qui ont été
donnés à ce sujet dans le Chapitre V (85 et suiv.).
Plus tard, et à partir de Constantin, furent frappées
des pièces d'un grand diamètre et de peu d'épaisseur,
auxquelles on a donné le nom de *Médaillons Contorniates*. Il a été question, dans le même Chapitre (89),
de ces pièces, qui n'étaient certainement pas des monnaies.

284. Plusieurs auteurs ont adopté un mode d'indication du diamètre des pièces, au moyen duquel
ce diamètre se trouve assez précisément désigné.
C'est une échelle de cercles concentriques très-
rapprochés, depuis le plus petit diamètre jusqu'au
plus grand, qui se rencontre dans les pièces antiques. Chacun de ces cercles porte un numéro in-
dicateur du module qu'il désigne, et ce numéro
est rappelé dans les descriptions des pièces. Cette

méthode, quoique utile, a cependant deux inconvéniens qui l'empêchent d'être générale et la rendent
inexacte. D'abord, chaque auteur adopte un modèle
différent pour cette échelle. En second lieu, les auteurs, après avoir indiqué les numéros des diamètres
sur l'échelle qui leur a servi de base, font graver
cette même échelle sur le cuivre qui sert à tirer les
épreuves destinées à leurs ouvrages. Le retrait plus
ou moins grand que fait le papier en séchant, réduit
d'autant les divers cercles de l'échelle, et ceux-ci ne se
trouvent plus alors de la même grandeur que ceux
tracés sur le cuivre et qui ont servi de base à l'indication des numéros désignant les modules des pièces.

Cette échelle de cercles concentriques pourrait de-
venir générale et de toute exactitude, en la basant
toujours sur l'une des mesures de longueur connues.
On pourrait adopter pour cela la mesure métrique
française, et tracer les cercles de millimètre en millimètre. Par ce moyen, l'échelle pourrait toujours être
vérifiée. Mais il faudrait pour cela que les Numismatistes des diverses contrées fussent d'accord, et quoique ce point ne soit pas bien important, les amours-
propres nationaux s'opposeront peut-être long-temps
à une telle convention. Si cependant des mesures
méritent d'être généralement adoptées, ce sont les
nôtres, puisqu'elles ont été établies sur des bases
prises dans la nature elle-même, et d'après des calculs dressés par des savans de diverses nations, réunis pour cette opération importante.

CHAPITRE XI.

Inscriptions des Monnaies et Médailles antiques.

285. Les inscriptions ou légendes qui se trouvent
sur les monnaies et médailles antiques sont une des
parties les plus intéressantes de la Numismatique et
celle de toutes, d'où l'on tire le plus de secours pour
les recherches qui sont le but de cette science. Ce
sont les inscriptions numismatiques qui fournissent
particulièrement tant d'éclaircissemens sur la mytho-
logie, la chronologie, l'histoire, les cultes divers et
la géographie. Sans elles, on ne connaîtrait pas les
noms des personnages de l'antiquité dont les monnaies nous ont conservé les traits, car les marbres
qui les représentent aussi sont presque toujours privés d'inscriptions, et n'ont pu être reconnus qu'à
l'aide des légendes numismatiques.

Je vais exposer les points les plus importans sous
lesquels on peut considérer les inscriptions en elles-
mêmes, en resserrant cet examen dans les bornes vou-
lues par la nature de cet ouvrage. La Numismatique
tout entière, pour ainsi dire, se trouve dans les légendes des monnaies et des médailles; il ne doit donc
être question ici que des légendes ou inscriptions en
elles-mêmes, sous le point de vue matériel, et abstraction faite de leurs significations.

286. *Origine, progrès, nature des inscriptions.*
Dans les premiers temps, où le monnayage fut pra-

tiqué, le but de cette invention aurait dû porter à
placer sur les monnaies des indications de leurs valeurs ou de leurs poids. C'est ce qui n'eut cependant
pas lieu chez les inventeurs du monnayage, ni chez
aucun des Peuples de l'antiquité, les Romains exceptés. Le peu de monnaies Grecques sur lesquelles on
trouve des indications de leurs valeurs légales sont
bien postérieures aux premiers temps du monnayage.
Dans l'origine, donc, les inscriptions placées sur les
monnaies Grecques furent très-courtes et consis-
tèrent presque toujours dans le nom seul du Peuple
ou de la Ville, souvent même par abréviation. Ces
indications abrégées, qui sont quelquefois d'une
seule lettre ou de deux ou trois, ou bien qui sont
disposées en monogrammes, causent des incertitudes sur les attributions à donner aux pièces, lorsque les types ou la fabrique n'aident pas dans cette
détermination. Il en est résulté souvent des erreurs
dans les noms qui étaient attribués à ces sortes de
pièces. Il est même permis de penser que quelques
attributions hasardées ont encore lieu quelquefois.
Un assez grand nombre de monnaies de ces premiers
temps ne portent même aucune légende ni entière
ni abrégée, ce qui laisse souvent des doutes sur les
lieux auxquels on les doit attribuer, lorsque les types
ne suffisent pas pour fournir des indices certains à
cet égard. Mais les types adoptés par certaines Villes
suffisaient alors, à la vérité, sans l'indication des noms
de ces Villes, pour faire reconnaître leurs monnaies.
Quelques Villes avaient aussi adopté des types faisant allusion à leurs noms, et qui ne laissaient au-

cune incertitude et pouvaient dispenser de l'inscription de ces noms, comme *Cardia*, un cœur; *Rhodus*,
une rose, etc. Ces types sont ceux qu'on a nommés
Types parlans et que nous avons déjà cités (188).

Peu à peu les légendes devinrent plus générales,
plus complètes, et moins abrégées. Des noms de divinités, de demi-dieux, des titres, des noms de magistrats, des indications géographiques relatives à la
situation des Villes, et d'autres indications diverses
parurent dans les légendes des monnaies. Les Princes
y firent placer leurs noms et les titres qu'ils prenaient. On a même beaucoup d'exemples de pièces
portant les noms de deux nations ou Villes différentes, et même plus, en signe d'alliance. Des lettres
isolées, des monogrammes, ou lettres réunies, furent
placés dans le champ des pièces : leurs significations
sont encore presque toutes à expliquer. Lorsque les
villes Grecques furent obligées de placer sur leurs
monnaies les effigies Impériales, les inscriptions portèrent tous les titres que l'adulation ne manquait pas
de donner aux maîtres du monde. Les modules plus
grands que précédemment, qui furent alors adoptés,
fournirent le moyen de placer sur les pièces des légendes plus étendues que dans les temps antérieurs :
aussi les inscriptions de ces époques offrent de
nouvelles indications relatives aux cérémonies, aux
jeux, aux époques, aux sites et aux divisions géographiques. Plus on s'éloigna de la simplicité des
premières mœurs, plus les légendes des monnaies
Grecques portèrent de traces d'adulation, de va-
nité, et de faste dans les titres et les distinctions.

287. Chez les Romains, les premières monnaies offrirent ce qu'on ne trouve pas sur celles des peuples Grecs, les indications des valeurs et des poids. Du reste, les légendes de ces premières monnaies furent simples. Bientôt, lorsque la monnaie d'argent fut introduite, les légendes, laissées sans doute à la disposition des Triumvirs monétaires, portèrent des indications relatives à des personnages de leurs familles. Beaucoup de légendes des *monnaies Consulaires* se trouvent ainsi être historiques, parce que les personnages qu'elles rappelaient avaient figuré antérieurement dans les événemens qui s'étaient passés à Rome ou dans les guerres soutenues par la République. Après l'établissement du gouvernement Impérial, les monnaies représentèrent les images des Empereurs ou des personnages de leurs familles. Les légendes portèrent alors à l'Avers les noms et titres des personnages; celles du Revers des pièces furent relatives à leurs conquêtes, à leurs voyages, aux qualités qu'on leur reconnaissait, aux honneurs qui leur étaient décernés, aux divinités auxquelles ils professaient plus de dévotion, aux louanges qu'ils accordaient au peuple ou aux armées, à des dispositions de munificence ou d'administration, aux jeux publics, et à une foule d'autres circonstances historiques ou locales. Les légendes des monnaies Romaines eurent beaucoup plus de fixité, de clarté et d'uniformité que celles des monnaies des Peuples, Villes et Rois. Si nous y trouvons un nombre infiniment moins grand de notions à recueillir, au moins elles nous offrent moins de doutes à dissiper, moins d'énigmes à ex-

I. 14

pliquer, moins de mystères à éclaircir. Dans les temps
du Bas-Empire, les légendes devinrent irrégulières,
bizarres, et quelquefois d'une interprétation difficile ; elles se ressentirent enfin, comme toutes les
autres parties constitutives des monnaies, de la décadence successive de l'art monétaire.

288. C'est ici le lieu de rappeler l'espèce de monnaies déjà citées (186) sous le nom de *monnaies res-*
tituées ou *restitutions*, du mot RESTITVIT, qu'on lit
sur ces pièces copiées sur des pièces antérieures, pour
renouveler la mémoire de personnages que voulaient
honorer les Empereurs qui les ont émises. Telles sont,
par exemple, les diverses monnaies Consulaires restituées par Trajan, et différentes pièces de ce genre
que Gallien fit frapper, et qui, sans être précisément
toutes des copies de pièces antérieures, rappellent
les consécrations de plusieurs de ses prédécesseurs.

289. *Disposition des inscriptions.* Dans les monnaies des Peuples, Villes et Rois, les inscriptions
sont placées de façons fort différentes. Elles sont en
lignes courbes suivant la rondeur de la pièce, ou en
lignes droites, placées dans un sens ou dans l'autre;
quelquefois un mot est divisé en deux, ou trois, ou
quatre parties : on voit, mais rarement, des noms
dont le commencement est sur le premier côté de
la pièce et la fin sur le Revers; quand les légendes
sont longues les lignes sont doublées ; les inscriptions
se trouvent quelquefois inscrites sur des parties des
types, comme sur un casque, un diadème, un autel,
un bouclier, etc. ; souvent un côté est sans inscriptions.
Les noms des Peuples et des Villes sont indiqués en

général par le nominatif ou par le génitif. Le nom des habitans d'une Ville est souvent inscrit pour celui de la Ville même. Telles sont les principales dispositions des légendes dans les monnaies Autonomes des Peuples, Villes et Rois. Lorsque l'on frappa des Impériales-Grecques et des Coloniales, les dispositions des légendes se rapprochèrent de celles usitées dans les monnaies Romaines dont nous allons parler. Ces pièces portèrent à l'Avers les noms du personnage, et au Revers des légendes disposées plus ordinairement en lignes courbes suivant la rondeur de la pièce.

290. Chez les Romains, les monnaies primitives eurent des légendes disposées avec assez de régularité, soit dans le champ, soit à l'exergue. Les pièces *des Familles* offrent aussi des dispositions régulières de légendes soit en lignes concentriques suivant la rondeur de la pièce, soit à l'exergue. On voit fréquemment des mots placés sous les chevaux traînant les chars, qui y sont représentés. Du temps de l'Empire, les dispositions des légendes devinrent plus régulières encore. A l'Avers comme au Revers, elles sont formées en lignes concentriques suivant la rondeur de la pièce. L'exergue du Revers est ordinairement rempli par une légende séparée. Les lettres *S. C.* (*Senatus-Consulto*) inscrites sur toutes les monnaies de cuivre sont placées à l'exergue ou dans le champ. Plus tard, quelques lettres isolées furent placées dans diverses parties des Revers. Dans les bas-temps, les dispositions des légendes devinrent irrégulières et vicieuses comme tout ce qui tenait à l'art monétaire.

291. Quelques monnaies et médailles antiques

14.

portent des légendes, ou lettres isolées, en caractères *incus*.

292. Il nous reste à exposer quelques considérations relativement aux *contre-marques* frappées sur
les monnaies après leur fabrication, et dont on trouve
des exemples dans certaines contrées et à quelques
époques. Ces contre-marques portent des légendes
seules, ou des types seuls ou l'un et l'autre à-la-fois.
Ces petites empreintes de diverses formes et fort
variées sont ordinairement seules sur chaque pièce,
mais quelquefois cependant elles s'y trouvent au nombre de deux et même de trois. Elles déforment les
types et légendes originaires des pièces du côté où
elles sont placées, et même aussi du côté opposé, à
cause de la pression nécessaire pour les frapper. Les
légendes ainsi contre-marquées sont composées ordinairement de peu de lettres et d'abréviations. Nous
n'avons pas assez de lumières à cet égard pour pouvoir
donner un système d'explication de ces empreintes
ainsi ajoutées aux monnaies. On pense que la plupart des contre-marques servaient à changer la valeur
des monnaies ou à admettre dans la circulation d'une
Ville des monnaies étrangères (129). Beaucoup d'auteurs ont réuni des recueils de contre-marques, et ont
donné des explications plus ou moins satisfaisantes
d'une partie de ces légendes et de ces types ainsi
ajoutés. Les bornes de cet ouvrage ne permettent
pas de s'étendre davantage sur ce point. Les contre-
marques qui se trouvent sur les monnaies des Peuples, Villes et Rois représentent en général des
têtes, des attributs, des instrumens divers, et rare-

ment des légendes. Ces contre-marques sont assez communes sur des monnaies de certaines contrées. Les contre-marques qui se trouvent sur les monnaies de coin Romain portent en général des inscriptions et des monogrammes et peu de types. On en voit très-rarement sur les Consulaires, mais un assez grand nombre sur les monnaies des Empereurs, en cuivre.

293. *Arrangement des lettres dans les mots.* Presque toutes les légendes des monnaies antiques sont inscrites régulièrement de gauche à droite ; quelques pièces, cependant, offrent des exemples de deux autres méthodes. Ce sont les inscriptions en écriture *rétrograde* et en écriture *boustrophédon.*

294. L'écriture *rétrograde* consiste en ce que les lettres sont placées de droite à gauche. Cette manière d'inscrire les légendes se voit plus particulièrement sur quelques-unes des monnaies Autonomes des Peuples et Villes des premiers temps du monnayage, et principalement dans les Villes de la Grande-Grèce et de la Sicile. La plupart des monnaies Étrusques, Osques, Samnites portent aussi des légendes rétrogrades. Le nombre des pièces sur lesquelles les noms des Villes sont ainsi inscrits est assez grand. Je citerai pour exemples : NOIAMYK pour KYMAION, *Cumœ* de Campanie ; AԳƎMI pour IMEPA, *Himera* de Sicile ; ATƎM pour META, *Metapuntum* de Lucanie. C'est la contre-partie, la contre-épreuve de l'écriture régulière. Aussi quelques auteurs ont-ils avancé que ces légendes ainsi figurées avaient été produites par l'inadvertance des graveurs, qui portaient sur les coins les légendes telles qu'on devait

les lire, de façon que sur les pièces mêmes, ces légendes se trouvaient en contre-partie. Cette opinion
ne peut pas être admise par plusieurs motifs : d'abord,
les monnaies des diverses Villes, sur lesquelles on
trouve des légendes rétrogrades, en offrent un assez
grand nombre d'exemples, ce qui ne se serait pas
répété si c'eût été une erreur monétaire ; en second
lieu, quelques monnaies portent d'un côté une légende rétrograde, et de l'autre une légende en ordre
régulier, entre autres une pièce de la ville de *Buxen-
tum* ou *Pixus* de Lucanie, sur laquelle on lit en caractères anciens, d'un côté : ΠΥΞΟΕΣ et de l'autre
ꙄΟΝΙꟼΙꙄ pour ΣΙΡΙΝΟΣ ; enfin, et ce dernier argument
est décisif, on trouve sur quelques monnaies le nom
de la ville figuré d'un côté en écriture régulière, et
de l'autre en écriture rétrograde, et je citerai à cet
égard des monnaies de la ville de Posidonia-Pæstum de
Lucanie qui portent d'un côté : ΠΟΜΕΙ (*lisez* ΠΟΣΕΙ),
et de l'autre : ΔΙꓱΜΟΠ (pour ΔΙꓱꙄΟΠ).

On trouve aussi quelques exemples d'une seule
lettre placée dans une légende en ordre rétrograde,
comme, par exemple : ΑΘꓱ pour ΑΘΕ. Il est probable que cette disposition-ci provient d'erreurs monétaires.

295. On ne trouve point de légendes en écriture
rétrograde dans les monnaies et médailles Romaines.

296. L'écriture *boustrophédon* consiste en ce
qu'une partie de l'inscription est placée dans l'ordre
régulier de gauche à droite, et l'autre partie en ordre
rétrograde de droite à gauche. Ce mode d'écriture
paraît avoir été en usage en Grèce dans les temps

anciens non-seulement pour les monnaies, mais aussi pour les marbres. On croit que les lois de Solon avaient été ainsi écrites ([1]). Pausanias parle de cette écriture en décrivant le monument de Cypselius ([2]).

L'étymologie du mot *Boustrophédon* indique que cette écriture fait des conversions comme les bœufs qui labourent, et que les lignes se trouvent placées comme les sillons de la charrue. On connaît très-peu de marbres anciens qui offrent ce genre d'écriture; mais les exemples en sont assez fréquens sur les monnaies Autonomes de quelques Villes, monnaies frappées dans les premiers temps du monnayage. Je citerai pour exemples :

NEOΠOΛI ⎫
          ⎬ pour NEOΠOΛITAΣ, *Neapolis*, de Campanie.
    ƧAT ⎭

AKPAC ⎫
          ⎬ pour AKPACANTOΣ, *Agrigentum*, de Sicile.
ƧOTNA ⎭

    AK ⎫
          ⎬ pour AKAN, *Acanthus*, de Macédoine.
    NA ⎭

    ϒAꟼ ⎫
          ⎬ pour PAϒKION, *Rhaucus*, de Crète.
 KION ⎭

297. Il ne se trouve point de légendes en écriture *boustrophédon* dans les monnaies et médailles Romaines.

298. *Lettres isolées.* On voit sur quelques pièces Grecques des lettres, soit seules, soit au nombre de deux ou trois, qui indiquent en abréviation les noms des Peuples, Villes ou Rois qui les ont fait

---

([1]) Harpocration. — ([2]) L. V, c. 17.

frapper. Dans ce cas, ces lettres forment l'inscription
principale des pièces sur lesquelles elles se trouvent,
et elles sont quelquefois en caractères qui remplis-
sent une grande partie du champ. Ce mode d'indication des noms des Villes et Princes n'est pas très-
fréquent. Il en a été question au commencement de
ce Chapitre, au paragraphe où nous avons parlé de
la nature des inscriptions (286).

Mais, outre ces abréviations de noms, on voit sur
la plupart des monnaies antiques, avec les légendes
principales, des lettres isolées, soit seules, soit au
nombre de deux ou trois, placées irrégulièrement
dans le champ. Elles sont fréquentes sur les monnaies des Peuples, Villes et Rois. Ces lettres indiquent
quelquefois des dates : il est alors d'autant plus utile
et d'autant plus possible de les expliquer, que la discussion des époques qui se rattachent aux diverses
ères des anciens, conduit souvent à des résultats
historiques et chronologiques aussi certains qu'in-
téressans.

Il est à propos de donner ici, à ce sujet, la nomenclature des lettres numérales des Grecs.

A	B	Γ	Δ	E	ς	Z	H	Θ
1.	2.	3.	4.	5.	6.	7.	8.	9.

I	K	Λ	M	N	Ξ	O	Π	ϙ
10.	20.	30.	40.	50.	60.	70.	80.	90.

P	Σ	T	Υ	Φ	X	Ψ	Ω	ϡ
100.	200.	300.	400.	500.	600.	700.	800.	900.

Lorsque les lettres isolées n'indiquent pas des

nombres, mais sont des abréviations dont les explications sont claires et positives, on doit admettre ces explications. Mais toutes les interprétations qui ne portent pas le caractère de la certitude doivent être écartées, dans une matière où nous avons si peu de clartés pour nous guider.

299. Si nous passons aux monnaies Romaines, nous voyons qu'il se trouve aussi de ces lettres isolées sur les monnaies Consulaires; elles disparaissent presque entièrement sous les premiers Empereurs. On les retrouve à l'époque des deux Philippe et elles sont fréquentes dans le Bas-Empire. Ces lettres sur les monnaies Romaines n'indiquent pas d'époques, et leur interprétation est plus difficile encore que pour les monnaies des Peuples, Villes et Rois.

300. *Monogrammes.* Les monogrammes sont des caractères formés de la réunion de deux ou plusieurs lettres. Les observations qui viennent d'être faites sur les lettres isolées s'appliquent aussi aux monogrammes. Quelquefois, dans les médailles Grecques, ils indiquent les noms des Peuples, Villes ou Rois qui ont fait frapper les pièces, et alors ils sont l'inscription principale. Ce mode n'est pas commun; on en a fait mention au commencement de ce Chapitre (286), comme ayant rapport à la nature même des inscriptions. Mais ordinairement les monogrammes sont accessoires, et ils sont placés dans le champ irrégulièrement. On en voit un très-grand nombre sur les monnaies Grecques. Il s'en trouve quelquefois plus d'un sur la même pièce. Fréquemment ils indiquent des noms de Villes sur les monnaies des Rois.

Les monnaies Romaines en portent très-rarement.

L'interprétation des monogrammes offre plus de difficultés encore que celle des lettres isolées, et les explications de ces signes ne doivent être accueillies que lorsqu'elles sont évidentes. Quelques auteurs se sont efforcés vainement d'interpréter tous ces signes, dont quelques-uns, sans doute, peuvent être expliqués, mais dont la plupart se rapportent à des circonstances sur lesquelles nous ne pouvons avoir aucune notion. On a réuni dans quelques ouvrages des séries de monogrammes. La plus nombreuse série est celle qu'a donnée M. Mionnet ([1]); elle s'élève à environ deux mille.

301. *Langues.* Les langues qui se trouvent employées dans tout le système numismatique des anciens, sont les suivantes :

Grecque.	Hébraïque.
Latine.	Samaritaine.
Celtibérienne.	Sassanide.
Osque.	Persane.
Samnite.	Incertaines.
Etrusque.	Barbares.

Phénicienne.
- de Phénicie.
- de Cilicie.
- de Sicile.
- de Macédoine.
- de Syrie.
- de Perse.
- de Carthage *ou* Punique.
- d'Espagne.

302. La langue Grecque, celle des inventeurs du

([1]) Description de médailles antiques Grecques et Romaines, etc., Pl. I à XV. — *Idem*, Supplément, planches.

monnayage, fut employée sur les monnaies de tous les peuples Grecs, et se trouva successivement introduite de proche en proche par la civilisation, le commerce, ou les conquêtes. Ainsi, non-seulement les monnaies de la Grèce proprement dite, des îles voisines, de la Grande-Grèce et de la Sicile, mais celles des contrées limitrophes eurent des légendes Grecques à mesure que le monnayage s'y introduisit. Plus tard, les conquêtes d'Alexandre portèrent cette langue dans toutes les parties de l'Asie dont il s'empara, et en Égypte. Nous ignorons jusqu'à quel point le Grec fut parlé dans ces diverses contrées; mais il est positif qu'il fut adopté pour les inscriptions des monumens et des monnaies dans les contrées voisines de la Grèce, dans presque toute l'Asie connue des Grecs, jusque dans la Bactriane et sur la côte septentrionale et civilisée de l'Afrique. Les peuples vainqueurs ont souvent cherché à imposer leur langage aux contrées soumises : si la langue Grecque s'introduisit chez toutes les nations civilisées, ce fut plus encore par le commerce et par le génie de ceux qui la parlaient que par les conquêtes.

La presque totalité des médailles des Peuples, Villes et Rois portent donc des légendes Grecques. La connaissance de cette langue doit guider les savans dans la plupart des recherches relatives à la Numismatique des divers Peuples anciens. Les dialectes Grecs doivent aussi leur être connus, car l'orthographe et les désinences des mots servent souvent de guides dans les attributions des monnaies, quant aux temps et aux lieux de fabrication.

3o3. La langue Latine servit pour les légendes
des monnaies Romaines, dès leur origine, et fut
constamment employée depuis pour ces monnaies,
jusqu'à la chute de l'Empire d'Orient, sauf quelques
exceptions dans les bas-temps, où la langue Grecque
fut adoptée. Les Romains ne manquèrent pas de
chercher à introduire leur langue dans tous les pays
dont ils firent la conquête. Leurs Colonies, peu-
plées en grande partie de Romains, conservèrent le
langage de la mère-patrie, et les monnaies frappées
dans ces Villes ont presque toutes des légendes Latines. Toutes les monnaies de coin Romain, qui furent frappées hors de Rome, soit à l'effigie d'Empereurs maîtres de la capitale de l'Empire, soit à celle
de leurs parens ou à celle enfin des personnages qui
s'emparaient de l'autorité, portent toutes leurs légendes en Latin.

3o4. La langue Celtibérienne est employée sur
les monnaies d'Espagne. On en connaît imparfaitement l'alphabet sans rien savoir de la langue elle-
même.

3o5. Les langues Osque, Samnite, Etrusque, furent
employées sur les monnaies des peuples d'Italie qui
portent ces noms. Nous en connaissons les alphabets,
mais non pas les langues elles-mêmes. On retrouve
donc seulement dans les inscriptions écrites dans ces
langues les noms propres des Villes, et l'on donne
des interprétations plus ou moins probables de quelques autres mots.

3o6. La langue Phénicienne fut fort répandue, et
l'on trouve, comme on vient de le voir, des légen-

des en caractères Phéniciens sur les monnaies de plusieurs contrées. Les explications qui ont été données de ces caractères nous conduisent à reconnaître les noms des villes, mais rien au-delà, et ces explications ne sont pas entièrement satisfaisantes.

307. Les langues Hébraïque et Samaritaine nous sont connues.

308. Les langues Sassanide et Persane ont été le but de recherches de savans, qui nous ont appris ce qu'il paraît possible d'en connaître.

309. On classe comme langues incertaines et barbares les légendes formées en caractères dans lesquels on ne trouve pas d'analogie avec les langues connues. Il y a un assez grand nombre de monnaies anciennes qui portent de ces sortes de légendes.

310. On trouve quelquefois, mais peu fréquemment, dans les monnaies anciennes des inscriptions en deux langues différentes sur la même pièce. Ainsi sur des pièces d'Alexandre-le-Grand, on voit à côté des légendes Grecques ordinaires des noms de Villes en Phénicien. Des Tétradrachmes des Macédoniens, frappés sous la puissance Romaine, portent : MAKE-ΔONΩN, AESILLAS Q. (*Quaestor.*) Les diverses langues se trouvent ainsi mêlées sur quelques monnaies de certaines contrées, que les bornes de cet ouvrage ne permettent pas de citer. Les monnaies Romaines offrent des exemples de ce mélange de langues, et portent des indications des nombres Grecs. On nomme ces sortes de monnaies *pièces bi-lingues.*

311. *Forme des lettres.* La forme des lettres est un des points les plus importans dans les recherches

qui tendent à déterminer les époques de la fabrication des monnaies et médailles antiques de dates peu
certaines. C'est principalement pour les monnaies Autonomes Grecques qu'il est indispensable de s'aider
des considérations qui résultent de ces formes. Les
monnaies Romaines sont en général d'époques plus
ou moins positivement déterminées, et les observations que l'on pourrait faire sur les formes des lettres
qui composent leurs légendes, ne seraient pas d'une
grande utilité. Quant aux formes des lettres de toutes
les autres langues, nous avons très-peu de moyens
d'établir à cet égard des systèmes qui puissent être
de quelque probabilité; les monumens eux-mêmes
sont trop peu nombreux, et les observations que
l'on en tirerait seraient en trop petit nombre pour
que l'on pût se livrer à ces sortes de recherches
sous un point de vue général; elles ne peuvent être
utiles que pour une circonstance isolée, lorsqu'elles
viennent à l'appui d'autres considérations.

C'est donc des lettres Grecques seules, étudiées
sous le rapport de la forme, que l'on peut tirer des
considérations aussi nombreuses qu'intéressantes
quant aux époques de fabrication des pièces. Divers auteurs se sont occupés de ces recherches. Nous
avons vu, Chapitre III (43 à 46 et 50) que l'abbé
Barthélemy conçut le premier l'idée d'en faire un
corps de doctrine, et qu'il le tenta avec quelque
succès dans son *Essai d'une Paléographie numismatique* (¹). Depuis, l'abbé Eckhel réunit de nou-

(¹) Mémoires de l'Académie des inscriptions et belles-lettres,
t XXIV. p. 30. — OEuvres de Barthélemy.

velles notions, et donna une paléographie, dans laquelle il fait connaître les diverses formes qu'il avait
recueillies de toutes les lettres de l'alphabet Grec ([']).
M. Mionnet y a ajouté quelques formes nouvelles ([']).
C'est dans les ouvrages de ces savans qu'il faut
chercher les secours que l'examen des formes des
lettres Grecques peut fournir au Numismatiste dans
les attributions de temps et même de lieux de la
fabrication des monnaies antiques. Ces détails ne
peuvent trouver place dans des élémens.

312. Outre l'examen de leurs formes, les lettres
qui se trouvent sur toutes les monnaies et médailles
antiques sont encore à considérer sous un autre
rapport, qui mérite aussi l'attention : je veux parler
de la manière dont elles sont gravées, de la largeur
ou du relief des traits qui les forment, de leur irrégularité plus ou moins grande, de leur disposition
les unes par rapport aux autres, de la rudesse ou du
goût qu'on y trouve, du style enfin des inscriptions
numismatiques. Il est certain que les inscriptions de
chaque pièce étaient gravées séparément sur chaque
coin, et que les graveurs anciens n'avaient pas découvert les procédés pratiqués maintenant, par lesquels on reproduit les mêmes caractères sur divers
coins au moyen de poinçons. Ceux qui joignent au
désir d'acquérir des connaissances dans cette partie
de l'archéologie, un goût inné pour la recherche et

([']) Doctrina numorum veterum, t. I, p. xcvii.

([']) Description de médailles antiques Grecques et Romaines,
Pl. XXXI.

l'examen des monnaies antiques, découvrent dans les
dispositions des légendes une foule de nuances de
toute nature, qui leur servent à-la-fois de guides
et de garanties. Il est hors de doute que, pour qui
sait *voir* les monnaies antiques, les légendes ont un
caractère de temps et de lieu, une physionomie, si
l'on peut ainsi s'exprimer, qui en fait la partie des
pièces la plus digne d'examen. Ajoutons enfin que,
dans l'art de juger l'authenticité des pièces, les
légendes offrent les ressources les plus certaines au
véritable connaisseur.

Les irrégularités qui donnent ce caractère déterminé d'époque et de lieu aux inscriptions antiques
numismatiques et lapidaires, ne leur concilient pas
l'approbation des personnes qui ne sont pas familia-
risées avec l'examen des monumens des peuples anciens. Ces personnes préfèrent l'exactitude, la symé-
trie, la régularité parfaite de nos inscriptions modernes. Les amateurs des monumens anciens pensent
autrement, et trouvent dans cette régularité de la
sécheresse et de la froideur ; ils préfèrent ces formes
de lettres variées, ces dispositions irrégulières des
inscriptions anciennes, qui parlent à l'œil et ajoutent
au sens des mots le sentiment du lieu et du temps.
La masse du public n'est-elle pas aussi de cet avis
sans peut-être s'en rendre compte, quand elle adopte
l'usage des lettres dites gothiques ? La seule chose à
objecter à ce goût récent, à cette mode, c'est que
rien n'est moins approprié à notre siècle que les
souvenirs du moyen âge. Les monumens du temps
de Périclès et d'Alexandre ne mériteraient-ils pas

mieux de nous servir de modèles que ceux des temps de la féodalité, de la barbarie et de l'ignorance?

~~~

CHAPITRE XII.

Types des Monnaies et Médailles antiques.

313. On nomme *types* en général tous les objets représentés sur les monnaies et médailles antiques. Les types sont, après les légendes, la partie la plus importante de la Numismatique. Ils offrent une immense quantité de représentations aussi exactes que curieuses, qui nous font connaître les images consacrées des divinités, leurs attributs, les particularités de leurs cultes, les portraits des princes, ceux de beaucoup d'autres personnages, et une foule d'objets qui se rapportent à l'histoire, aux sciences, aux arts et aux usages des Peuples anciens.

Il faudrait, pour faire connaître tout ce que représentent les types des anciennes monnaies, entrer dans des détails que ne peut comporter cet ouvrage. Sans avoir étudié la science des médailles, on juge aisément du nombre infini de choses que les types nous apprennent, en parcourant les nomenclatures des suites numismatiques et les ouvrages où quelques séries nombreuses sont reproduites par la gravure, ou, mieux encore, en jetant un coup-d'œil sur les collections de monnaies et médailles elles-mêmes. Des études plus approfondies, l'examen répété de ces mo-

numens apprennent à juger de tous les élémens d'instruction que l'on peut puiser dans les innombrables
sujets représentés sur ces pièces. Nous nous bornerons
ici à exposer quelques idées générales sur ce sujet, en
parlant d'abord des monnaies et médailles des Peuples, Villes et Rois, et ensuite de celles des Romains.

314. Les premières monnaies des Grecs représentent d'un côté un carré creux, divisé de diverses
façons, et qui servait, dans l'origine du monnayage,
à fixer le flan, pour que le seul coin employé pût
produire son empreinte. Nous avons vu les détails
relatifs à cette fabrication primitive dans le Chapitre VI (119). Mais bientôt, le monnayage se perfectionnant, ces carrés creux furent ornés eux-mêmes de
types et de légendes, et disparurent ensuite entièrement. Si quelques monnaies ou médailles antiques
n'ont de légendes que d'un seul côté, toutes ont des
types des deux côtés, sauf du moins un très-petit
nombre d'exceptions, dont les principales se trouvent
parmi les monnaies de la ville de *Populonia* d'É-
trurie, dont le revers est entièrement lisse, sans type
ni légende.

315. Les monnaies des temps primitifs offrent en
général peu de têtes; mais bientôt on plaça à l'Avers
des pièces des images des divinités ou de quelques
personnages ; les Princes y firent mettre leurs portraits. La plus grande partie des pièces portèrent
alors une tête du premier côté. Plus tard, avec la
tête, fut représentée quelquefois une partie de la
poitrine, et l'on désigne les figures ainsi disposées
par le nom de *buste.* Il y a quelques exemples dans les

monnaies Autonomes de deux, trois et même quatre
têtes réunies sur la même pièce, soit d'un seul côté,
soit des deux, accolées ou affrontées. Ces exemples
sont plus fréquens dans les Impériales-Grecques et
dans les Coloniales. Sur ces pièces, la figure entière
d'un personnage, représentée à l'Avers, tient lieu
parfois de sa tête ou de son buste.

316. Les Revers sont relatifs en général à la tête
représentée à l'Avers, ou bien aux Villes auxquelles
appartiennent les pièces. La variété qui règne à cet
égard est telle qu'il faudrait entrer dans de grands
détails pour exposer tous les genres de types que
les Revers offrent. Souvent les têtes des divinités placées à l'Avers sont accompagnées de leurs attributs,
figurés au Revers. Beaucoup de Villes avaient adopté
des types qui se retrouvent sur toutes ou sur presque
toutes leurs monnaies. Quelques pièces représentent
des fleuves, des montagnes et d'autres indications
géographiques. On y voit des animaux, des végétaux,
des édifices, des statues, des chars, des armes, des
instrumens de musique, des ustensiles de toute
espèce.

317. Les types principaux qui occupent la plus
grande partie du champ des pièces sont souvent
accompagnés, dans les monnaies Autonomes, de types
plus petits, placés comme accessoires dans diverses
parties de la pièce. Quelques Villes offrent une grande
quantité de monnaies représentant toutes le même
type principal, accompagné dans chacune de petits
types accessoires, tous différens, qui en font autant
de variétés. Des Villes importantes, qui n'ont admis

15.

qu'un très-petit nombre de types principaux, se trouvent avoir ainsi des séries nombreuses de monnaies* diverses, toutes variées par ces petits attributs accessoires. La différence des modes d'inscription des légendes, la diversité des noms de magistrats ne sont donc pas les seules causes qui multiplient les variétés des pièces. Les petits types accessoires dont il est ici question contribuent à augmenter encore ce nombre infini de monnaies antiques, et à le porter à ce point si extraordinairement considérable, dont j'ai cherché à rendre compte (Chap. VI, 134 et suiv.). Ainsi, par exemple, les monnaies d'argent d'Athènes ont seulement pour type une chouette sur un vase ; mais dans le champ de chacune de ces pièces on voit un petit type accessoire représentant une tête de divinité, une figure, un animal, un fruit, un char, un instrument, et d'autres objets dont la variété et le nombre sont aussi remarquables que singuliers. Il en est de même de plusieurs autres villes.

Ces petits types accessoires sont souvent allusifs à la Ville sur les médailles de laquelle ils se trouvent ; ils rappellent à côté de leur type principal un autre type de la même Ville ; ils indiquent quelquefois des alliances, des rapports avec d'autres Villes. Sur les monnaies des Rois, ils désignent fréquemment les Villes qui les ont fait frapper et dont le nom n'y est pas inscrit. Mais un grand nombre de ces types, quoique fort clairs en eux-mêmes, ne peuvent pas être expliqués quant à leur rapport avec la Ville sur les pièces de laquelle ils se trouvent. Nous devons croire que beaucoup de ces signes étaient laissés à la volonté de ceux qui dirigeaient le monnayage, et peut-être des graveurs eux-mêmes. Il est à observer aussi que sur les pièces du beau temps de l'art, sur celles qui sont d'un travail soigné, ces petits types sont souvent des chefs-d'œuvre de finesse pour le travail; placés à côté de figures d'une dimension déjà si restreinte, ils rendent ce qu'ils doivent représenter, avec une justesse et une exactitude admirables. Rien de maigre, de maniéré, de petit, dans ces images que l'œil peut à peine distinguer. On retrouve dans quelques-unes de ces figures, pour ainsi dire microscopiques, tout le grandiose de la belle sculpture Grecque, et ce sentiment vrai, simple et naturel, dont les monumens anciens nous offrent tant de modèles.

318. Quelques monnaies de diverses contrées et de diverses époques portent des contre-marques ou petites empreintes frappées sur les pièces après leur fabrication. Ces contre-marques représentent des types seuls, ou des légendes seules, ou tous les deux à-la-fois. Il en a été question dans le Chapitre précédent, relativement aux légendes. Je ne pourrais que répéter ici ce qui a été exposé dans ce Chapitre, et qui est entièrement applicable à toutes les contre-marques, sur lesquelles nous avons trop peu de notions précises pour pouvoir établir à leur égard un système complet et raisonné d'interprétation. La plupart de ces empreintes se rapportent probablement à la valeur des monnaies ou à leur admission dans la circulation des lieux où elles n'avaient pas été frappées (292).

319. Ce qui vient d'être exposé peut suffire pour

donner des idées générales relativement à tous les
aspects sous lesquels on doit considérer les types
des monnaies et médailles des Peuples, Villes et
Rois. Ces notions peuvent, en très-grande partie,
s'appliquer aux monnaies Romaines. Il convient
seulement d'ajouter à leur égard quelques mots
pour faire connaître en quoi les monnaies et médailles de coin Romain diffèrent des autres sous le
rapport des types.

Les types des *As* ou premières monnaies Romaines sont fort simples, et il s'en trouve toujours,
dès l'origine, des deux côtés des pièces. Les monnaies
Consulaires d'argent offrent une assez grande variété
de types historiques et mythologiques. L'Avers présente très-souvent la tête de Rome casquée; souvent
aussi on y voit, au lieu d'une tête, une figure ou d'autres sujets. Les Revers représentent très-fréquemment
des chars à deux ou quatre chevaux. D'autres sujets variés y sont figurés. Sous les Empereurs, et
dès J. César, la monnaie de coin Romain prit, quant
aux types, une disposition régulière et uniforme.
L'Avers porte toujours, sauf un très-petit nombre
d'exceptions, la tête de l'Empereur ou d'un personnage de sa famille. Quelquefois, au lieu d'une tête
on en trouve deux, ou trois, ou même quatre accolées ou affrontées. On voit sur les Revers des sujets la
plupart du temps religieux ou allégoriques et relatifs aux événemens historiques, aux guerres, aux
voyages, aux triomphes, aux libéralités, aux allo-
cutions, aux apothéoses des Empereurs ou des personnages de leurs familles, aux qualités qu'on leur

attribuait, aux divinités qu'ils regardaient comme leur étant plus propices. On y trouve les images de presque toutes les divinités, beaucoup de détails relatifs aux cultes, des édifices, des animaux, et une grande quantité d'objets de divers genres. Quelquefois les Revers représentent aussi des têtes de personnages des familles Impériales.

320. On ne voit sur les monnaies et médailles de coin Romain qu'un très-petit nombre de ces petits types accessoires qui sont si fréquens sur les pièces des autres peuples. Les monnaies Impériales n'en offrent même presque point d'exemples.

321. On trouve sur les monnaies de coin Romain, principalement sur celles de bronze, et sur-tout sous les Empereurs, un assez grand nombre de contre-marques. Elles sont presque toutes formées de lettres ou de monogrammes, sans types. On peut appliquer à ces contre-marques ce qui a été exposé relativement à celles qui se rencontrent sur les monnaies des Peuples, Villes et Rois (318).

322. On ne peut se dispenser de mentionner dans ce Chapitre les types représentant des sujets libres, qui se trouvent sur des pièces antiques, que l'on peut considérer comme ayant été des monnaies.

Quelques représentations de cette nature se trouvent en effet sur des pièces Autonomes d'argent, de fabrique, la plupart, des temps anciens, qui ont été long-temps attribuées à l'île de *Lesbos,* mais que l'on reconnaît maintenant comme ayant été frappées à *Lete* et à *Orestae,* de la Macédoine et dans l'île de *Thasos.* Elles offrent un assez grand nombre de variétés et ne sont pas très-rares. La plupart de ces pièces sont gravées dans l'ancien style de l'art; le port des personnages, toujours à-peu-près le même, n'offre aucune affectation, aucune disposition qui puissent faire penser qu'on ait eu en vue de fixer l'imagination sur les sujets représentés par les types de ces pièces.

Les idées des peuples anciens à cet égard étaient différentes des nôtres; les monumens nous en fournissent beaucoup de preuves. Il paraît très-probable que les pièces en question étaient de véritables monnaies. Leur style, leur fabrication, leur poids, leur nombre ne permettent guère d'en douter, malgré tout ce que nous trouvons de répoussant à des images de cette nature placées légalement et publiquement sur les monnaies. Au reste, nous ne pouvons nous faire des idées complètes et exactes des principes et des usages des anciens sur ce sujet, qu'en entrant dans des détails divers que le peu d'étendue de cet ouvrage ne comporte pas, et qui sont d'ailleurs étrangers à notre but principal. Il faut se hâter aussi de dire que, parmi toutes les monnaies des Peuples, Villes et Rois, ces sortes de pièces n'ont été fabriquées que dans un bien petit nombre de lieux, et comparativement en petite quantité.

323. On connaît aussi des pièces Romaines de la même nature quant aux types, mais elles ont un tout autre caractère; elles n'étaient certainement pas des monnaies; c'étaient des jetons ou marques que l'on croit avoir été faites par ordre de Tibère, et pour servir dans l'île de Caprée lorsqu'il y fut retiré. Ces

pièces, ne pouvant pas être considérées comme monnaies, ne sont ici que rappelées, et il en a été question plus en détail dans le Chapitre V (91).

On a donné à ces pièces le nom de *Spintriennes*,
mot dont l'étymologie indique le genre des sujets qui
y sont représentés.

CHAPITRE XIII.

Monnaies et Médailles fautives.

324. Nous désignons sous ce nom les pièces antiques qui contiennent des erreurs ou des défauts
causés par les artistes et ouvriers monétaires, et provenant soit de la gravure des coins, soit de la fabrication. •

L'imperfection de la plupart des procédés employés par les anciens dans le monnayage devait
produire beaucoup de défauts dans leurs monnaies.
Il faut avouer cependant que ces défauts sont en
nombre bien moins grand qu'on ne devrait s'y attendre. Il faut dire aussi que dans les époques où
le monnayage se maintint au point le plus parfait
où il fut porté dans l'antiquité, ces erreurs monétaires
sont fort rares. Elles se rencontrent le plus fréquemment, quant aux monnaies des Peuples, Villes et
Rois, dans les derniers temps et parmi les Impériales-
Grecques, et quant aux monnaies Romaines dans les
temps de la décadence de l'art, et à dater du règne
de Gallien. Les divers ateliers monétaires qui furent

alors établis dans les provinces pour frapper des
monnaies de coin Romain, ne mirent pas à cette fabrication les soins convenables, et les causes qui
amenèrent la dégénération de toutes les parties de
l'art monétaire produisirent aussi des erreurs dans
la gravure des coins, et dans la fabrication des
pièces.

Les erreurs faites dans la gravure des coins se
trouvent le plus souvent dans les légendes. Ces erreurs sont de diverses natures, et il est à propos
d'indiquer les principales.

325. *Lettres transposées.* On trouve assez fréquemment des lettres transposées; exemples : sur une
monnaie de Néron, IANVM CLVSTI pour IANVM
CLVSIT; sur une monnaie de Valérien, LERIGIO
pour RELIGIO.

326. *Lettres retournées.* Cette erreur se présente
rarement dans les monnaies des bons temps du monnayage; exemple : sur une petite monnaie d'argent
d'Athènes : ΑΘƎ pour ΑΘΕ. Il y a beaucoup d'exemples de ce genre de faute dans les monnaies latines
des bas-temps.

Il ne peut être ici question des écritures *rétrograde* et *boustrophédon*, qui n'étaient point fautives, et dont il a été parlé au Chap. XI (294 à 297).

327. *Lettres changées.* Les lettres changées se
voient assez souvent; exemple : sur une monnaie
d'argent de Commode, IVNONI SISPITAE pour
SOSPITAE.

328. *Lettres changées et transposées.* Ces erreurs
se rencontrent; exemple : sur une monnaie de grand

bronze d'Alexandre Sévère, PMRTI PACIFERP pour MARTI PACIFERO.

329. *Lettres inutiles ajoutées.* On trouve assez fréquemment ces sortes de fautes ; exemples : OPITIMVS pour OPTIMVS ; SAECVLLVM pour SAECVLVM.

330. *Lettres omises.* Il y a aussi quelquefois des lettres oubliées ; exemple : sur un médaillon de bronze de Faustine la mère, AEERNITAS pour AETERNITAS.

331. *Mots mal orthographiés.* Ces sortes d'erreurs se voient quelquefois ; exemples : sur un Denier de Marc-Antoine, LEG. XVIII. LYBICAE pour LIBYCAE ; sur les monnaies de Césarée de Cappadoce, ΥΠΑΤΟΥ ΤΡΙΤΟΥ ou ΤΕΤΑΡΤΟΥ pour ΥΠΑΤΟΥ ΤΡΙΤΟΝ ou ΤΕΤΡΑΚΙΣ ; mais il ne faut pas perdre de vue que dans les bas-temps l'orthographe se dénatura, et que beaucoup de mots furent alors écrits d'une manière différente de celle qui était suivie antérieurement, lorsque la langue était plus purement orthographiée.

332. *Noms altérés.* Les noms propres sont quelquefois extrêmement altérés sur certaines monnaies Impériales-Romaines, en petit nombre, il est vrai. On a souvent peine à reconnaître les noms inscrits sur ces pièces. Il en a résulté que divers auteurs ont cru découvrir des personnages inconnus jusqu'à eux, et dont les écrivains ne font pas mention, et qu'ils se sont efforcés d'établir la réalité de l'existence de ces personnages, en se fondant sur un petit nombre de monnaies et souvent même sur une seule,

portant des légendes qui n'étaient en réalité que des altérations de noms bien connus. De là les Empereurs *Britius*, *Recunius*, *Aulenanus* et autres, *Oriuna*, prétendue femme de *Carausius*, personnages créés par l'imagination fertile de quelques antiquaires. Pour nous borner à cette dernière invention, la pièce qui y a donné lieu est une monnaie de Carausius, portant au Revers une tête de femme représentant la Fortune, avec cette légende altérée : ORIVNA AVGVSTA pour FORTVNA AVGVSTA (¹).

333. *Légendes transposées.* Il y a quelques exemples rares de ces sortes d'erreurs : ainsi les noms d'un empereur sont placés autour de la tête d'un autre personnage de sa famille, ou bien l'on voit autour de la tête d'un Empereur d'autres noms que les siens ; la légende d'un Revers ne se trouve point relative au type, et a été placée par erreur au lieu de celle qui devait être employée, etc.

334. *Chiffres erronés.* Les erreurs dans les chiffres sont fréquentes : ainsi les indications des consulats, des tribunats se rencontrent très-souvent fautives ; exemple : on lit sur une pièce, COS. XIII. DES. VIIII, tandis qu'il est évident qu'il faut COS. VIII. DES. VIIII (*Consul pour la huitième fois, désigné pour la neuvième*). Il serait superflu de rapporter d'autres exemples de ces sortes de fautes.

Telles sont les diverses natures d'erreurs faites

(¹) *Voyez* Histoire des Empereurs, par Beauvais, t. I, p. 170.

dans la gravure des coins, relativement aux légendes. Quelques autres fautes de gravure ont été commises, mais elles tiennent à l'art; les indiquer serait
sortir du but de cet ouvrage, et des détails isolés à
cet égard seraient incomplets et sans utilité.

Les fautes commises dans la fabrication des monnaies sont aussi de diverses natures, et il est à propos d'en désigner les principales.

335. *Coins mal employés.* Ces erreurs monétaires
se trouvent quelquefois. Dans les monnaies des Peuples, Villes et Rois, les fautes de cette nature sont
assez difficilement reconnues, par la grande variété
d'espèces de types qui se trouvent souvent réunies
sans règles bien fixes; mais dans les monnaies de
coin Romain, ces sortes de fautes sont aisément
aperçues, à cause de la régularité du système monétaire Romain à cet égard. Ainsi on voit quelquefois un
Revers connu pour appartenir à une pièce d'un Empereur, placé au Revers d'une pièce de sa femme, ou
le contraire. Le même changement a lieu du père
au fils, ou du fils au père. On trouve quelques
exemples de pièces représentant le même coin sur
leurs deux côtés, Avers et Revers. Quelques autres
irrégularités de semblable nature se rencontrent.

336. *Types doublés.* Les fautes de cette nature résultent de ce que le flan a coulé entre les coins
après avoir reçu les premiers coups, de sorte que
l'on voit sur la pièce les empreintes doubles, de
façons plus ou moins irrégulières. Il n'y a pas beaucoup d'exemples de ce genre d'erreurs monétaires
parmi les monnaies des Peuples, Villes et Rois;

mais on en trouve davantage dans les monnaies
Romaines.

337. Il ne doit pas être question ici des pièces
frappées avec d'autres pièces antérieurement émises, en place de flans, et sur lesquelles on aperçoit
des traces des types primitifs. Ces traces ne constituent pas réellement des erreurs monétaires; elles
sont les résultats, souvent inévitables, de ce genre
de fabrication. Il a été question, dans le Chapitre VI,
de cette nature de monnaies, nommées *pièces refrappées* (128).

338. *Pièces incuses*. Cette faute monétaire avait
lieu lorsque, après avoir frappé une pièce, au lieu de
l'ôter, on la laissait sur le coin inférieur, en plaçant
sur elle le nouveau flan. Il en résultait que ce
nouveau flan, étant frappé, représentait d'un côté,
en relief, le sujet du coin supérieur, et de l'autre,
en creux, le même sujet produit par la pièce précédemment frappée. On trouve peu de ces sortes de
pièces dans les monnaies des Peuples, Villes et Rois;
mais elles sont assez communes dans celles de coin
Romain, particulièrement dans les Consulaires d'argent (121.)

339. Il ne faut pas confondre ces *pièces incuses*,
résultats d'erreurs monétaires, avec celles qui ont
été frappées exprès, d'un côté en relief et de l'autre en creux, au moyen de deux coins différens.
Ces pièces sont des premiers temps du monnayage
et appartiennent à la Grande-Grèce. Il en a été question au Chapitre VI, et l'on y a vu qu'il convient,
pour les distinguer des pièces dont il s'agit ici, de

leur donner le nom de *pièces de fabrique incuse*
(120).

340. Quelques autres erreurs monétaires moins
importantes provenant de la fabrication se rencontrent quelquefois. D'autres particularités, qui pourraient passer pour des erreurs monétaires, doivent
être considérées comme tenant à des modes admis
de fabrication. Je citerai entre autres les pièces à
larges bords, ou frappées sur des flans plus larges
que les coins ne l'auraient demandé. Il a été question
de ce genre de fabrication dans le Chapitre VI (125).

CHAPITRE XIV.

*Monnaies antiques fausses, falsifiées dans les temps
anciens.*

341. Les institutions les plus utiles entraînent
quelquefois des inconvéniens; les hommes pervers
abusent des moyens que la civilisation crée pour
l'avantage des sociétés; il est rare que le mal ne soit
pas à côté du bien. Dès les premiers temps de l'é-
tablissement du monnayage, la mauvaise foi s'en
fit un moyen de tromper, et l'invention des monnaies fut sans doute rapidement suivie de l'invention des fausses monnaies. Démosthène nous apprend que du temps de Solon, lorsque les monnaies venaient, pour ainsi dire, d'être établies, la
fabrication des fausses monnaies était déjà pratiquée chez les Grecs, et qu'elle était punie de la

peine de mort ([1]). D'autres passages des auteurs anciens nous font connaître que, dans les temps postérieurs, le crime de fausse monnaie fut constamment connu, et que les lois des divers peuples Grecs le punissaient toujours de la peine capitale. Le père de Diogène paraît avoir été coupable de ce crime ([2]).

342. Aucun témoignage ne nous fournit d'indices sur des altérations frauduleuses dans les monnaies, commises secrètement par les dépositaires de l'autorité publique. Polycrate, tyran de Samos, a été accusé d'avoir donné aux Lacédémoniens des pièces de plomb doré au lieu de monnaies d'or; mais cette imputation a été démentie par Hérodote lui-même, qui nous l'a conservée ([3]).

343. Les lois Romaines ne furent pas moins sévères sur ce point; à toutes les époques, elles condamnèrent à mort les faux-monnayeurs. Ulpien dit que ceux qui racleront, teindront, fabriqueront (frauduleusement par le moulage ou autrement) des monnaies d'or, seront livrés aux bêtes, s'ils sont libres, et punis du dernier supplice, s'ils sont esclaves ([4]).

344. Nous avons, quant au monnayage chez les Romains, quelques témoignages relatifs aux altérations frauduleuses qui furent faites secrètement aux monnaies par des personnages qui tenaient le pouvoir. On a accusé Marc-Antoine d'avoir mélangé dans les monnaies du fer à l'argent ([5]), et l'Empereur

---

([1]) Adv. Timocr., p. m. 805. — ([2]) Diog. Laertius, l. VI, 20. — ([3]) L. III, c. 56. — ([4]) Ad leg. Corn. de Fals. — ([5]) Plinius, L. XXXIII, c. 46.

Caracalla d'avoir fait répandre des pièces de plomb doré au lieu de monnaies d'or, et d'autres de cuivre argenté au lieu d'argent (¹).

Ces reproches demandent à être examinés ; la fraude imputée à Marc-Antoine, d'avoir mélangé du fer dans les monnaies d'argent, paraît invraisemblable. L'argent des deniers Romains émis avec le nom de Marc-Antoine n'est point altéré, et ce métal ne pourrait l'être que difficilement avec du fer. Si l'on pense que par là Marc-Antoine a été accusé d'avoir fait fabriquer des monnaies fourrées, en fer recouvert d'argent, sans doute il existe de cette époque de ces sortes de pièces ; mais cette fraude, pratiquée par les faussaires, ne pouvait guère être employée en grand : restreinte, ainsi qu'elle ne pouvait manquer de l'être, et comme nous le reconnaissons par le nombre de ces pièces même qui nous restent, une telle fabrication n'eût offert que des ressources illusoires à un homme qui dirigeait d'aussi grands intérêts.

Quant à l'imputation faite à Caracalla, d'avoir émis des pièces de plomb fondu au lieu de monnaies d'or, et d'autres de cuivre argenté au lieu d'argent, elle a un autre caractère. C'est sous les règnes de Septime Sévère et de son fils Caracalla que la monnaie d'argent commença à être altérée à Rome. Cette altération fut-elle légalement établie et généralement connue? quand? comment? et jusqu'à quel point? C'est ce que nous ignorons. Il y a lieu de croire

(¹) Dion, LXXVII, c. 14.

qu'elle fut frauduleusement établie par le Gouvernement dans les premiers momens. Sans doute, bientôt après, ces tromperies furent connues, et leurs auteurs virent les tristes résultats de ce commencement de dégénération de la monnaie Romaine. Mais il est probable que, dans les premiers instans, ils en recueillirent des bénéfices. Ces premières altérations des monnaies Romaines, faites par le pouvoir, sont, au reste, dignes de celui qui se les permit, et l'homme qui voulut assassiner son père, et qui devint ensuite fratricide, pouvait bien être faux-monnayeur.

Les premières altérations frauduleuses du titre de l'argent dans les monnaies Romaines sont seules à considérer sous le point de vue qui fait l'objet de ce Chapitre. Du moment que ces altérations deviennent publiques et légales, elles rentrent dans les considérations relatives aux titres des monnaies, qui ont été exposées dans le Chapitre VII.

345. Les fraudes de toute nature que les faussaires mettaient en œuvre obligèrent à chercher les moyens de s'en garantir. Les Gouvernemens, outre les lois terribles prononcées contre les faux-monnayeurs, employèrent sans doute d'autres moyens, qui ne nous sont pas connus, pour arrêter et reconnaître leurs travaux occultes. La fabrication des monnaies offre une particularité que l'on a attribuée à l'intention d'empêcher quelques contrefaçons, c'est le genre de monnaies nommées *dentelées*, qui furent en usage à Rome sous la République et en Syrie. Il en a été question, Chapitre VI (125). On a pensé

que ce genre de monnayage avait pour but de rendre impossible la fabrication des pièces *fourrées*, les plus dangereuses en effet de toutes les fausses monnaies anciennes. Mais si cette idée a été réellement cause de l'adoption de ce genre de monnaies, on s'était trompé sur l'efficacité de ce moyen ; car il existe des monnaies *dentelées*, *fourrées*, conséquemment fausses.

Les particuliers cherchèrent aussi tous les moyens possibles de s'assurer de l'authenticité des monnaies. On s'étudia à acquérir à cet égard une expérience préservatrice. Quelques passages d'auteurs anciens nous attestent que l'on s'aidait de la vue, du tact, du son et même de l'odeur des monnaies, pour juger de leur authenticité, de leur altération, ou de leur fausseté.

346. Les monnaies antiques elles-mêmes viennent à l'appui de ces témoignages écrits, car on trouve parmi elles d'assez grandes quantités de pièces fausses de diverses contrées depuis les premiers temps du monnayage jusqu'au terme des diverses séries.

Ainsi, dès l'origine des monnaies, et constamment depuis, la friponnerie tira de cette institution des gains illicites et nuisibles à la société ; les législateurs imposèrent aux faux-monnayeurs les peines les plus sévères, et ces peines ne produisirent pas tous les résultats qu'on en devait attendre, puisque nous avons encore des preuves de ces fraudes coupables, dans des séries presque non interrompues.

Après avoir exposé ces notions générales sur cette

16.

matière, il est nécessaire d'entrer dans les détails
convenables sur les diverses espèces de monnaies
fausses, falsifiées dans les temps anciens.

Ces sortes de pièces sont beaucoup moins communes parmi les monnaies des Peuples, Villes et
Rois, que parmi celles de coin Romain. Le nombre
des monnaies Romaines de cette espèce est fort considérable à diverses époques.

347. *Pièces fausses, dorées ou argentées.* Ce genre
de fraude a dû être un des premiers adoptés, puisqu'il présentait plus de facilité dans l'exécution. Il
est spécialement désigné dans quelques-unes des
dispositions des lois anciennes, qui parlent de ceux
qui teignaient les monnaies. Cette fraude pouvait
être employée avec plus de succès, en dorant les
pièces d'argent. Il ne nous reste pas beaucoup de
pièces que l'on puisse reconnaître appartenir à ce
genre, parce que le temps et d'autres causes acci-
dentelles ont fait disparaître les teintes superficielles
qui leur avaient été données.

Il ne faut pas confondre avec les fausses monnaies de cette espèce les pièces qui étaient ornées
par des applications partielles, ou même totales, d'or
et d'argent, pour les rendre précieuses ou remarquables. Ces pièces-ci étaient presque toutes du nombre de celles que l'on doit considérer comme ayant
été non des monnaies, mais des médailles. Il en a été
question dans le Chapitre VI (131).

Il ne faut pas non plus confondre avec ces pièces
fausses dont il est ici question les monnaies émises
légalement, ou, suivant l'usage, à des titres très-bas,

en billon ou même seulement colorées en argent, monnaies qui furent usitées à certaines époques.

348. *Pièces fausses frappées en or ou argent altérés.* Cette sorte de fabrication a été également employée, puisqu'elle offrait des profits; mais il y a lieu de croire qu'elle l'a été très-rarement, parce que ses résultats donnaient des monnaies dont les teintes pouvaient facilement trahir l'origine : nous avons peu de ces sortes de pièces. Il ne faut pas les confondre non plus avec les monnaies des époques où les titres altérés de l'or ou de l'argent étaient légalement admis.

349. *Pièces fausses moulées.* Ces sortes de fausses monnaies ont été fabriquées en diverses contrées et à diverses époques, mais principalement pour les pièces de coin Romain, en argent de divers titres, émises depuis l'altération de ce métal sous Septime Sévère jusqu'aux Philippe et même plus tard. Pendant le temps que furent fabriquées ces monnaies d'argent Impériales, altérées plus ou moins légalement, et successivement devenues des pièces de billon, et enfin des pièces seulement colorées en argent, la fabrication des fausses monnaies doit avoir été très-active. Les monnaies frappées par ceux qui avaient le pouvoir, successivement altérées et probablement avec secret et sans règles fixes, étaient elles-mêmes des monnaies trompeuses, se rapprochant beaucoup du caractère de la fausse monnaie, et en produisant tous les inconvéniens. Il serait fort difficile de distinguer avec certitude les monnaies de cette époque qui étaient bonnes ou plutôt officielles, d'avec

celles qui étaient le produit de fausses fabrications.
Il y avait entre les ateliers monétaires publics et
les faussaires un concours de tromperie aux dépens
des peuples. On a lieu de penser que les chefs des
Gouvernemens ordonnaient quelquefois, dans ces
temps, des fabrications secrètes de monnaies qui,
bien que sorties d'ateliers publics, avaient tout le
caractère de monnaies fausses. On a découvert une
assez grande quantité de moules en terre cuite qui
ont servi aux fabrications de cette époque, soit officielles, soit fausses. Il a été question de ces sortes
de pièces dans le Chapitre VI (98), et ce qui vient
d'être exposé se rapporte à celles de ces pièces qui
étaient le produit de fabrications frauduleuses.

350. *Pièces fourrées.* Ce genre de fabrication frau-
duleuse est celui qui a été le plus pratiqué dans
l'antiquité, parce qu'il est le plus trompeur. Il consiste à frapper des pièces dont le centre, ou l'*âme*,
est d'un métal de peu de valeur, et dont l'extérieur
est formé d'une couche très-mince d'or ou d'argent,
et même de cuivre; car cette fraude a aussi été
exercée pour des monnaies de ce métal. Ce centre
est ordinairement, pour les pièces d'or, en argent ou
en cuivre, pour celles d'argent, en cuivre ou en fer;
et pour celles de cuivre, en fer ou en plomb. L'habileté des faussaires à l'égard de ces pièces devait
être très-grande, pour parvenir à tirer des bénéfices d'une fabrication si difficile. La perfection de
ce travail est en effet très-remarquable. Il fallait,
pour que cette tromperie fût découverte, qu'une
fraction de la pellicule d'or ou d'argent fût enlevée,

et ces pièces pouvaient circuler long-temps avant que cela arrivât. Il est hors de doute qu'aujourd'hui, après tant de siècles, il y a beaucoup de monnaies fourrées qui sont encore intactes, et dans lesquelles on n'aperçoit pas le centre de métal commun, tant les faussaires avait acquis d'habileté dans la fabrication de ces pièces.

On les a nommées en latin *Numi pelliculati*, à cause du peu d'épaisseur de leur couverte, ou *Subaerati*, parce que leur centre, ou *âme*, est ordinairement en cuivre. On leur donne aussi le nom de *Bractéates*, qui s'applique plus réellement à la pellicule d'or ou d'argent qui les couvre, puisque ce mot générique est le nom attribué aux pièces extrêmement minces, dont on trouve des exemples dans les temps du moyen âge.

Les monnaies fausses *fourrées* d'or sont rares. Leur trop grande légèreté les faisait reconnaître, parce que les poids des autres métaux sont trop différens de celui de l'or; on en trouve de Grecques et de Romaines : les Grecques d'argent, sont peu fréquentes, mais celles de ce métal de coin Romain sont extrêmement nombreuses, tant parmi les Consulaires que parmi les Impériales, jusqu'à l'époque où l'argent fut altéré sous Septime-Sévère. La fraude des pièces fourrées cessa alors pour les monnaies d'argent de coin Romain, et fut remplacée par celle qui s'exerça sur le titre de ce métal. Lorsque la monnaie d'argent pur fut rétablie sous Dioclétien, elle fut fabriquée d'une épaisseur bien moins considérable que dans le Haut-Empire, et il n'est pas

improbable qu'un des motifs qui firent adopter ce
peu d'épaisseur des monnaies fut l'idée de rendre
impossible la fabrication des pièces fourrées. On
trouve cependant quelques monnaies fourrées du
Bas-Empire en or.

La grande quantité qui existe des monnaies d'argent Romaines *fourrées*, Consulaires et du Haut-Empire a souvent fait penser que ces fabrications avaient
pu être ordonnées par ceux qui tenaient le pouvoir.
La perfection du travail, la conformité des coins
avec ceux des bonnes monnaies pourraient le faire
croire aussi. Mais quand on pense qu'il se trouve
de ces monnaies aux types de quelques Empereurs
de la plus éminente vertu, on doit abandonner cette
idée, au moins comme principe admis de Gouvernement. Les pièces de cuivre *fourrées* sont fort
rares, et l'on ne conçoit pas en effet comment il
pouvait convenir d'en fabriquer.

351. Quelques collecteurs de monnaies antiques
préfèrent placer dans leurs suites des pièces *fourrées*,
comme étant d'une antiquité incontestable. Ces
pièces sont sans doute fort curieuses à réunir dans
les collections; mais elles ne doivent y être considérées que comme *fausses monnaies* de l'époque et
ne peuvent tenir lieu des monnaies authentiques.
Ces monumens étant principalement à considérer
sous le point de vue de l'instruction, on courrait
risque d'accueillir des erreurs, en basant ses conjectures sur une grande quantité de pièces fausses,
quoique des temps anciens; car beaucoup d'entre
elles offrent des fautes de légendes que nous avons

déjà signalées. Au reste, le goût que quelques collecteurs ont pour les pièces antiques *fourrées* a donné
aux faussaires modernes l'idée d'imiter ces pièces,
comme nous le verrons dans le Chapitre suivant.
Les monnaies fausses antiques se trouvent donc
falsifiées de nos jours, et il faut, pour reconnaître
leur authenticité, la même habitude et les mêmes
connaissances que pour juger de celle de toutes les
autres monnaies et médailles antiques.

CHAPITRE XV.

*Monnaies et Médailles antiques fausses, falsifiées dans
les temps modernes.*

352. Les monnaies des peuples anciens ont exercé
la cupidité des faux-monnayeurs de l'antiquité, qui
se procuraient, par leurs fabrications illicites, la valeur des monnaies falsifiées qu'ils répandaient frauduleusement en grand nombre dans la circulation.
Dans les temps modernes, ces mêmes monnaies et
médailles antiques, qui ne sont plus que des objets
de curiosité et d'étude, ont exercé encore et exercent
toujours la cupidité de faussaires d'un autre genre.
Ceux-ci, spéculant sur la curiosité des collecteurs peu
instruits, cherchent à répandre, à des prix élevés, quelques pièces qu'ils ont fabriquées pour imiter des
pièces antiques auxquelles leur rareté donne une
valeur plus ou moins élevée.

Mon but, dans ce Chapitre, est de faire connaître

quelles sont les diverses espèces de pièces fausses,
falsifiées dans les temps modernes, et d'exposer les
principaux moyens de reconnaître ces falsifications.
Les observations qui tendent à donner, autant que
possible, une théorie sur ce point, conduisent au
double but de reconnaître les pièces fausses, et de
se convaincre de l'authenticité de celles qui sont
vraiment antiques.

353. Il est hors de doute, au premier aspect, que
la principale étude de ceux qui s'occupent de la Numismatique antique doit être de s'assurer de l'authenticité des pièces. Le collecteur plaçant dans ses
tiroirs des monnaies et des médailles fausses, le
savant s'appuyant sur ces pièces dans la discussion
des points d'archéologie qu'il traite, sont à-la-fois,
sans le savoir, et trompés et trompeurs. Il semblerait
donc que les observations tendant à connaître l'au-
thencité de ces monumens anciens eussent dû être
constamment l'objet principal des recherches des Numismatistes. Mais il n'en a point été ainsi. Dès que,
dans les temps modernes, les monnaies antiques
furent recherchées, les faussaires ne manquèrent
pas de les imiter. Les pièces fausses qu'ils répandirent furent presque toutes et pendant long-temps
des imitations plus ou moins imparfaites de pièces
antiques, ou des produits d'imagination plus ou
moins éloignés du style des anciens monumens,
et du cercle des choses possibles. Cependant ces
pièces d'une fausseté évidente furent long-temps
admises comme antiques par les écrivains numismatistes les plus renommés, et conséquemment par

les collecteurs. La principale cause des erreurs des écrivains de ces temps sous ce rapport vient de ce qu'ils étudiaient plutôt les livres que les monumens eux-mêmes, et qu'ils prenaient pour base de leurs assertions ce que les écrivains antérieurs avaient consigné dans leurs ouvrages. Du Choul, Le Pois, Goltzius, et d'autres auteurs du même temps ont publié comme antiques des pièces d'une fausseté évidente, et qui eussent été reconnues aisément si l'on eût voulu les soumettre aux moindres observations critiques. Il faut admettre que les écrivains, les collecteurs et les faussaires de ces temps de l'enfance de la Numismatique n'étaient pas beaucoup plus instruits les uns que les autres sur le point qui nous occupe.

354. Avec le temps, les recherches prirent une direction plus raisonnée, les monnaies et médailles furent observées avec plus de soin, les imitations sans art ou invraisemblables furent rejetées, les collections s'épurèrent, le goût se forma. Mais en même temps que l'expérience et l'observation préservaient les collecteurs et les savans des tromperies grossières antérieurement admises, les faussaires suivaient aussi une marche égale de perfectionnement dans leurs travaux. Ils devenaient plus habiles, à mesure que les acheteurs devenaient plus difficiles. Dans le dernier siècle, ils abandonnèrent presque entièrement les diverses fabrications de médailles plus ou moins controuvées, de médailles qui n'étaient pas conformes à des pièces antiques. Depuis lors, les faussaires se sont bornés à chercher à imiter le plus

parfaitement possible des pièces d'une antiquité indubitable. Les plus habiles d'entre eux se sont livrés particulièrement, lorsqu'ils en ont eu le talent,
au mode de fabrication le plus trompeur, mais aussi
le plus difficile, celui de la gravure et de l'emploi
des coins. Vers le commencement de ce siècle, il y
avait quelques hommes fort habiles dans ce genre
de travail. Les bords du Rhin et Rome virent frapper des pièces qui trompèrent beaucoup de collecteurs, et qui furent admises dans les cabinets dirigés
avec le plus de soins.

355. Ces falsifications avaient eu plus principalement pour but jusqu'alors les monnaies et médailles
Romaines qui étaient plus généralement recherchées
par les collecteurs. Depuis la fin du dernier siècle,
le goût des médailles Grecques s'étant beaucoup
plus répandu, les faussaires commencèrent aussi
à en multiplier des imitations; mais ceux qui cherchèrent à les falsifier par l'emploi de coins modernes
trouvèrent d'abord de bien plus grandes difficultés
à imiter le style des pièces Grecques, que celui des
pièces de travail Romain.

Depuis le commencement du siècle présent et
particulièrement depuis que la paix, succédant à de
longues guerres, a facilité les voyages et les communications des peuples, le goût des médailles antiques
a pris un grand accroissement. Les nombreux voyageurs qui ont parcouru l'Italie, la Sicile, la Grèce,
et même l'Asie et l'Afrique, en recueillant ces monumens, ont encouragé les fouilles et les recherches.
Des demandes constantes ont fait hausser les prix,

et les habitans des contrées même les moins civilisées ont cessé de détruire les monumens antiques,
en reconnaissant qu'ils pouvaient facilement les vendre à des prix avantageux. Le goût des médailles
Grecques s'est particulièrement répandu. Les faussaires n'ont pas manqué de redoubler d'études et d'essais pour tirer aussi parti de cette grande recherche
de médailles antiques, et il faut avouer que, dans ces
dernières années, ils ont fait de nouveaux et même
d'étonnans progrès dans leur art perfide. Ce n'est
plus seulement en Italie et en Allemagne que les
falsifications sont pratiquées, c'est en Orient même
que les artistes gravent des coins à l'imitation des
monnaies antiques Grecques. Le choix des pièces
qu'ils copient, la composition des variétés qu'ils
imaginent sont dirigés avec beaucoup de discernement. Inspirés par les lieux qu'ils habitent et par
la vue continuelle des modèles qu'ils cherchent à
imiter, ces graveurs retrouvent, en partie, il le faut
avouer, le style, la manière et l'originalité des artistes de l'antiquité. Lorsqu'ils savent joindre au talent
aussi évident que déplorable, avec lequel leurs coins
sont gravés, des mesures bien entendues pour le
titre des métaux, leur couleur, la disposition des
flans et la frappe, ils produisent des pièces d'une
perfection désespérante. Tel est le point où l'on est
arrivé maintenant.

356. Quel que soit le degré de perfection trom-
peuse et funeste auquel sont parvenus les contrefacteurs par le moyen de coins de travail moderne, on
peut craindre qu'ils ne gravent à l'avenir des pièces

dans un sentiment de l'antique encore plus parfait. Mais ce genre de travail n'est pas seul à redouter: d'autres essais très-récens d'imitation ou plutôt de reproduction des médailles antiques ont été faits dans un système dont la réussite serait tout-à-fait fatale pour la Numismatique, sous le rapport de la rareté et de la valeur des pièces. Sans être initié dans les secrets de ceux qui se livrent à ces travaux, il est aisé de reconnaître que leur but est de parvenir à *frapper* des pièces des trois métaux monétaires, avec des *coins moulés sur l'antique*, auxquels la difficulté à résoudre est de donner la *dureté* nécessaire. On peut concevoir assez facilement, sans qu'il soit à propos de le détailler ici, quels sont les procédés à l'aide desquels on espère parvenir à ce but. Il semblerait que les tentatives faites jusqu'à ce jour n'ont pas été sans quelques succès. Si ce genre de reproduction arrivait à une réussite complète, par la solution de la difficulté du procédé et par une exécution pratique bien entendue, on n'aurait plus de moyens certains de distinguer une pièce antique d'une pièce ainsi reproduite. Les monumens numismatiques perdraient leur intérêt de rareté et leurs degrés de valeur; ils ne conserveraient que leur intérêt littéraire et leur utilité scientifique, les pièces ainsi imitées n'étant que des reproductions entièrement exactes des pièces antiques elles-mêmes.

Ces craintes pour l'avenir sont peut-être poussées trop loin; mais, dans un examen tel que celui-ci, de telles considérations doivent trouver place.

Passons aux notions qui se rapportent positivement à l'appréciation des imitations des monumens numismatiques.

357. Il convient de rappeler d'abord que, dans le sujet qui nous occupe, deux points se tiennent liés et doivent être traités simultanément : reconnaître l'authenticité des pièces vraiment antiques, et découvrir la fausseté des pièces contrefaites. C'est sur-tout au point où nous venons d'amener ces considérations, que ce double but des recherches et des observations du Numismatiste doit être saisi. Sans doute, dans l'état actuel des choses, les pièces d'une authenticité incontestable seront reconnues et appréciées pour telles par les véritables connaisseurs, voilà le premier point; mais s'il y a quelques doutes, disons plus, si une pièce fausse réunit presque tous les caractères de l'authenticité, là commenceront les diversités d'opinions, et quelques connaisseurs instruits pourront se tromper dans leurs jugemens.

358. Il faut donc reconnaître que les collections formées et dirigées avec le plus de soins et de scrupules contiennent des pièces douteuses. Dans l'embarras où l'on se trouve quelquefois maintenant pour déterminer une opinion que l'on puisse tenir pour certaine sur des pièces fort difficiles à juger, un seul parti est à suivre, c'est de soumettre ces pièces douteuses au jugement de tous les connaisseurs d'une des villes, en bien petit nombre, où l'appréciation de ces anciens monumens peut être faite avec certitude, ou du moins, en certains cas, avec ce degré de probabilité qui est presque la certitude même.

Après avoir exposé ces considérations générales,

nous commencerons à exposer successivement les
diverses particularités qui se rapportent à l'objet que
nous étudions.

359. En suivant cette investigation sous le double
rapport que nous avons déjà indiqué, de reconnaître
l'authenticité des pièces antiques et la fausseté des
pièces contrefaites, il serait nécessaire de traiter
successivement de ces deux parties ; mais l'art de reconnaître les pièces authentiques résulte d'abord de
l'étude de la Numismatique toute entière, et ensuite
des connaissances que l'on acquiert en apprenant à
discerner les pièces fausses. L'étude de la Numismatique est le but de cet ouvrage dans son ensemble,
et nous ne nous occupons ici que de l'exception, de
la partie qui concerne les pièces fausses falsifiées
dans les temps modernes. Des détails qui vont être
donnés pour apprécier ces pièces, on doit donc recueillir les élémens de ses jugemens pour établir
l'authenticité des pièces vraiment antiques.

360. Il est cependant quelques observations générales qui peuvent trouver place ici sous ce rapport. Ce sont celles qui ont pour but de signaler
les marques positives qui ne laissent aucun doute
sur l'antiquité des pièces. De ce nombre sont les
fentes des pièces, lorsque d'ailleurs elles ont les
autres caractères d'authenticité, les contre-marques
rarementcontre faites, les pièces fourrées, dont la
falsification n'a pas été tentée avec succès, etc.

361. Il faut ensuite rappeler ici, dans le sens contraire, qu'un grand nombre de pièces authentiques
ont été moulées, ainsi qu'on l'a vu au Chapitre VI

(95 à 97), et qu'elles doivent être bien distinguées des pièces fausses obtenues par ce procédé.

362. Les faussaires se sont exercés sur tous les genres de monnaies antiques. Des pièces communes même, et ne valant que le poids, ont été falsifiées sans qu'on puisse concevoir l'avantage qu'on trouvait à cette fabrication.

363. Des auteurs et des collecteurs ont quelquefois accusé de fausseté certaines pièces, parce qu'elles n'avaient pas encore été connues. C'est sans doute une erreur. Les monnaies et médailles antiques ne sont trouvées que successivement, et malgré les découvertes nombreuses qui ont été faites, il se présente continuellement des types nouveaux. Il est même assez remarquable que des pièces publiées par Golzius, qui ne se trouvaient plus dans les collections et étaient conséquemment accusées de fausseté, ont reparu depuis, et ont rétabli, pour elles au moins, la réputation de cet auteur, auquel on fait le reproche d'avoir publié beaucoup de pièces fausses, reproche qui n'est d'ailleurs que trop appuyé sur de nombreuses erreurs de ce genre.

Il ne nous reste plus qu'à parler des pièces fausses elles-mêmes, et à indiquer les divers procédés employés par les faussaires.

364. Quelques auteurs, et entre autres le P. Jobert, ont publié des observations sur cette matière; mais elles sont fort superficielles. Beauvais est le premier qui ait donné dans une dissertation spéciale des renseignemens plus étendus et plus utiles (¹);

(¹) La Manière de discerner les médailles antiques de celles

I.   17

mais cet opuscule est incomplet, et manque de méthode : il contient des choses qui sont étrangères au sujet, et renferme quelques assertions qui dénotent peu de connaissances dans le système constitutif du monnayage. Cet auteur dit, par exemple, que la fabrication des pièces fourrées fait *connaître que l'argent était rare dans l'Empire Romain, puisqu'un ouvrier risquait d'être puni pour contrefaire une médaille d'argent qui vaut à peine aujourd'hui quinze sous, et qui était alors d'un bien plus bas prix.* Il y a dans ce passage autant d'erreurs que d'idées.

365. Les monnaies et médailles antiques falsifiées dans les temps modernes, considérées en elles-mêmes, offrent deux aspects séparés sous lesquels elles doivent être examinées : d'abord les diverses espèces de ces pièces, et ensuite les divers procédés employés pour leur fabrication.

Les diverses espèces de pièces fausses sont les suivantes :

366. *Pièces conformes aux pièces antiques.* Ce sont celles qui sont en tout conformes aux monnaies et médailles authentiques, soit qu'elles soient moulées sur celles-ci, soit qu'elles aient été frappées avec des coins gravés en copies exactes.

367. *Pièces imitées des pièces antiques.* Ce sont celles qui sont moulées ou frappées dans le style et la manière antiques, mais sans en être des copies

qui sont contrefaites. Paris, Briasson, 1739, in-4. Réimprimé dans le tome III de l'ouvrage intitulé : *Histoire abrégée des Empereurs romains et grecs*, etc.; par Beauvais. 1767, in-12, 3 vol.

exactes, celles dont les ressemblances exactes pourraient exister réellement antiques et n'existent cependant pas. On doit ranger dans la même catégorie
les pièces antiques qui ont été altérées par le burin
ou autrement, pour les dénaturer et pour leur donner l'apparence de variétés rares et non connues.

368. *Pièces imaginaires.* Cette catégorie contient,
1°. les pièces qui n'ont aucun caractère de ressemblance avec les pièces antiques, sous le rapport de
l'art et de la fabrication; 2°. les pièces dont l'existence
n'est pas possible, comme les médailles de Priam,
d'Achille, d'Énée et d'autres personnages qui ont
vécu antérieurement au monnayage, pièces présentées comme fabriquées de leur temps; 3°. enfin celles
même de personnages qui ont existé depuis l'établissement des monnaies, mais dont on ne connaît pas
de pièces antiques, comme Périclès, Annibal, Sci-
pion, et une foule d'autres.

Passons maintenant au second aspect sous lequel
on doit considérer les pièces dont nous nous occupons, celui des divers procédés employés pour leur
fabrication. Il ne nous reste plus que peu de considérations à exposer sur chacun de ces procédés,
dont voici la nomenclature.

369. *Pièces antiques retouchées à l'outil.* Les pièces
de cette nature sont des monnaies et médailles véritablement antiques travaillées par le burin ou d'autres
moyens, soit pour les faire paraître mieux conservées
qu'elles ne le sont réellement, soit pour en faire, au
moyen de quelques changemens, des pièces différentes et rares.

17.

Lorsque les faussaires ont voulu retoucher ces pièces pour leur donner l'apparence d'une conservation meilleure qu'elle ne l'était en effet, ils se sont bornés à creuser légèrement le champ autour des figures et des lettres et à indiquer d'une manière plus sentie les contours des figures et des objets représentés, à en retrouver le modèle, afin de rendre à ces pièces une partie du relief que le frottement leur avait fait perdre. Il y a quelques exemples de côtés de pièces refaits ainsi en entier.

370. Quand les faussaires ont voulu faire avec des pièces antiques communes d'autres pièces rares, ils ont choisi des monnaies ou des médailles qui pussent subir les changemens nécessaires avec le moins de travail possible. En général ce genre de falsification n'a été guère exercé que sur les pièces Romaines, soit de coin Romain, soit Impériales-Grecques. Ainsi on a choisi une *Orbiana* pour en faire une *Annia Faustina*, un *Valerianus* pour en faire un *Aemilianus*, une *Mamaea* pour en faire une *Tranquillina*, un *Claudius* d'Antioche en cuivre pour en faire un *Otho*, etc. Ces sortes de transformations n'ont été opérées en général que sur les pièces de bronze, parce que les changemens nécessaires peuvent s'effectuer plus facilement sur ce métal, et être ensuite plus aisément cachés, ainsi qu'on va le voir. Comme les changemens à faire étaient presque toujours du côté de l'Avers ou de la Tête, on avait soin de choisir des pièces dont les Revers pussent convenir aux têtes falsifiées. Après avoir donc fait un choix convenable, le faussaire travaillait au burin

le côté qu'il voulait changer, il altérait les parties des légendes à faire disparaître et les remplaçait par les lettres nécessaires pour concourir à former les nouvelles légendes ; il faisait dans les profils des figures, dans les cheveux et dans les barbes les changemens indispensables pour approcher de la ressemblance des têtes qu'il cherchait à créer. Ce genre de falsification, quoique plus généralement adopté pour les pièces Romaines, l'a aussi été pour les Grecques, et particulièrement pour changer les noms des villes, en substituant par la retouche des lettres un nom à un autre, ce qui fait d'une pièce commune une pièce rare, soit par le nom de cette ville, soit par le type. Plus un faussaire avait d'habileté dans ce genre de travail, de discernement et de pratique, mieux il réussissait dans ces sortes de falsifications. Nous avons dit qu'elles ne se faisaient en général que sur les pièces de bronze, et en voici le motif. Les pièces ainsi refaites étaient enduites d'une patine fausse, qui, en couvrant tous les travaux à l'outil, en dissimulait en partie les défauts et en cachait du moins les traces.

Ce mode de falsifications offrait de grandes difficultés, à cause de l'incertitude des résultats de ce travail, fait sur les pièces mêmes, et sur-tout à cause de la disparate qui résultait nécessairement entre les deux côtés de ces pièces, dont l'un était intact et l'autre retouché. Aussi était-il facile en général de reconnaître ces sortes de faussetés. Ce genre de tromperie, qui a été pratiqué particulièrement en Italie, a donc été à-peu-près abandonné depuis long-

temps; et il y a lieu de croire que les faussaires ne se
servent plus guère de ces moyens imparfaits et trop
facilement jugés aujourd'hui.

371. Quant aux moyens de reconnaître la fausseté
de ces sortes de pièces, et en général celle de toutes
les sortes de falsifications, il serait difficile d'établir
un système de principes infaillibles. L'examen continuel des pièces antiques, la comparaison de celles
qui sont de toute authenticité avec celles qui sont
reconnues pour fausses, les communications avec les
Numismatistes instruits, la connaissance des moyens
pratiques du monnayage, le goût de ces sortes de
recherches, donnent, avec le temps, le tact qui fait
juger avec certitude de l'authenticité des monnaies
et médailles antiques ou de leur fausseté. Ce tact est
un sentiment intime qui s'éprouve et ne se raisonne
pas d'une manière claire pour ceux qui n'en connaissent pas la portée. Les monumens antiques de
tout genre, pour être appréciés, sont soumis aux
mêmes difficultés et à des observations à-peu-près
semblables. Un sentiment pareil guide ceux qu'une
longue habitude met en état de juger les diverses
productions des beaux-arts des temps modernes,
depuis la renaissance, tableaux, dessins, sculptures,
musique. Ici, le sentiment intime qui détermine les
véritables connaisseurs dans leurs jugemens, leur
fait découvrir non-seulement les époques qui doivent
être assignées aux productions des arts, mais aussi
les noms des auteurs. Ils sentent les motifs de leurs
jugemens, ils s'en rendent compte entre eux; mais
les faire concevoir à qui n'est pas encore initié dans

ces matières, serait la chose impossible. Comment faire comprendre à une personne sans connaissance en peinture pourquoi un tableau est de Raphaël et non d'Andrea del Sarto ; à une personne non musicienne, pourquoi un morceau est de Cimarosa et non de Mozart? Ces sortes de connaissances s'apprennent, mais ne s'enseignent pas.

372. Tous ces détails ne sont exposés ici que pour appuyer cette conclusion générale, relative à notre sujet, que celui qui veut parvenir à la connaissance matérielle de l'authenticité des monnaies et médailles antiques et de la fausseté de celles qui sont contrefaites, doit chercher, par les moyens qui ont été indiqués, à acquérir cette pratique, ce tact, que nous avons cherché à qualifier. L'examen continuel des monumens lui procurera les connaissances que des règles écrites ne lui donneraient pas.

Il est cependant quelques observations qui doivent être faites sur les divers procédés de falsifications ; ces observations peuvent guider les commençans dans leurs premières recherches. Elles s'appliquent aux falsifications dont il est ici question et à quelques autres. Nous les exposerons aussi brièvement que le demande la nature de cet ouvrage.

373. Les légendes sont un des points qui servent le plus à faire reconnaître les falsifications. Lorsqu'elles ne sont pas franches, égales, nettes, la pièce est douteuse. Il a été exposé, à ce sujet, dans le Chapitre XI, quelques considérations qui doivent être rappelées ici. Ces observations sur le faire, le style des inscriptions s'appliquent plus

particulièrement aux falsifications dont il est maintenant question, puisque les lettres, retouchées à
l'outil sur les pièces mêmes, ont un caractère incertain et maniéré qui trahit bientôt leur origine.

374. Dans les pièces retouchées à l'outil, la disparate entre les parties intactes et celles qui ont
été travaillées est caractéristique, et doit être reconnue par des yeux exercés. Les contours incertains,
mous et mal sentis des parties retouchées dans les
têtes font aussi apercevoir la fraude.

375. La *patine* fausse est enfin un indice également déterminant. Malgré les soins que les faussaires se sont donnés pour composer des patines
approchant de celles que les pièces antiques acquièrent naturellement avec le temps, ils n'y ont réussi
que bien imparfaitement. Les patines naturelles ont
d'abord une égalité de teinte, une transparence, une
finesse de ton, qui leur sont particulières; elles sont
de plus entièrement adhérentes et sans épaisseurs
propres : ces circonstances peuvent être appréciées
par l'œil du connaisseur. Elles sont, enfin, d'une
qualité dure, et cet avantage matériel peut être
reconnu d'une façon positive. Les patines fausses
seront donc jugées telles avec assez de facilité, d'a-
bord par les apparences qui viennent d'être détaillées, puisqu'elles n'ont pas les qualités des patines
antiques, et ensuite par leur dureté. Si une patine
a une épaisseur propre, si elle est facilement en-
tamée par une pointe, elle est certainement fausse.

376. Ce qui doit enfin, et surtout, déterminer le
connaisseur dans ses jugemens sur l'authenticité ou

la fausseté des monnaies et médailles antiques, c'est l'aspect général de la pièce, l'accord de ses parties sous le rapport du style, du travail, de la conservation, de la couleur, du poli et de l'effet.

377. Il est nécessaire de mentionner ici un genre de falsification qui, quoique fort peu usité, demande cependant à être cité. On a vu, dans le Chapitre VI (131), que quelques pièces dans l'antiquité, et spécialement des pièces de grands modules ont été dorées ou argentées en tout ou en partie. Ce sont ces sortes de pièces que les faussaires ont voulu imiter. Ils ont choisi des pièces soit antiques, soit modernes, et les ont ainsi dorées ou argentées en tout ou en partie. Ces falsifications sont peu nombreuses. Le même examen qui fait découvrir les faussetés de retouches, servira à faire distinguer ces sortes d'embellissemens modernes et faux.

378. *Pièces antiques martelées.* On nomme ainsi des pièces antiques dont les faussaires conservent un des côtés, en frappant sur l'autre avec un coin moderne un nouveau revers. On place pour cela la pièce sur des cartons du côté conservé, et sur l'autre côté, dont on fait disparaître les empreintes, on frappe le nouveau revers au moyen du coin et du marteau. Ce genre de falsification a été plus particulièrement employé pour les pièces Romaines, pour celles en cuivre, et pour placer un revers rare et nouveau sur des pièces dont on conservait la tête. Les faussaires ont souvent frappé ainsi sur des pièces authentiques des revers imaginaires, tels que la légende : VENI, VIDI, VICI, sur des pièces de

J. César; EXPEDITIO IVDAICA sur celles d'Hadrien,
et autres types inventés. C'est en Italie sur-tout que
cette méthode a été pratiquée.

La plupart des inconvéniens qui viennent d'être
décrits relativement aux pièces antiques retouchées
à l'outil, se retrouvent dans les pièces martelées. Le
disparate dans le travail de chacun des côtés et les
imperfections de la patine sont ici les mêmes. Il faut
ajouter toutes les considérations qui rendent si difficile l'imitation du style et de la manière des anciens dans la gravure des coins, dont nous allons
bientôt parler plus au long. La frappe offre aussi des
points de reconnaissance d'autant plus importans,
qu'un seul côté des pièces s'y trouve soumis dans
ce cas par les faussaires.

Ces sortes de falsifications étaient donc peu trompeuses, et l'on y a depuis long-temps renoncé,
comme à celles qui étaient le résultat des retouches
à l'outil.

On a déjà apprécié, par tout ce qui vient d'être
dit et par tout ce qui a été exposé dans ce Chapitre,
les moyens de reconnaître la fausseté de ces sortes
de pièces.

379. *Pièces antiques encastées.* On donne ce nom
aux pièces formées de deux côtés de pièces antiques
différentes, et qui sont réunis pour en faire une
pièce rare ou nouvelle. On conçoit qu'en prenant un
côté d'une pièce et un côté d'une autre, toutes deux
communes, et en les réunissant, on obtient une nouvelle pièce rare.

La manière de produire ces sortes de falsifications

est simple. Le faussaire choisit deux pièces du même métal, du même module et du même ton, dont un des côtés de chacune puisse être réuni convenablement. Il creuse l'un des côtés en réservant le bord de la pièce à laquelle ce côté appartient, il enlève ensuite de l'autre pièce tout ce qui ne dépend pas du côté à conserver, de façon que ce côté ainsi réduit entre bien juste dans le vide de l'autre côté, préparé comme il a été dit; il réunit alors le tout par une soudure. Il faut faire observer que les pièces de coin Romain ont souvent près de leurs bords des lignes ou des grènetis qui favorisent cette opération. La seule preuve des falsifications de ce genre est donc sur la ligne de réunion des deux morceaux; la pièce entière et ses bords sont authentiques. On voit combien ce mode de falsification est supérieur à ceux dont nous avons déjà parlé, et qu'il faut une attention bien particulière pour distinguer le seul point faible de ces sortes de pièces, qui n'est qu'une ligne de réunion des deux côtés rassemblés, laquelle est dissimulée souvent avec beaucoup d'adresse, en se perdant dans les lignes relevées, les grènetis, les accidens et les bords des pièces.

380. Ce mode de falsification a été et est encore plus particulièrement employé pour les pièces Romaines, principalement d'argent et de cuivre. Il est beaucoup plus trompeur que ceux qui ont été précédemment décrits.

381. Quant aux pièces à réunir ainsi, on conçoit que le discernement qui préside à ce choix contribue beaucoup à rendre ces sortes de falsifications

plus trompeuses. Elles ont été souvent employées
pour former des pièces rares par l'union d'une tête
commune à un Revers représentant un sujet qu'on
n'y voit pas ordinairement réuni. Ainsi, par exemple, à la tête d'un Empereur, on adapte un Revers
qui ne se trouve ordinairement que dans les pièces
de sa femme. Mais les faussaires se sont plus particulièrement servis de ce mode pour réunir ensemble
diverses têtes. Ainsi, par exemple, ils prennent une
pièce d'un Empereur et une autre d'un personnage
de sa famille, toutes deux communes, et en font une
seule pièce qui se trouve fort rare par la réunion de
ces têtes, et qui est bien authentique dans toutes ses
parties, mais fausse dans son ensemble. Beaucoup
de ces pièces de la famille de Septime Sévère ont
été ainsi falsifiées, parce que, parmi les pièces authentiques de ce règne, il s'en trouve en effet à deux,
trois et quatre têtes.

On voit, d'après ces détails, que ces sortes de
pièces falsifiées sont les plus difficiles à juger, puisque, étant antiques dans toutes leurs parties, elles
n'offrent qu'une seule ligne, dissimulée souvent avec
beaucoup d'art, qui puisse servir à faire reconnaître
leur fausseté.

382. Dans quelques pièces de ce genre, les deux
côtés sont d'abord travaillés également sans réser-
ver le bord à l'un d'eux, et sont ensuite soudés ensemble, de façon que la ligne de réunion est sur le
bord même de la pièce, et se trouve plus ou moins
bien dissimulée dans les accidens de ce bord. Ce

mode de falsification est plus facile à pratiquer que l'autre, et il présente les mêmes caractères.

Quelquefois aussi, mais rarement, les pièces encastées sont fabriquées au moyen de la réunion des deux méthodes.

Ces deux dernières sortes de pièces doivent être jugées par un examen attentif de la même nature que celui qui a été indiqué pour celles dans lesquelles le bord a été entièrement conservé.

383. *Pièces fausses moulées sur des pièces antiques.* Ces pièces sont celles que les faussaires obtiennent au moyen du moulage sur des monnaies ou médailles antiques. Ce procédé a été et est encore employé pour la falsification des pièces de tous les peuples en tous métaux, mais principalement en or et en argent.

Les moyens par lesquels le moulage s'opère sont trop connus pour qu'il soit nécessaire de les décrire ici. Ce procédé a l'avantage de reproduire les objets sculptés de tout genre, dont on obtient par son moyen des répétitions exactes quant aux formes; mais lorsqu'il s'agit de répétitions d'objets produits par le balancier ou la pression, et qu'on emploie le moulage pour obtenir ces répétitions, que l'on veut faire passer comme également produites par le balancier ou la pression, et comme identiques avec les modèles sur lesquels elles ont été moulées, il se rencontre des difficultés presque insurmontables. Ces difficultés naissent de trois causes : la première, de ce que les métaux monétaires occupent un plus grand volume lorsqu'ils sont mis en fusion et employés par

le procédé du moulage, que lorsqu'ils subissent l'effet
du balancier ou de la pression ; la seconde, de ce
que les objets moulés ont toujours des traces des
substances qui ont servi à faire les moules dans lesquels ils ont été coulés. Ces moules, pris sur les ori-
ginaux qu'on veut multiplier, ne peuvent être faits
que de matières argileuses ; quelque fines que soient
celles que l'on emploie, les surfaces des moules présentent toujours une espèce de tissu qui se trouve imprimé sur les objets moulés. Les plus grands soins
dans le choix des matières formant les moules, et
dans les détails du moulage, ne peuvent point dissimuler une certaine irrégularité, une sorte de porosité
dans la surface des objets moulés. Cette irrégularité,
cette incertitude ne peuvent souvent pas être parfaitement distinguées à la vue simple ; mais elles ne
sauraient échapper à la loupe, et rendent l'aspect des
pièces moulées tout-à-fait différent de celui que présentent les objets frappés. La troisième des difficultés que nous exposons vient de ce que tout moule
doit être formé de plusieurs parties, et au moins de
deux. Quel que soit le soin que l'on mette à faire les
moules, leurs diverses parties ne peuvent pas joindre tellement que les lignes de jonction ne se repro-
duisent sur les objets moulés. On aperçoit donc sur
ces objets ces lignes de jonction reproduites par un
trait en relief plus ou moins prononcé, et qu'il faut,
si l'on veut le dissimuler, faire disparaître par un
travail à l'outil, fort difficile à effectuer avec succès
sur des objets en métaux, de très-petite dimension
et d'un travail fin.

384. Si nous appliquons ces notions aux médailles et monnaies moulées sur les pièces antiques, nous trouvons que tous ces caractères propres aux ouvrages moulés sont les obstacles que les faussaires rencontrent dans cette espèce de falsification, et sont aussi, d'un autre côté, les plus sûrs moyens de reconnaissance dans le jugement de ces pièces. Ainsi, sous le rapport du poids, si ces pièces ont été faites de l'épaisseur qu'elles doivent réellement avoir, elles sont trop légères, puisqu'elles contiennent une trop petite quantité de métal, celui-ci étant coulé et non frappé; si elles ont été faites plus épaisses qu'elles ne doivent l'être, dans le but de leur donner le poids suffisant, cette épaisseur exagérée fait connaître la falsification. Sous le rapport du moulage en lui-même, la surface de ces pièces, attentivement examinée, porte tous les indices du moule, est incertaine, offre un tissu de petits globules, et présente enfin un aspect entièrement différent de celui des pièces frappées. Les lettres, les détails fins du travail et les contours trahissent plus ou moins la fabrication de ces sortes de pièces. Les retouches que l'on y fait, le poli que l'on cherche quelquefois à donner à quelques-unes de leurs parties après le moulage, ne réparent point les défauts originaires, et servent même souvent à les faire apercevoir davantage. Si nous passons au troisième point de difficulté, celui de la ligne de jonction des deux parties du moule sur les bords de la pièce, on aperçoit aisément le travail de l'outil par lequel le faussaire a cherché, avec plus ou moins de succès, à faire dis-

paraître les traces de ce trait en relief, resté sur la
pièce au sortir du moule.

385. Telles sont les difficultés de ce genre de falsification, difficultés qui résultent de la nature même
du procédé. Les faussaires s'efforcent de les vaincre
par des soins particuliers dans la confection des
moules et dans le coulage. Pour obtenir le métal
propre à la pièce rare qu'ils fabriquent, ils fondent
une pièce commune de ce métal de la même époque.
Les pièces d'or et celles d'argent sont retouchées
avec soin après le moulage, celles de bronze sont
recouvertes d'une fausse patine. C'est en général en
argent que ce genre de falsification est le plus pratiqué. Quelquefois, pour ajouter un degré d'apparence d'authenticité de plus, ils cherchent à imiter
les pièces *fourrées*, ou fausses monnaies antiques,
en noircissant l'intérieur d'un trou ou d'une entaille
faite à une pièce d'argent moulée; ce qui fait paraître
le centre de cette pièce comme étant de cuivre.

Presque toutes les natures de monnaies et médailles
antiques ont été copiées par cette méthode. Les pièces
dentelées seules offrent trop de difficultés au moulage pour avoir été ainsi contrefaites.

386. Quant aux moyens de reconnaître la fausseté des pièces de cette nature, ils sont indiqués par
les détails mêmes qui viennent d'être donnés. L'aspect grumeleux de la surface des pièces, l'inégalité
des lettres, l'empâtement des parties fines du travail, les traces des retouches, le poids, la patine,
l'effet général de la pièce, telles sont les parties à

scruter, tels sont les points qui doivent servir à fixer l'opinion du connaisseur.

387. Il est indispensable de rappeler encore ici qu'un grand nombre de monnaies et médailles antiques de diverses contrées et de diverses époques ont été fabriquées anciennement par le procédé du moulage : on a vu tous les détails relatifs à ces pièces dans le Chapitre VI (95 à 97). Il ne faut donc pas confondre ces pièces véritablement antiques avec les falsifications dont il vient d'être question. Lorsque ces pièces fausses sont moulées sur des pièces antiques frappées, il ne peut y avoir aucune difficulté pour savoir si le genre de leur fabrication n'a pas été employé pour elles dans l'antiquité, c'est-à-dire qu'étant reconnues pour moulées, ces pièces sont fausses, puisque, dans la contrée et à l'époque à laquelle elles se rapportent, on ne moulait pas. Mais s'il s'agit d'une contrée et d'une époque où dans l'antiquité les monnaies étaient moulées, si une pièce de ces temps et de ces lieux est douteuse, il devient plus difficile de juger de l'authenticité de cette pièce, c'est-à-dire de discerner si elle est de moulage antique ou de moulage moderne. C'est ici, il faut le reconnaître, le point le plus difficile de tous les examens des pièces antiques sous le rapport de leur authenticité. On conçoit qu'à cet égard aucunes règles ne peuvent être fournies. L'expérience, et une longue expérience, peut seule guider à cet égard. Les élémens de cette connaissance se trouvent dans ce qui a été exposé, au Chapitre VI, sur le pro-

cédé du moulage employé par les anciens, et dans
les détails qui viennent d'être donnés.

388. *Pièces fausses de coin moderne.* Ce sont les
pièces frappées au moyen de coins gravés dans les
temps modernes, soit conformes aux pièces antiques, soit seulement imitées, soit imaginaires. Ce
genre de falsification a été employé peu après que
les médailles antiques furent recherchées et étudiées; mais il faut distinguer à cet égard les diverses
époques, parce que cette méthode n'a pas été partiellement abandonnée comme celle des retouches à
l'outil, mais qu'elle a été constamment employée et
qu'elle l'est encore aujourd'hui.

Les premiers faussaires qui fabriquèrent des pièces
de coin moderne ne mirent pas à ce travail les soins,
le discernement, ni le goût nécessaires. Nous avons
vu, au reste, dans le commencement de ce Chapitre,
que les connaissances des auteurs et des collecteurs
étaient telles qu'il fallait peu d'habileté pour les
tromper (353). Les pièces frappées au moyen de
coins modernes furent donc presque toutes fort
éloignées du véritable style antique et un grand nombre furent des pièces imaginaires. Dans les détails
de la frappe même, on négligeait tous les soins qui
auraient pu donner à ces pièces les apparences ma-
térielles de l'authenticité. Il fut fabriqué, à ces époques, une grande quantité de ces sortes de pièces
de tous les peuples Grecs et des Romains, en tous
métaux, et principalement en argent et en cuivre.
C'est surtout en Italie que furent faites ces falsifications.

389. Il faut cependant distinguer, parmi les pièces dont nous parlons, un assez grand nombre d'entre elles qui se font remarquer par un goût d'imitation de l'antique assez senti, et par un véritable talent d'exécution. Ces pièces ont valu à leurs auteurs une célébrité qui les a fait sortir de la classe des faussaires, et les a fait considérer plutôt comme imitateurs. Cette opinion s'est d'autant plus accréditée, qu'on trouve un grand nombre d'épreuves des ouvrages de ces graveurs, frappées sans aucune recherche de vétusté. On pourrait même croire, à ces apparences, que toutes les pièces qu'ils frappèrent le furent ainsi, et que les faussaires s'emparaient de ces pièces, frappées comme modernes, pour les défigurer par des travaux à l'outil et des patines fausses. Cette opinion, cependant, ne peut guère être admise en thèse générale, et il paraît au contraire probable que les coins des graveurs dont il s'agit furent employés à-la-fois pour des fabrications d'une fausseté préméditée, et pour des épreuves ordinaires d'un travail moderne. Peut-être aussi celles-ci ont-elles succédé aux premières, lorsque la fausseté de ces pièces, bien reconnue, rendit inutile leur multiplication en fabrique imitée de l'antique.

Les graveurs qui ont produit les pièces dont il vient d'être question sont les deux artistes surnommés *les Padouans*, Michel Dervieux de Florence dit *le Parmesan*, Carteron de Hollande, et Cogornier de Lyon. On a peu de détails historiques sur ces divers artistes.

390. Toutes ces tentatives, plus ou moins heu-

reuses, plus ou moins adroites, dans l'art de graver
des coins à l'imitation de ceux des anciens, ont
été suivies d'autres travaux de la même nature,
dans lesquels on s'est successivement rapproché du
style et de la manière des graveurs de l'antiquité.
Dans le siècle dernier, les falsifications frappées étaient
devenues très trompeuses ; on peut citer parmi leurs
auteurs les nommés Weber de Florence, et Galli de
Rome. Mais, depuis, quelques fabricateurs ont été
plus loin encore. Il faut indiquer ici le nommé Bec-
ker, habitant les bords du Rhin, qui, au reste, a
publié lui-même des catalogues de ses coins. Ce graveur, et quelques autres, ont acquis une très grande
habileté dans ce genre d'imitation. Ils ont réussi également bien pour les pièces Romaines, et, ce qui était
plus difficile, pour les Grecques. Le goût des médailles
antiques s'étant fort répandu, les voyageurs qui parcourent les contrées baignées par la Méditerranée
les ayant recherchées, le prix s'en est élevé, les
habitans de ces contrées en ont fait un commerce
avantageux, et les faussaires ont redoublé d'efforts
pour atteindre à plus de perfection. Ils n'ont que
trop bien réussi. Ces fabrications ont été continuées
non-seulement en Italie et dans les contrées où elles
avaient précédemment lieu, mais aussi dans le Levant. Quelques artistes habitant en Grèce s'y sont
livrés et ont produit des imitations d'une grande vérité. On doit citer entre autres un nommé Caprara
de Smyrne, établi depuis à Scyros. Les considérations générales, qui ont été exposées, au commencement de ce Chapitre, s'appliquent entièrement à ce

qui concerne le genre de fabrication au moyen de coins modernes, puisque cette méthode est la seule qui soit maintenant employée avec apparence de succès, attendu la perspicacité acquise par les connaisseurs, et l'habileté des faussaires.

391. Ceux-ci ne se bornent pas au talent d'imitation qu'ils savent employer dans la gravure des coins; ils mettent le plus grand discernement dans le choix des pièces qu'ils copient ou qu'ils imitent, dans la préparation des métaux, dans la disposition des flans, dans l'exécution de la frappe, dans l'imitation des accidens qu'elle entraînait, comme les fentes des pièces et autres défauts de fabrication. Ce sont sur-tout les pièces d'or et d'argent que ces habiles faussaires imitent. Les pièces qu'ils fabriquent ne sont que trop semblables à celles qui sont véritablement antiques; elles trompent souvent des connaisseurs éclairés, et des collections formées et dirigées avec beaucoup de soins, de connaissances et d'habileté, ne sont pas exemptes d'en avoir reçu quelques-unes. Nous renvoyons de nouveau aux notions générales exposées au commencement de ce Chapitre sur ce sujet.

392. Le talent de reconnaître ce genre de fausseté s'acquiert avec d'autant plus de difficulté qu'il n'y a dans les pièces de cette espèce aucun indice matériel de leur fabrication récente, puisqu'elles sont en général en or et en argent, et conséquemment sans patine. Ce n'est que par le sentiment de l'art, le goût du style, l'appréciation du travail, que l'on peut se former une opinion juste. Dans ces sortes

de pièces, les légendes, les chiffres, les monogrammes, qui sont d'un si grand secours dans les autres
genres de falsification ou dans ceux pratiqués jadis
par le même moyen, ne se trouvent pas plus utiles que
les autres parties, tant ces habiles faussaires savent
imiter les divers styles des légendes. L'effet général
des pièces sur-tout doit être examiné. Cette habileté,
cet art de reconnaître la fausseté de pièces aussi bien
imitées, ne s'acquièrent que par une longue habitude et par les moyens généraux qui ont été déjà indiqués dans ce Chapitre.

393. *Pièces fausses moulées sur des pièces de coin
moderne.* Ces pièces sont celles que l'on fabrique,
au moyen du moulage, sur des pièces de coin moderne, comme nous l'avons vu à l'article des *pièces
fausses moulées sur des pièces antiques* (383). Ce
genre de falsification n'est pas commun, puisque
ceux qui pratiquent ces moulages doivent préférer les
pièces antiques à de fausses pièces de coin moderne,
quelque belles que soient ces dernières. Cependant
il a été quelquefois employé. Les détails de ce travail sont les mêmes que ceux qui ont été décrits à
l'article des *pièces fausses moulées sur des pièces antiques.* Il en est aussi de même des moyens de reconnaître la fausseté de ces pièces. Nous renvoyons
à cet article sur tous ces points.

394. Tels sont les principales considérations qui
doivent être exposées sur les monnaies et médailles
antiques fausses, dans un ouvrage de la nature de
celui-ci. Un travail qui serait plus étendu permet-
trait d'entrer dans une foule d'autres éclaircissemens

sur cette matière ; mais tous les points importans
viennent d'être indiqués ; ceux qui se livrent à l'é-
tude de la Numismatique acquerront successivement, sur cette importante branche de notre science,
les connaissances, le coup-d'œil et l'habitude nécessaires pour juger ces monumens et se préserver des
perfides produits de l'habileté des faussaires.

395. Quelques collecteurs réunissent des suites
de pièces fausses. C'est un excellent moyen d'acquérir l'habitude de reconnaître ces pièces, et l'examen
de ces sortes de séries est très-utile à ceux qui veulent arriver à des connaissances exactes sur ce point
important.

CHAPITRE XVI.

Aperçu de l'Histoire de la Science numismatique.

396. A l'époque de la renaissance des lettres,
l'étude de l'antiquité fut un des points dont s'occupèrent sur-tout les érudits. L'examen et la publication des textes anciens devinrent le but principal de
leurs travaux. Cela devait être ainsi, puisque les
auteurs de l'antiquité offraient des exemples d'une
littérature parfaite, tandis que les langues modernes
n'offraient alors ni pureté ni fixité, et que peu d'é-
crivains s'en étaient servis. La Numismatique attira
bientôt l'attention de quelques savans, qui la firent

servir de preuve à leurs recherches, et celle de quelques artistes, qui, frappés de l'intérêt des monnaies
antiques sous le rapport de l'art, voulurent les faire
connaître par la gravure.

· 397. *Pétrarque* fut un des premiers qui s'occupèrent
des monnaies des anciens et en formèrent une suite.
Bientôt ces collections se multiplièrent. *Andreas
Fulvius, Enea Vico, Jacques de Strada, Guillaume
Du Choul* publièrent les premiers ouvrages sur cette
matière, et quelques-uns des savans qui éclairaient
alors le vaste champ de l'antiquité se servirent de
l'autorité des monnaies antiques pour appuyer les
résultats de leurs recherches.

Déjà, en 1514, *Budée*, dans son livre *de Asse*,
avait jeté les premières lumières sur la valeur des
monnaies anciennes et sur leurs divisions.

Hubertus Goltzius ou *Goltz*, né dans le duché
de Gueldre en 1525, fit faire de grands progrès à
la Numismatique. Ses ouvrages furent publiés depuis 1566 jusqu'en 1576, et eurent plusieurs éditions. Il contribua beaucoup à répandre le goût de
cette science et des collections. Malheureusement, il
admit dans ses ouvrages nombre de pièces fausses,
soit qu'il ne les crût pas telles, ou qu'il fût trompé
par des dessins infidèles, soit, comme quelques écrivains l'ont pensé, qu'il prît plaisir à placer ses propres
compositions parmi les monnaies antiques. Nous ne
savons pas bien si, à l'époque où *Goltzius* écrivait,
le nombre des médailles fausses était déjà considérable. Quoi qu'il en soit, le fait est que ses ouvrages
contiennent beaucoup de pièces que l'on ne connaît

dans aucun cabinet, et qui portent des caractères de
fausseté. Cet auteur a été cependant jusqu'à nos
jours en grande estime, il a été constamment cité,
et les écrivains numismatistes ont pris soin de le réfuter. *J. Eckhel* lui a consacré un article détaillé dans
la courte Bibliothèque numismatique qu'il a donnée
dans son ouvrage (¹).

Après *Goltzius* vinrent *Seb. Erizzo, Ant. Au-*
gustin, évêque de Lérida, *Le Pois, Paruta, J. Sca-*
liger, et quelques autres. Les ouvrages de Numismatique de ces auteurs, comme toutes les productions savantes de cette époque, sont d'une érudition
trop fastueuse, manquent de méthode, et n'ont pas
pour but une direction utile dans le résultat des recherches. Les systèmes de classification étaient à peine
entrevus et les monnaies vraiment antiques se trouvent confondues dans ces ouvrages avec des pièces
évidemment controuvées.

En 1664, *Ezéchiel Spanheim,* homme d'un vaste
savoir, né en 1619, fit paraître son ouvrage, intitulé : *Dissertationes de praestantia et usu Numis-*
matum antiquorum. Ce livre, dès qu'il parut,
jouit d'une grande réputation, et fut souvent réimprimé. La seconde édition fut donnée en 1671 par
D. Elzevir; la meilleure est celle de 1706. Cet ouvrage, fruit d'une grande érudition, a la plupart des
inconvéniens de toutes les productions de cette époque. Il ne remplirait maintenant aucune des conditions que l'on demande aux livres de cette nature.

(¹) Doctrina numorum veterum

Charles Patin, *Pierre Seguin*, *Jacques Oiselius*, suivirent les traces de leurs devanciers ; les collections se multipliaient, et l'on commença à en publier des catalogues raisonnés.

Jean Foi-Vaillant, né en 1632, vint bientôt donner en même temps une direction plus utile à la science numismatique, et enrichir la France d'un grand nombre de médailles antiques qu'il alla recueillir en Afrique et en Asie. De 1662 à 1706, il mit au jour plusieurs ouvrages aussi remarquables, pour cette époque, par le nombre des pièces qu'il sut recueillir, que par l'ordre dans lequel il les présenta et par la saine critique dont ces livres sont remplis.

André Morell publia, en 1683, la première édition de son *Specimen universae rei nummariae*. On y remarque quelques idées justes sur la nécessité de classer les monnaies antiques dans un ordre plus utile et plus instructif qu'on ne le faisait à cette époque. Toutefois, bien des erreurs se trouvent encore dans cet écrivain.

Le célèbre *Jean Hardouin*, jésuite, né en 1646, homme qui réunissait une grande érudition à beaucoup d'opinions extraordinaires et fausses, développa dans ses ouvrages de Numismatique, dont le premier parut en 1684, la même singularité et le même pyrrhonisme que l'on trouve dans ses autres productions, et qui lui attirèrent tant d'adversaires.

Depuis 1641 jusqu'à la fin du dix-septième siècle, *Francesco Angeloni*, *Laurent Beger*, *Paolo Pedrusi*, et plusieurs autres, publièrent le fruit de leurs recherches ou des catalogues raisonnés de diverses collections.

C'est au commencement du dix-huitième siècle que Vaillant, dont nous avons déjà parlé, donna ses ouvrages sur les Impériales-Grecques, sur les rois d'Égypte, sur les monnaies des familles Romaines, et l'on peut juger, par la seule indication de ces livres, quelle impulsion cet auteur fécond imprimait alors à la science.

En 1715, parut la première édition de *la Science des Médailles*, du P. *Louis Jobert*. Ce livre a joui d'une grande réputation; on l'a traduit en plusieurs langues, et il a été plusieurs fois réimprimé; il contenait cependant une foule d'erreurs. L'édition de 1739 fut commentée par *Bimard de la Bastie*.

En 1718, *Anselme Banduri*, bénédictin, donna son ouvrage sur les médailles Impériales-Romaines, et celui qui porte pour titre, *Bibliotheca nummaria*.

En 1719 et 1720, *Nicolas-François Haym* publia son *Tesoro Britannico*; dans le même temps, *Th. Sig. Bayer, Mahudel*, et quelques autres, donnèrent diverses recherches numismatiques. L'ouvrage de *Paruta* sur la Sicile, qui avait paru pour la première fois en 1612, fut donné de nouveau, en 1723, par *Sig. Havercamp*. Ce dernier a publié ou enrichi de savans commentaires nombre d'autres ouvrages de Numismatique.

En 1730, *Ch. Sig. Liebe* mit au jour son livre intitulé, *Gotha numaria*; en 1735, *Jean-Jacques Gessner*, son Recueil de médailles Grecques et

Romaines; et en 1736, *Theupolo* le Catalogue de
son cabinet. Ainsi se multipliaient les catalogues
de collections, véritables sources où l'on reconnaissait de plus en plus qu'il fallait puiser les bases de
toutes les notions numismatiques.

A la même époque, *Erasme Froelich*, jésuite,
né en 1700, donnait plusieurs ouvrages où l'on trouve
des vues nouvelles alors, et une critique savante. Ses
travaux remontent à 1733, et se prolongent jusqu'en
1762.

En 1739, *Beauvais* publia sa Dissertation sur les
médailles contrefaites, réimprimée depuis à la suite
de son Histoire des Empereurs. On commençait à
donner beaucoup d'attention à l'authenticité des médailles; cet ouvrage en est la preuve, en même temps
qu'il fait connaître les fraudes employées jusque-là
par les imitateurs des pièces antiques.

En continuant à suivre ainsi la série des ouvrages
numismatiques qui ont contribué aux progrès de la
science, nous trouvons dans l'ordre chronologique :

1739, le Catalogue Albani, par *Venuti*.

1740, le Catalogue du Grand-Duc de Toscane, par
Gori, et celui de Pisani, par *Mazzoleni*.

1741, celui d'*Arigoni*.

1742, celui de la Reine Christine, par *Haver-*
camp. Une noble émulation animait les possesseurs
de collections pour les faire connaître, et les savans
pour les expliquer.

1743, Nouvelle édition avec augmentation, par
Baldini, de l'ouvrage de Vaillant sur les médailles
Romaines. La première édition avait paru en 1682.

1746, le Catalogue de la belle collection de Pembrock.

1751, celui du Cabinet Muselli.

1752, l'Histoire des rois de Thrace et du Bosphore Cimmérien, par *Cary*.

1757, l'ouvrage de *H. Florez* sur les anciennes médailles de l'Espagne.

1760, la *Bibliothèque numismatique* de *Hirsch*.

Ce fut dans cette même année que s'élevèrent, entre l'abbé Barthélemy et quelques savans, des discussions sur les monumens et l'alphabet phénicien, discussions qui servirent à l'explication des monnaies portant des légendes en caractères de cette langue.

Jusqu'à cette époque, les classifications des médailles antiques avaient eu lieu, ainsi qu'on le verra au Chapitre suivant, d'après des systèmes peu propres à tirer de la Numismatique tous les avantages que cette science pouvait offrir. Quelques tentatives avaient été faites pour arriver à un meilleur système. Joseph Pellerin, qui avait formé une nombreuse collection de médailles Grecques, réunies depuis au Cabinet du Roi, donna le premier l'exemple et le modèle d'une classification des monnaies des Peuples, Villes et Rois dans l'ordre géographique. Tout imparfaite que fût cette innovation, ainsi qu'on le verra dans le Chapitre suivant, elle n'en était pas moins l'idée première qui devait servir de base à une classification plus exacte, à l'aide de laquelle notre science devait prendre une direction plus utile. Les premiers ouvrages de J. Pellerin parurent en 1762 et 1763, et furent suivis de divers autres.

1760, l'Introduction à la science des Médailles, par *Mangeart*. Cet ouvrage est moins relatif à la Numismatique elle-même qu'à l'utilité qu'on peut tirer de cette science pour l'étude de l'antiquité en général.

1764, le livre de *Dorville* sur la Sicile.

1767, l'ouvrage de *Beauvais*, intitulé, *Histoire abrégée des Empereurs*, etc. Cet auteur est le premier qui établit en système la manière d'indiquer les degrés de rareté des monnaies et médailles anciennes, et leur fixa des valeurs.

Dans la même année, parut le Supplément aux Médailles romaines de Vaillant, que donna le P. *J. Khell.*

1772-1775, les recueils de *D. Magnan.* Ces recueils contribuèrent à répandre la connaissance des monnaies de l'Italie.

1773, le Dictionnaire numismatique en espagnol, par *Th. And. Gusseme*, ouvrage qui, ne remplissant nullement son but, est resté peu estimé, et que le Dictionnaire de *Rasche*, qui parut peu après, comme on va le voir, a rendu tout-à-fait inutile.

1775, *Numi veteres anecdoti*, par *Joseph Eckhel*. Ce premier ouvrage fit pressentir ce que serait dans la suite ce savant, qui devait, en coordonnant tout le système numismatique, donner à cette science une impulsion nouvelle et une direction plus utile.

1776, l'ouvrage de *L. Dutens*, sur les médailles Phéniciennes, livre rempli de recherches curieuses.

1779, le Catalogue de la collection impériale de Vienne, par *J. Eckhel*. Dans la même année, *Fr. Neumann* publia ses *Populorum et Regum numi veteres inediti*.

1781, l'ouvrage du prince *Torremuzza* sur les Médailles de la Sicile.

1782, le Catalogue de la célèbre collection formée par le docteur Hunter, donné par *C. Combe*.

L'année 1785 vit paraître un des livres les plus remarquables; c'est le *Lexicon universæ rei Numariæ*, de *J. Ch. Rasche*, travail prodigieux de patience et d'érudition. C'est sans contredit un des ouvrages de Numismatique les plus utiles qui existent, quoique l'on puisse regretter que l'auteur ait plutôt étudié dans les livres les matières qu'il a traitées, qu'examiné les monumens eux-mêmes. Cet ouvrage est maintenant un peu arriéré, à cause des nombreuses découvertes faites depuis qu'il a paru. Qui osera jamais refaire un semblable travail, ou seulement le compléter?

1786, l'ouvrage de *J. Eckhel* sur les Médailles d'Antioche. Dans la préface de ce petit volume, l'auteur fit connaître les travaux dont il s'occupait pour son grand ouvrage, dont le premier volume fut publié en 1792; il y fit connaître aussi les bases du nouveau système de classification qui devait être développé dans cet ouvrage.

1788, le Catalogue de la collection d'Ennery. Ce cabinet fut vendu aux enchères dans la même année.

1789, la seconde édition de l'Essai de *J. Pinker-*

ton sur les Médailles, ouvrage qui contient des parties assez bien traitées.

1789, les premières *Lettere e Dissertazioni Numismatiche* de M. D`. *Sestini*, qui depuis a donné une foule d'ouvrages très-remarquables, et qui ont beaucoup contribué à l'avancement de la science.

1791, le Supplément à Banduri, publié par *J. Tanini*.

L'année 1792 fut marquée par la publication du premier volume de la *Doctrina numorum veterum*, de *J. Eckhel*, ouvrage qui forme la base de l'étude de la Numismatique, et dont il a été trop souvent question dans ces élémens pour qu'il soit nécessaire d'en faire ici l'éloge.

1793, les Recherches de M. *Silvestre de Sacy* sur les médailles Sassanides.

M. *D⁰. Sestini* publia, en 1797, la première édition de ses *Classes generales,* etc., ouvrage dont le but est de donner la classification du système d'Eckhel, avec les augmentations ou rectifications que l'auteur a jugé convenable d'y faire. Une seconde édition a été publiée en 1821.

1803, le bel ouvrage sur les Monnaies des rois de Syrie, du cabinet Duane, par *Gough*.

M. le chevalier *T.-E. Mionnet* avait eu l'idée de donner le catalogue d'une collection de médailles antiques moulées en soufre, collection qui avait été exécutée, et il avait publié ce petit volume en 1800. Cette première pensée conduisit l'auteur à concevoir un plan beaucoup plus vaste, et il fit paraître, en 1806, le premier volume de sa *Des-*

cription de médailles antiques Grecques et Romaines.
Cet ouvrage, dont le sixième et dernier volume a été
donné en 1813, renferme une nomenclature aussi nombreuse qu'exacte des monnaies et médailles des Peuples, Villes et Rois, classées suivant le système d'Eckhel. Le fond de cette nomenclature a été puisé dans
la collection du Cabinet des médailles de la Bibliothèque du Roi, et l'auteur y a joint beaucoup
d'autres pièces. On verra, dans le Chapitre XIX,
quelles sont les diverses annotations que contient cet ouvrage sur la rareté et la valeur des
pièces. Ce livre a l'avantage d'offrir la plus nombreuse nomenclature de médailles des Peuples,
Villes et Rois, rangée suivant le système d'Eckhel,
épurée des pièces fausses données dans beaucoup de
catalogues comme authentiques, et appuyée de notions sur la rareté et les prix des monnaies antiques,
qui servent déjà de règle et ont acquis un degré de
confiance mérité. M. le chevalier *Mionnet* a commencé, depuis 1819, la publication d'un Supplément,
dont trois volumes ont déjà paru. Ces travaux de
ce savant numismatiste ont rendu les plus grands
services à l'étude de notre science, d'abord par
leur mérite réel et incontestable, et ensuite en ré-
pandant le goût de cette étude. Ces ouvrages rem-
placent, avec beaucoup d'avantage, un grand nombre de livres anciens, devenus aujourd'hui incomplets et peu utiles.

En 1808 parurent les premiers volumes de l'*Iconographie ancienne* de *E.-Q. Visconti*, contenant
la partie grecque. La vaste érudition de ce savant

s'est heureusement exercée sur ce sujet si intéressant. Il a tiré des médailles antiques tous les secours
qu'elles lui offraient pour le but de son ouvrage, et
il a souvent jeté de nouvelles lumières sur les notions numismatiques elles-mêmes.

Nous citerons ici le *Giornale Numismatico* du
chevalier *Avellino* de Naples, qui parut en 1808 et
en 1811.

Le Catalogue de la collection *Sanclemente* fut publié en 1808.

Le *Recueil de quelques médailles Grecques inédites,*
par M. *Millingen,* publié en 1812, n'est pas moins
intéressant par les pièces qu'il fait connaître que par
la manière dont ce savant distingué les a expliquées.

En 1813, M. *D°. Sestini* commença la publication
de sa seconde série de *Lettere e dissertazioni nu-
mismàtiche.*

Le Catalogue de la collection *Harwood* de Londres fut donné en 1812; celui du Cabinet *Viczay,* à
Hedervar, en Hongrie, en 1814; celui du *Musée
britannique,* par *Taylor Combe,* aussi en 1814.

M. *T.-E. Mionnet* publia, en 1815, son ouvrage
de la rareté et du prix des médailles Romaines. Ce
livre contient, pour les pièces de coin Romain, un
travail semblable, quoique beaucoup plus restreint
dans les descriptions, à celui que renferme l'important ouvrage du même auteur sur les médailles des
Peuples, Villes et Rois. Une seconde édition a été
donnée en 1827.

Le Catalogue du Cabinet du roi de Danemarck,
par *Ch. Ramus,* parut en 1816.

Deux volumes de M. *D°. Sestini*, donnés en 1817, sur les monnaies de la ligue Achéenne et sur les Statères, se distinguent entre les nombreux ouvrages de ce savant numismatiste.

Le premier volume de la seconde partie de l'*Iconographie ancienne* de *E.-Q. Visconti*, dont nous avons parlé à l'année 1808, parut en 1817; il contient l'Iconographie Romaine. Le savant auteur de cet ouvrage n'en a pas publié la suite. Nous la devons à M. le chevalier *Mongez*.

Un ouvrage de M. *Letronne*, de la même année, sur l'évaluation des monnaies Grecques et Romaines, fournit des notions d'autant plus utiles, que cette partie importante de la Numismatique n'a pas été traitée avec tous les soins qu'elle demanderait.

En 1821, M. *D°. Sestini* donna la seconde édition de ses *Classes generales*, qui contient un grand nombre de nouvelles attributions, dont on a généralement apprécié l'exactitude et l'importance, mais dont quelques-unes cependant ont été contestées, quoique les connaissances étendues de ce savant soient un garant de la confiance que méritent ses opinions. Nous avons déjà fait mention de la première édition de cet ouvrage à l'année 1797.

M. le chevalier *E. Cousinery* a publié, en 1825, un *Essai historique et critique sur les monnaies d'argent de la ligue Achéenne, accompagné de recherches sur les monnaies de Corinthe, de Sicyone et de Carthage, qui ont eu cours pour le service de cette fédération.* Les connaissances de M. Cousinery et les notions de localité qu'il a acquises pendant un très-

19.

long séjour dans le Levant, donnent beaucoup d'intérêt aux diverses dissertations qu'il a publiées.

M. *A. Steinbüchel*, directeur du Cabinet impérial
de Vienne, a donné, en 1826, une Notice sur quelques médaillons d'or de ce Cabinet. Le même auteur
a fait connaître dans la même année quelques corrections à la *Doctrina* de *J. Eckhel*, écrits posthumes
de ce savant.

C'est en 1827 que M. *T.-E. Mionnet* a donné la
seconde édition, beaucoup augmentée, de son ouvrage sur les médailles Romaines, qui avait paru en
1815, et que nous avons dejà cité à cette année.

Tel est l'aperçu de l'histoire de la science numismatique jusqu'à ce jour, resserré dans le court espace que la nature de cet ouvrage a permis d'y consacrer. Une grande émulation règne maintenant entre
les collecteurs et les écrivains pour contribuer à l'a-
vancement de cette science. Les recherches de diverses natures qui s'y rattachent sont dirigées dans
un but utile, et basées principalement sur l'examen
des monnaies et médailles elles-mêmes; ce qui a
souvent manqué aux écrivains anciens.

CHAPITRE XVII.

Classement des Monnaies et Médailles antiques.

398. Les bonnes méthodes de classification et de
nomenclature sont dans toutes les sciences les moyens
les plus certains pour parvenir à en rendre l'étude

facile et profitable, à en tirer tous les genres d'utilité qu'elles peuvent fournir, à en inspirer le goût
et à leur faire suivre une marche progressive d'avancement. La méthode est indispensable à toutes les
connaissances humaines, mais plus particulièrement
à celles qui ont pour base l'examen comparé d'un
grand nombre d'objets divers. L'étude des diverses
branches de l'histoire naturelle n'a produit, par
exemple, des résultats véritablement utiles que lorsque la méthode a eu établi et fait adopter des systèmes raisonnés de classification de tous les êtres
et de toutes les substances.

399. Parmi les sciences qui ont pour but l'examen
et la connaissance des ouvrages de l'homme, aucune, plus que la Numismatique, ne demandait une
marche méthodique, un système de classification
raisonné et complet. Le nombre des monumens numismatiques est si considérable, les aspects sous lesquels on peut les considérer sont si variés, les points
de séparation entre les diverses natures de ces monumens sont si peu déterminés, que la méthode est
le seul moyen de tirer de ces restes des temps passés
les notions que nous pouvons y puiser.

400. Comme dans les autres sciences, les premiers
auteurs qui ont écrit sur la Numismatique se sont
souvent égarés, parce qu'ils manquaient de bonnes
méthodes. S'ils ont traité convenablement quelques
parties séparées de la science, les généralités n'ont
pas été envisagées sous tous leurs aspects. Faute de
bonne classification, les pièces qui ont des rapports
entre elles ne se trouvaient pas placées sous le même

point de vue, et ne leur fournissaient pas l'ensemble
des notions qui auraient pu les éclairer. Le goût de
ces temps étant de plus tourné vers un système d'é-
rudition diffuse et trop abondante, les notions utiles
se trouvent souvent, dans les écrits de ces époques,
obscurcies par des discussions étrangères au véritable but de la Numismatique et à l'utilité réelle
qu'on en peut tirer.

401. Les premiers écrivains numismatistes, comme
les premiers collecteurs, établirent donc de mau-
vaises classifications. Ne sachant pas ramener cette immense quantité de monnaies et de médailles de temps
et de lieux si divers à un seul système, ils en firent
autant de séries qu'ils aperçurent de pièces d'espèces
en apparence diverses. Ils s'attachèrent aux différences de formes et de métaux pour former des classifications, au lieu de reconnaître que la forme et
le métal passaient après les légendes et les types.

Ainsi l'on vit autant de séries que de natures de
pièces, séries qui se trouvèrent non-seulement classées, mais étudiées séparément, parce qu'elles se
présentaient constamment séparées. Ainsi l'on divisait les pièces des Peuples et Villes de celles des Rois,
et chacune de celles-ci par métaux et par modules;
les pièces Impériales-Grecques et Coloniales formaient aussi des séries séparées. Enfin les pièces
Romaines, divisées en *As,* Familles et Impériales,
se trouvaient encore subdivisées par métaux et par
modules.

Une collection se trouvait ainsi morcelée en plus
de vingt séries, qui, en appelant séparément l'atten-

tion, l'éloignaient du but unique, vers lequel on devait tendre, l'avancement de la science par l'examen comparé de toutes les pièces des mêmes lieux et des mêmes temps.

Le manque de méthode et de vues utiles était tel, que des auteurs ont classé les monnaies Romaines par ordre de Revers sans tenir compte des têtes.

402. Les connaissances numismatiques firent peu à peu des progrès vers un meilleur système; des écrivains, réunissant à l'érudition plus de sens et plus de goût que leurs devanciers, reconnurent l'insuffisance des classifications usitées. Quelques idées plus justes furent émises sur ce sujet. Enfin, un écrivain qui a fait faire de grands pas à notre science, *Pellerin*, admit, le premier, pour les monnaies des Peuples et Villes, une classification convenable. Dans ses premiers ouvrages, publiés en 1762 et 1763, il classa ces pièces dans l'ordre géographique. C'était un grand pas; mais cet essai était imparfait comme le sont tous les essais. Pellerin n'admit que des divisions territoriales trop vastes, et par une suite des arrangemens pratiqués jusque-là, il classa séparément les monnaies des Rois, celles des Iles, les Impériales-Grecques, les Coloniales.

Il n'en avait pas moins jeté les bases d'une classification rationnelle, complète et féconde en résultats. Ce nouveau système fut généralement approuvé.

403. Un homme qui devait tirer parti de ces premières tentatives s'occupa spécialement de perfec-

tionner le système de Pellerin. Cet homme réunissait
les avantages de l'érudition, une perspicacité remarquable et un grand zèle pour l'avancement de la
science, que sa position lui faisait une devoir d'étudier. Tel était l'abbé *Joseph Eckhel*, directeur du Cabinet impérial de Vienne. Après avoir fait connaître,
dans la préface de sa *Dissertation sur les médailles
d'Antioche*, publiée en 1786, les bases du nouveau
système qu'il voulait établir, il donna, de l'année 1792
à l'année 1798, son livre intitulé : *Doctrina Numorum veterum ;* véritable ouvrage de doctrine, en
effet, qui est devenu et sera long-temps la base de
l'étude de la Numismatique ancienne. Nous ne pouvons indiquer ici les divers genres de mérite de ce
livre, ni l'immensité des notions qui s'y trouvent
rassemblées. Il faut nous borner à retracer en peu
de mots le système de classification qui s'y trouve
établi,

404. J. Eckhel divise toute la Numismatique ancienne en deux parties, comme nous l'avons déjà
exposé : 1°. les pièces des Peuples, Villes et Rois ;
2°. les pièces Romaines, qu'il est plus précis de nommer pièces de *coin Romain*.

405. Les monnaies et médailles des Peuples, Villes
et Rois sont classées géographiquement par grandes
régions, subdivisées elles-mêmes suivant les anciennes
limites ; dans chaque contrée, les Villes sont rangées
alphabétiquement. Les Iles sont réunies aux pays dont
elles sont les plus voisines. Les séries de souverains,
classées chronologiquement, sont placées après les

pays sur lesquels ils ont régné. Les Impériales-Grecques et les Coloniales sont classées à chaque ville après les Autonomes.

Ce système de classement des monnaies des Peuples, Villes et Rois est complet et raisonné; il ouvre le champ à tous les progrès que la science peut faire, et toutes les améliorations, tous les redressemens que l'on peut admettre viennent s'y coordonner sans embarras et à l'avantage du système lui-même.

406. Les pièces Romaines, ou plutôt de *coin Romain*, sont aussi soumises, dans l'ouvrage d'Eckhel, à un système de classement, en grande partie nouveau à cette époque. Il les divise d'abord en trois séries, qui, en effet, se succédèrent chez les Romains, comme nous l'avons déjà indiqué; 1°. les *As* et leurs parties, 2°. les monnaies des Familles Romaines, 3°. les monnaies et médailles des Empereurs, Césars, etc. Pour la première de ces séries, J. Eckhel suit la classification déjà connue, par fractions de l'*As*; la seconde série est classée par Familles, rangées dans l'ordre alphabétique, en réunissant ensemble tous les métaux et tous les modules. Quant à la troisième série, celle des pièces Impériales, J. Eckhel admet un ordre entièrement nouveau à cette époque, et dont le but est de parvenir à un classement strictement chronologique de tout le système monétaire Impérial-Romain. Il réunit d'abord les pièces de chaque personnage de tous métaux et de tout module, et il cherche ensuite à établir l'époque précise de la fabrication de chacune d'elles, par les indications résultant des légendes, par les preuves historiques et

autres, et principalement par les dates des divers
titres des Empereurs, titres qui ont été souvent con-
signés sur les pièces de cette série.

407. Ce dernier système est sans doute tout-à-fait
dans un but scientifique et utile. Mais la classification
des pièces de chaque personnage dans cet ordre chronologique offre d'assez grandes difficultés et exige
des discussions approfondies. L'auteur lui-même l'a
reconnu, et il a dû admettre, pour chaque personnage, une classe de pièces qu'il désigne comme
vagues, c'est-à-dire ne pouvant pas être placées à
une époque précise. Cette partie du système d'Eckhel
est celle qui a été la moins goûtée, la moins appréciée.
Elle n'a point été, en général, suivie dans les nomenclatures et les catalogues, bien que l'on doive reconnaître que ce système est, scientifiquement, la base
des recherches relatives à tout ce qui a trait à la Numismatique Impériale de coin Romain.

408. Le système de classement des monnaies et
médailles des Peuples, Villes et Rois, tel qu'il a été
donné par J. Eckhel, a été généralement admis, et il
est suivi par tous les écrivains et par les collecteurs.
Des modifications de détail ont été faites dans quelques
dispositions peu importantes, des changemens d'attributions ont été reconnus convenables dans quelques parties. Mais le système en lui-même est resté
la base actuelle de toute la science Numismatique.

409. Le système d'Eckhel est-il véritablement complet, parfait, et au-dessus de tout besoin d'amélio-
ration? En reconnaissant que ce système a presque
tous les avantages désirables, et qu'il est bien près

de la perfection, il faut avouer, cependant, qu'il pourrait être amélioré dans un point important.

Il est évident que ce système n'a pas toute l'unité nécessaire, et qu'il serait possible de le réformer dans son premier élément, la division en ses deux parties, 1°. les pièces des Peuples, Villes et Rois; 2°. les pièces de coin Romain. Pourquoi cette séparation ? Elle n'a été motivée que par une seule raison, le nombre prodigieux des monnaies de coin Romain. Ce nombre est tel qu'il égale presque celui des monnaies de tous les autres peuples. Eckhel a donc considéré cette partie de la Numismatique antique comme devant former une classe séparée, à cause de son immensité relative, et parce que l'on peut la disposer dans l'ordre chronologique, ce qui n'est pas possible pour les monnaies des autres Peuples.

Ce motif n'est cependant pas entièrement satisfaisant; il ne me semble pas suffisant pour établir une exception, car la séparation des monnaies de coin Romain de toutes les autres en est une véritable. Le Peuple Romain, quoique le plus grand des Peuples de l'antiquité, quoique ayant soumis tous les autres, n'est cependant pas autre chose qu'un Peuple, et son système monétaire, bien qu'égal en importance à tous les autres ensemble, n'est aussi qu'une partie du système monétaire général des anciens. Pourquoi faire des monnaies de ce peuple une classe à part, une exception sans nécessité ? Tout système de classification scientifique quelconque doit, pour être bon, être un, simple, et tel que tout ce qui en dépend s'y rattache dans l'ordre établi; il doit être sur-tout

réglé de façon à ce qu'aucune exception ne s'y trouve
nécessairement introduite. Dans les classifications
des productions naturelles, on a procédé ainsi. Le
cèdre peut se trouver classé à côté d'un faible ar-
brisseau.

Mais il y a plus. Le système qui sépare les monnaies de coin Romain de celles de tous les autres
peuples n'est pas dans la ligne du vrai. Pour qu'il
fût dans cette ligne, il faudrait que toutes les monnaies de coin Romain eussent été fabriquées à Rome.
Alors cette classe de monnaies ne serait réellement
pas séparée du système général, quoiqu'elle se trou-
vât placée à part. Ce serait le système monétaire
de la ville de Rome transporté à la fin de la nomenclature de tous les Peuples et Villes, au lieu d'être
inséré à sa place géographique dans le *Latium*. Il
serait fort facile de reporter par la pensée toute cette
nombreuse série à sa véritable place.

Il n'en est pas ainsi. Toutes les monnaies de coin
Romain n'ont pas été fabriquées à Rome ; un très-
grand nombre d'entre elles l'ont été dans diverses
provinces de l'Empire (108 à 114).

On peut sans doute considérer comme se rapportant à l'histoire du Peuple Romain les monnaies des
personnages qui, ayant pris la pourpre dans les provinces de l'Empire, furent ou ne furent pas reconnus
par le Sénat ou par les Empereurs, plus puissans
qu'eux et maîtres de la capitale, et ne commandèrent
jamais à Rome. Mais ces monnaies, en rentrant dans
l'idée d'un système de classement général un et vrai,
ne seraient-elles pas mieux classées en les plaçant

aux contrées où elles ont été fabriquées qu'à la série Impériale des maîtres de Rome, puisque ceux dont elles portent les images n'ont jamais commandé dans cette capitale? Les pièces de *Carausius* et d'*Allectus* ne sont-elles pas, plus que toute autre chose, des monnaies d'Angleterre? celles de *Marius,* des monnaies des Gaules? celles de *Quietus,* des monnaies de Syrie? Les pièces frappées dans les provinces de l'Empire par des princes qui, après y avoir été proclamés empereurs, sont devenus maîtres de la capitale et ont été reconnus par le Sénat, ne seraient-elles pas mieux classées à ces provinces que confondues dans la série Romaine?

Ainsi donc, un système de classification suivant lequel on place les monnaies de tous les Peuples aux contrées dans lesquelles elles ont été fabriquées, en y joignant même les pièces que les divers Peuples ont émises avec leurs noms et les effigies Impériales-Romaines, et suivant lequel, ensuite, on distrait, pour en faire une classe à part, les monnaies de coin Romain, ou proprement Romaines, quoique beaucoup de ces monnaies aient été fabriquées dans diverses contrées; un tel système, dis-je, non-seulement n'a pas l'unité qui est le caractère de toutes les bonnes méthodes de classification, mais encore n'est point basé sur un principe vrai.

410. Ce serait sans doute une hardiesse trop présomptueuse et tout-à-fait dénuée de sens, que de vouloir attaquer le système de classification établi par Eckhel, système qui a reçu une approbation aussi générale, et qui la mérite à tant de titres. Aussi l'o-

pinion que j'ose émettre à cet égard n'a-t-elle pour
but que des vues d'améliorations du système
d'Eckhel, améliorations qui, en perfectionnant ce
système, lui donneraient l'unité et la vérité qui
lui manquent, on ne peut le nier, dans les points
que je viens d'indiquer.

Il me semble donc que l'on devrait classer la totalité des monumens numismatiques anciens en une
seule série, rangée en masse géographiquement suivant le système d'Eckhel, et dans chaque localité ou
dynastie, en ordre chronologique, lorsque cela serait
possible. La série des pièces de coin Romain, ou proprement Romaines, se trouverait placée à l'article de
la ville de Rome, excepté celles de ces pièces qui ont
été frappées hors de Rome, et que l'on peut regarder comme telles. Rien n'empêcherait que pour conserver à la série Impériale, placée à Rome, la totalité
des noms des personnages qui ont porté la pourpre
et de leurs parens illustrés par les monnaies, on y
laissât les indications de ceux dont les monnaies
n'ont pas été fabriquées à Rome, avec l'annotation du
lieu où les monnaies de ces personnages sont classées.

Quant à toutes les pièces qu'on a lieu de croire
fabriquées hors de la capitale de l'Empire, elles se
trouveraient classées aux lieux de leur fabrication.

La translation de l'Empire Romain à Constantinople donnerait naissance à une nouvelle série de
monnaies frappées dans cette ville, qui comprendrait
conséquemment celles des Empereurs du Bas-Empire. Les monnaies des Empereurs grecs, qui trans-
portèrent le siége de l'Empire en Bithynie, depuis

l'an de J.-C. 1205 jusqu'à l'an 1261, se trouveraient classées à Nicée.

411. On a vu, dans le Chapitre VI (108 à 114), quelles sont les bases qui devraient servir de règles à la classification géographique des monnaies de coin Romain, suivant les lieux de leur fabrication. Ces notions sont celles d'après lesquelles ces monnaies seraient attribuées aux diverses contrées où elles ont dû être fabriquées. Ce travail, considéré isolément, est à faire; il serait aussi important que curieux, et ce nouvel aspect sous lequel on considérerait les monnaies Romaines, ferait sortir cette série de l'espèce de discrédit scientifique dans lequel elle est tombée, en général, depuis assez long-temps, parce que, dit-on, il n'y a plus rien à y découvrir.

412. Ce système de classification de l'ancienne Numismatique, qui ne serait autre que celui d'Eckhel, amélioré et complété, aurait tous les avantages de l'unité et de la vérité.

Il faut encore observer qu'on trouverait dans cette classification un autre avantage, celui de lier la Numismatique des temps anciens à celle des temps modernes, sans les séparer comme on le fait maintenant. Les séries des monnaies antiques se trouvent prolongées, par les pièces du Bas-Empire, jusqu'à la prise de Constantinople, au milieu du quinzième siècle; tandis que la plupart des autres contrées avaient déjà, à cette époque, depuis long-temps, des systèmes monétaires que l'on considère comme formant partie de la Numismatique du moyen âge, et même de celle des temps modernes. Ainsi, pendant

plusieurs siècles, les monnaies de peuples contem-
porains se trouvent faire partie, les unes de la Numismatique ancienne, les autres de la Numismatique moderne : un tel renversement d'idées ôte à la
science le caractère méthodique, uniforme et vrai
qu'elle doit avoir. Ces classifications ne seront plus
convenables, sur-tout à mesure que de nouveaux
systèmes monétaires agrandiront encore le champ
déjà si vaste de la Numismatique générale. Les modifications à faire au système actuel de classification
des monnaies antiques, suivant les principes que je
viens d'exposer, rattacheraient sans peine les temps
anciens aux temps modernes dans un ordre continu,
dans un arrangement général, suivant lequel tous
ces monumens connus et ceux de l'avenir se coor-
donneraient successivement avec ordre, méthode,
clarté et utilité.

413. On verra, aux observations sur la nomenclature des monnaies Romaines, donnée dans cet ouvrage, que je n'ai pas adopté, que je n'ai même
pas dû adopter dans cette nomenclature les idées
que je viens d'émettre, puisqu'elles n'ont pas encore
été suivies dans les classifications, et qu'un ouvrage
élémentaire doit être basé sur les notions généralement admises.

414. Il n'est pas nécessaire de donner ici des détails sur les discussions relatives aux attributions des
monnaies à telle ou telle Ville, à tel ou tel Prince,
et aux rectifications que ces attributions subissent
quelquefois. Ces discussions archéologiques et numismatiques ne se rapportent pas à la classification

en général, et il en a été fait plusieurs fois mention dans d'autres parties de cet ouvrage.

415. En terminant ce Chapitre, il est à propos de dire un mot du classement matériel des pièces elles-mêmes. Le meilleur système est de ranger les pièces sur des cartons mobiles, placés dans les tiroirs des médailliers. Les cartons doivent être, pour chaque suite, percés de trous du diamètre de la plus grande partie de la série. Les pièces de diamètre supérieur sont placées dans des tiroirs supplémentaires, avec indications convenables à leurs places dans la série elle-même.

416. Les considérations qui forment la matière de ce Chapitre ont été exposées dans des vues générales, applicables à l'ensemble de la Numismatique ancienne, ainsi qu'à des collections nombreuses et sans lacunes. Les collecteurs qui ne recherchent qu'une ou plusieurs espèces de monnaies antiques y puiseront seulement les idées qui se rapportent aux séries qu'ils affectionnent.

CHAPITRE XVIII.

Découvertes des Monnaies et Médailles antiques, leur État actuel et Collections existantes.

417. Les monnaies et médailles antiques ont été enfouies aux époques où elles étaient en circulation,

I.

soit qu'on les ait placées dans des tombeaux, soit qu'elles aient été cachées par des personnes que la mort a surprises avant qu'elles eussent révélé leur secret, soit enfin par suite d'accidens, d'incendies, ou de bouleversemens de terrains.

La terre qui les a cachées les a rendues et les restitue continuellement. Elles se sont retrouvées et se retrouvent tous les jours, tant par le résultat de divers hasards imprévus, que dans des fouilles exécutées pour des travaux de constructions, ou entreprises pour découvrir des monumens antiques dans les lieux où l'on croit qu'il en existe. On rencontre les monnaies antiques, soit isolées, soit par quantités plus ou moins considérables, soit d'une seule époque, soit de plusieurs époques réunies, d'une seule contrée ou de pays divers et souvent éloignés.

418. Les monnaies antiques se trouvent en général dans les contrées habitées jadis par des peuples que nous connaissons par l'histoire. Il y a quelques exemples de pièces Grecques ou Romaines que l'on a dit avoir été découvertes dans des parties fort reculées de l'Asie. Ces faits fussent-ils exacts, il resterait de l'incertitude sur les époques où ces pièces ont été enfouies. Il faut être en très-grande défiance sur les récits de trouvailles de monumens antiques, et ceci s'applique autant à la nécessité de l'exactitude des notions scientifiques, qu'à l'importance de l'authenticité des monumens. Ces renseignemens demandent plus de défiance et de critique encore que les monumens eux-mêmes, car ceux-ci peuvent être

examinés et jugés; tandis que les récits venus de loin
ont rarement des garanties suffisantes (').

(') Je ne puis résister au désir de citer ici une anecdote qui
peut faire connaître ce que sont quelquefois les découvertes d'objets d'antiquités, et les jugemens qui sont basés sur ces découvertes.

J'ai connu, il y a environ vingt ans, dans une ville d'Italie,
que j'habitais alors, un joaillier qui y fit quelque séjour et qui
était établi à Tunis. Il s'occupait du commerce des médailles et
des petits monumens d'antiquité; j'acquis de lui quelques objets.
Sur la demande qu'il me fit de lui céder des médailles de très-
bas prix, comme il en remportait beaucoup qu'il avait déjà recueillies, je le questionnai sur l'usage qu'il comptait faire de
ces pièces sans intérêt et sans valeur : « Plusieurs des voya-
» geurs qui passent à Tunis, me répondit-il, cherchent à ache-
» ter des médailles. Ils n'y connaissent rien pour la plupart, et
» achètent, comme trouvé dans le pays, ce que je leur vends.
» Plusieurs de ces voyageurs vont visiter les ruines de Carthage,
» et je les accompagne souvent. Lorsque ce sont des gens qui
» méritent que l'on ait des égards pour eux, je vais d'avance
» placer quelques médailles ou autres petits objets sous quelque
» pierre, dans quelque trou; quand ils parcourent ensuite nos
» ruines, je leur indique les points où l'on peut croire qu'il y a
» des découvertes à faire, et en effet..... ils trouvent. Vous
» concevez qu'ils doivent être reconnaissans de mes soins, et ils
» le sont. — Mais, lui répondis-je, prenez garde. Dans les
» pièces que vous recueillez en Europe pour un tel usage, il se
» trouve des pièces fausses moulées sur l'antique, des pièces
» même de coin moderne. Il y a là tromperie commerciale à-la-
» fois et scientifique.... — Qu'est-ce que cela fait? me répondit
» le Tunisien; ils n'y entendent pas grand'chose, moins encore
» que moi; ils sont contens, je le suis aussi, que voulez-vous
» de plus ? »

Que l'on se figure maintenant un de ces voyageurs qui ont

20.

419. Si l'on ne doit pas admettre légèrement les
assertions relatives aux trouvailles de pièces antiques,
il y a cependant quelques-unes de ces découvertes
qui se trouvent exactement constatées. On en connaît
plusieurs qui sont célèbres par le nombre des pièces
dont elles se composaient. Fabretti (¹) nous apprend
que l'on fit, dans un fleuve de l'ancienne Dacie,
une trouvaille de plus de quarante mille monnaies
d'or, la plupart de Lysimaque, roi de Thrace. On
trouva près de Brest en Bretagne, vers 1760, des
vases de terre cuite, contenant environ trente mille
monnaies Romaines-Impériales en argent et en billon (²). La trouvaille faite au commencement de ce
siècle, près d'Hornoy, bourg situé à sept lieues
d'Amiens, est aussi très-remarquable. Elle était d'environ quatre mille monnaies Impériales-Romaines
d'or, la plupart d'une belle conservation. On a découvert dans la Hongrie, la Transylvanie et la Va-
lachie des médaillons d'or Romains du Bas-Empire,
de grandes dimensions et d'une extrême rareté.

420. Depuis quelques années, le nombre des collecteurs de médailles s'est beaucoup augmenté, les

---

ainsi découvert des médailles parmi les ruines de Carthage, de
retour en Europe, dans une ville où il soumet ses trouvailles à
quelques véritables connaisseurs ; ceux-ci les attestent fausses,
il soutient qu'il les a déterrées sous des pierres voisines sans
doute de celle où Marius s'est assis ; les témoins de ces discussions n'y conçoivent rien, et en concluent que les collecteurs
sont des dupes et les connaisseurs des ignorans.

(¹) De Columna Trajani, 235. — (²) Pellerin, Rec. III,
p. XLIX.

voyages dans des contrées peu visitées précédemment par les curieux se sont multipliés, les habitans de ces pays ont reconnu qu'ils pouvaient vendre avantageusement les monumens antiques qu'ils découvraient, et ces monumens n'ont plus été détruits. Les monnaies antiques ont donc été découvertes et conservées en plus grande quantité.

Ces monnaies parviennent promptement dans les mains des collecteurs et vont se classer dans les cabinets, à moins que leur mauvaise conservation ne les fasse rejeter et condamner à la fonte.

La quantité des monnaies antiques découvertes jusqu'à présent est très-considérable, et l'on en peut juger par le nombre des collections publiques et privées qui existent, ainsi que par la quantité des pièces dont se composent les séries de quelques-unes de ces collections. On a vu, dans le Chapitre VI, quelle est approximativement la quantité des types divers de pièces antiques qui nous sont connus. Cette quantité ne peut servir ici qu'à faire apprécier le nombre des répétitions de chaque pièce qui se trouve dans tous les cabinets, et celui des pièces détruites et que l'on détruit tous les jours.

421. Il est à remarquer que, depuis assez long-temps, on ne découvre que peu de nouvelles variétés dans les pièces de coin Romain, tandis que les monnaies des Peuples et Villes qui sont trouvées offrent de très-grandes quantités de variétés nouvelles de symboles et même de types. Plusieurs motifs peuvent contribuer à cette différence. Les monnaies des Peuples

et Villes ont été pendant long-temps moins étudiées, moins recherchées que les Romaines; on voyage davantage maintenant dans les contrées plus abondantes en pièces des Peuples et Villes : ces pièces étaient jadis plus fréquemment fondues que dans les derniers temps; enfin le nombre des types divers de monnaies, comparativement au nombre des monnaies émises, était très-probablement plus considérable chez les peuples divers que chez les Romains, ou, en d'autres termes, chaque type était fabriqué en plus grand nombre chez les Romains que chez les autres Peuples, sauf quelques exceptions, que l'on reconnaît encore.

Il serait facile et même utile de présenter sur ce sujet des considérations plus développées, les bornes données à cet ouvrage nous arrêtent. On conçoit aisément que les indications précises de la nature et des lieux des découvertes des monnaies antiques seraient fort utiles à la science, malheureusement ces notions sont rarement recueillies avec exactitude. Les résultats des trouvailles sont bientôt dispersés, et des renseignemens qui seraient d'une grande utilité ne sont pas recueillis.

422. Les pièces antiques parvenues dans les mains des collecteurs et dans les collections, y sont conservées et estimées en raison : 1°. de leur rareté; 2°. de leur conservation. Nous verrons, dans le Chapitre suivant (431, etc.), quelles sont les causes de la rareté des pièces antiques. Leur conservation plus ou moins belle dépend de trois causes : 1°. l'état dans lequel

elles étaient au moment de leur enfouissement, état résultant de la circulation et du frottement; 2°. les altérations que leur long séjour en terre a pu leur faire subir; 3°. les altérations causées par un nettoyage souvent mal entendu.

Les pièces antiques en effet, lorsqu'on les découvre, sont fréquemment recouvertes, et même enveloppées de couvertes plus ou moins épaisses, plus ou moins adhérentes, plus ou moins dures. Ces couvertes tiennent à la nature des terrains dans lesquels les pièces ont séjourné si long-temps. Les monnaies doivent en être débarrassées. Mais quelques observations sont nécessaires sur les procédés chimiques et manuels à employer dans ce travail.

423. Les pièces d'or et d'argent doivent être entièrement nettoyées. Pour cela, on emploie les substances propres à attaquer les diverses natures de couvertes qui s'y sont attachées. Le citron et d'autres substances analogues suffisent pour faire disparaître les saletés et les teintes trop brunes dont on veut débarrasser ces pièces. Les couvertes épaisses demandent des moyens plus actifs. L'eau seconde et même l'eau-forte produisent les effets désirés; mais cette dernière demande à être employée avec précaution. Souvent quelques parties de ces croûtes adhérentes aux pièces d'or et d'argent doivent être attaquées au moyen de l'outil. Il faut user pour ce travail de beaucoup de soins, et n'employer la pointe d'acier que pour les parties de tartre saillantes, afin de ne pas laisser sur les pièces mêmes des traces du

travail de l'outil. L'usage des brosses plus ou moins
fortes est indispensable et très-bon.

424. Les pièces de bronze sont, sous ce rapport,
dans une toute autre classe. Les ouvrages d'art de ce
métal acquièrent par le temps, par l'influence de l'air,
et sur-tout par la nature des terrains dans lesquels
ils sont long-temps enfouis, une couverte, ou teinte
de diverses couleurs. Cette couverte est nommée
patine (158); elle est en général d'une telle finesse,
qu'en recouvrant toutes les parties des monnaies,
elle ne cache rien des détails les plus déliés, des linéa-
mens les plus fins; en même temps que cette couverte, lorsque son antiquité est certaine, est une garantie pour l'authenticité des monumens, elle contribue à leur meilleur effet, et ces teintes de couleurs
douces, égales, et qui amortissent les rayons lumi-
neux, donnent aux ouvrages de bronze un aspect de
beaucoup préférable à celui qu'ils ont lorsque le métal est à découvert. On a déjà vu, dans le Chap. VII
(158 et 160), des détails sur les patines antiques et
sur les imitations qu'on en fait pour les ouvrages
d'art modernes. On a aussi vu, dans le Chapitre XV
(375), quelques considérations sur les patines fausses
que l'on place sur les pièces falsifiées dans les temps
modernes, à l'imitation des pièces antiques.

425. La patine des monnaies et médailles antiques de bronze doit donc être conservée avec soin.
Lorsque ces pièces sont seulement enveloppées de
saletés ou de substances peu dures, peu adhérentes,
il est facile de les en débarrasser par des moyens chi-

miques peu actifs, ou par le frottement; mais lorsque ces enveloppes sont très-dures et adhérentes, le
nettoyage est plus difficile. Les patines demandent
de grands ménagemens, à cause de leur peu d'épaisseur, et quoique ces couvertes soient très-adhérentes
elles-mêmes au métal et fort dures, elles sont cependant quelquefois d'une moins grande dureté que les
croûtes qui les enveloppent. La pointe employée sans
ménagemens les altère, et y laisse des raies et des
traces qui en détruisent l'harmonie et la conservation. Le nettoyage de ces pièces doit être fait avec
les plus grandes précautions, par l'emploi des moyens
chimiques et de l'outil, en se servant le moins possible de la pointe d'acier ou du burin. Des pointes
de bois dur, des brosses plus ou moins fortes sont
encore d'un grand secours dans ces opérations.

426. Le nettoyage par le moyen du feu a de grands
inconvéniens. Comme les métaux contiennent toujours des parties d'alliage de métal plus tendre, ces
parties s'évaporent par une chaleur vive, ce qui
produit de petites cavités qui font disparaître le
poli produit par le frappement et donnent aux pièces
une apparence de fausseté.

La pratique seule peut mettre au fait des procédés à employer pour le nettoyage des diverses natures de monnaies et médailles antiques.

427. Lorsque les pièces antiques, soit qu'elles
n'aient pas eu besoin de nettoyage, soit que cette
opération ait été faite avec succès, se trouvent d'une
belle conservation, cette considération ajoute beaucoup à leur mérite et à leur valeur. Les pièces d'une

conservation extraordinaire, et que l'on nomme communément pièces à *fleur de coin*, ont un prix encore plus considérable.

Il reste, pour terminer ce Chapitre, à faire connaître quelles ont été et quelles sont les collections numismatiques les plus remarquables.

428. On trouve dans les auteurs anciens quelques passages qui prouvent que des quantités considérables de monnaies étrangères étaient quelquefois portées dans les triomphes, chez les Romains, non-seulement comme valeur métallique, mais aussi comme trophées relatifs aux arts et à l'histoire des peuples vaincus. Quelques autres indications de la même nature doivent faire penser que, dans l'antiquité, quelques personnages recueillaient des séries de monnaies comme objets de curiosité. Cette opinion peut encore être appuyée par un petit nombre de découvertes qui se sont trouvées composées de pièces formant des espèces de suites ou de temps différens en relations ensemble, et de conservation assez égale.

Ces notions sont fort incertaines. Passons aux temps modernes.

429. Le célèbre Pétrarque paraît être un des premiers qui se soient occupés des monnaies antiques lors de la renaissance des Lettres. Il en forma une collection; les Médicis, Mathias Corvinus, roi de Hongrie, Alphonse, roi d'Aragon, en réunirent aussi. Ange Politien dans ses *Miscellanea*, imprimés en 1490, cite des médailles de la collection des Médicis. Quelques particuliers suivirent bientôt ces

exemples. Grollier, trésorier de France et d'Italie
dans le seizième siècle, eut de nombreuses suites de
monnaies antiques. Cromwell rassembla aussi une
belle suite de médailles.

Il serait trop long et hors des bornes de cet ouvrage d'entrer dans des détails sur les collections célèbres qui se sont formées depuis le quinzième siècle. Celles des Gouvernemens ont été en général
conservées, et plusieurs se sont successivement en-
richies. Quant à celles des particuliers, elles ont été
vendues et disséminées, souvent même peu de temps
après leur formation, ou léguées à des établissemens
publics. Les enfans ont rarement les mêmes goûts
que leurs pères : de là naît la continuelle dispersion
de tant de cabinets. Les substitutions ont conservé
pendant d'assez longs intervalles des collections
d'objets d'arts dans quelques grandes familles ; mais
depuis long-temps la plupart de ces collections
avaient été altérées, lorsqu'elles ont été presque
totalement disséminées par suite de la révolution.

430. Quant aux collections actuelles, il serait intéressant d'en présenter le tableau ; mais pour être
complet, il devrait être plus étendu que ne le comporte un livre élémentaire. Il serait d'ailleurs assez
difficile d'obtenir des renseignemens exacts sur tous
les cabinets existans. Les catalogues de ceux qui
ont eu ou ont encore de la célébrité ont été imprimés, et on les trouvera cités dans le Chapitre XX.

Quelques particuliers possèdent des collections
nombreuses et remarquables ; plusieurs amateurs
n'ont que des choix plus ou moins précieux ; un

grand nombre de collecteurs enfin réunissent des
séries spéciales plus ou moins intéressantes. Quant
aux collections publiques, il en existe dans presque
toutes les capitales de l'Europe, dans d'autres villes
et dans beaucoup d'établissemens scientifiques ou
d'instruction publique. Tous les Gouvernemens mon-
trent une généreuse émulation pour l'augmentation
de leurs collections numismatiques. Nous, citerons
particulièrement les cabinets de Paris, de Londres,
de Vienne, de Munich, de Berlin, de Milan, de
Florence et de Rome.

CHAPITRE XIX.

Rareté et valeurs actuelles des Monnaies et Médailles
antiques.

431. La première cause de la rareté plus ou moins
grande des monnaies ou médailles antiques est évidemment le nombre plus ou moins considérable qui
en a été fabriqué. Il est évident aussi que les monnaies d'un personnage qui n'a tenu le pouvoir que
pendant peu de jours doivent être plus rares que
celles d'un Empereur dont le règne a duré plusieurs
années. La quantité des pièces qui ont été découvertes
influe sans doute aussi sur la rareté; mais ces découvertes ont lieu généralement en raison du nombre de
pièces qui ont été en circulation.

432. Dès que l'on en a formé des collections numismatiques, les observations relatives aux degrés de

rareté des pièces ont été faites, et les collecteurs ont suivi ces indications, soit pour se diriger dans leurs achats, soit pour se rendre compte du mérite de leurs séries. L'esprit humain est tellement organisé, que nous attachons, en général, aux objets de la même nature des valeurs d'affection d'autant plus grandes, que ces objets sont plus ou moins rares, abstraction faite de leurs autres genres d'intérêt et de mérite.

La rareté des monnaies et médailles devait donc servir de base pour en fixer les valeurs et les prix. Cette seconde nature de déterminations avait elle-même des points de départ différens, résultant du nombre des acheteurs, de leurs richesses et de diverses circonstances momentanées.

Pendant long-temps, les notions sur la rareté et la valeur des monnaies et médailles antiques furent peu déterminées; aucun écrivain n'avait encore établi de base sur ce point, le nombre des collecteurs n'étant pas très-considérable, les catalogues n'ayant pas encore fait connaître ces collections dans leurs détails.

Mais avant d'aller plus loin, il est nécessaire de fixer le sens précis de l'indication de la rareté des monumens numismatiques.

433. L'expression *rareté* d'une pièce s'entend de la pièce elle-même, dans le sens absolu et général, abstraction faite des circonstances qui peuvent influer sur le mérite de telle ou telle épreuve de cette pièce, circonstances résultant de la fabrication de l'épreuve et sur-tout de sa conservation. On peut dire, sans doute, et l'on dit souvent, en voyant une pièce *à*

fleur de coin, que cette pièce est rare quand elle est
dans un tel état de conservation ; mais cette indication n'est pas relative à la pièce même, elle n'a rapport qu'à l'état dans lequel se trouve l'épreuve qu'on
a sous les yeux. En d'autres termes, une pièce commune peut être d'une conservation très-rare.

434. L'état de conservation des pièces influe infiniment sur leur mérite, sur l'intérêt qu'elles ins-
pirent, sur la valeur que les collecteurs attachent à
leur possession, et conséquemment sur leur prix.
Ce genre de mérite, indépendamment de celui de la
rareté, comme nous venons de le voir, constitue un
élément de l'estimation du prix de chaque épreuve
en elle-même, combiné avec les considérations sur
la rareté.

435. Mais, comme il faut un point de départ fixe
pour les estimations des valeurs des pièces, il a été
admis que l'on supposerait toujours aux pièces estimées une belle conservation, laissant à part les degrés de conservation extraordinaire qui ajoutent une
valeur supérieure aux épreuves qui ont cet avantage.

436. Il faut encore faire observer que les degrés
de rareté ou les prix qui ont été affectés aux pièces
s'entendent de toutes les pièces qui portent les types
désignés dans l'indication. Nous avons vu, dans le
Chapitre VI, combien est grande la quantité des
types et des variétés de types que l'on connaît et qui
se découvrent tous les jours, et l'immensité des répétitions des pièces identiques, mais de coins différens. Il est donc nécessaire de considérer les indications de rareté ou de valeur comme relatives à toutes

les pièces qui se trouvent comprises dans chaque annotation. Les indications de cette nature doivent être,
en conséquence, d'autant plus vagues qu'elles sont
plus limitées, et d'autant plus exactes qu'elles sont
données en plus grand nombre. Il est inutile d'a-
jouter que l'authenticité des pièces doit être indubitable.

Après avoir fait connaître quelles bases ont dû servir de règles pour la détermination de la rareté et des
valeurs des pièces antiques, il faut ajouter quelques
observations sur l'impossibilité qui existe d'établir
de telles indications avec une exactitude complète,
et sur les imperfections que ces données ne peuvent
manquer de renfermer.

437. Quant à la rareté, on peut, jusqu'à un certain point, réunir des données assez exactes, puisque
les degrés de rareté sont constatés par les quantités
de pièces existant dans les collections, et que l'indication de la rareté ne concerne que les pièces en elles-
mêmes, abstraction faite de l'état de telle ou telle
épreuve en particulier. De nouvelles découvertes
peuvent sans doute modifier ces données, mais au
moins celles-ci peuvent-elles être établies sur des
bases certaines bien connues et d'une seule nature.
Enfin les indications de rareté peuvent être admises
long-temps sans modifications.

438. La valeur ne peut se déterminer, au contraire,
que sur des données de natures diverses, peu certaines, rarement constatées et perpétuellement va-
riables. En effet, non-seulement la rareté des pièces
influe sur leur valeur et leurs prix; mais ceux-ci

peuvent être continuellement modifiés, baissés ou
élevés par la valeur du numéraire, le nombre et le
caprice des acheteurs, leurs moyens pécuniaires, les
circonstances même de la richesse publique. Les
indications des valeurs ou prix des monnaies et médailles antiques ne peuvent donc être que très-incer-
taines, ne peuvent que servir de bases pour établir
les contrats d'achat et de vente de ces monumens, en
modifiant ces bases selon le temps et d'après beaucoup de circonstances impossibles à détailler.

439. Malgré les inconvéniens que présentent ces
indications, celles qui ont été publiées ont été fort
accueillies, et l'on doit voir encore ici les preuves de
cette disposition de l'esprit humain que nous avons
déjà signalée et qui nous fait attacher plus de prix à
la rareté d'un objet qu'à son utilité ou à ses autres
mérites. Nous désirons d'autant plus la possession
d'une chose, que nous savons que moins de personnes la peuvent obtenir, et nous aimons à en connaître les prix en monnaie courante, parce que
celle-ci représente toutes les autres valeurs et que
ses chiffres indiquent l'importance des objets ainsi
évalués.

Après l'exposé de ces notions, indispensables pour
bien saisir sous tous ses aspects le sujet qui nous occupe, il reste à faire connaître les travaux de cette
nature qui ont été publiés.

440. Des indications générales avaient été fournies par quelques auteurs, tant sur la rareté que sur
la valeur des monnaies et médailles antiques, mais
sans aucun ensemble ni système arrêté, lorsque

parut. en 1767, l'ouvrage de Beauvais (¹). Cet ouvrage contient, après une vie abrégée de chaque Empereur ou autre personnage dont on a des monnaies
ou des médailles, les indications de la rareté et de la
valeur de ces pièces. Celles de coin Romain, ou proprement Romaines, les Impériales-Grecques, celles d'É-
gypte et les Impériales-Coloniales sont désignées séparément, et, pour chacune de ces natures de pièces,
les divers métaux et les divers modules sont également indiqués à part. Les indications ne s'appliquent
qu'aux têtes, c'est-à-dire qu'elles ne font connaître
que la rareté et les prix de chaque nature de pièces
de chaque personnage, sans entrer dans le détail des
revers. Quelques-uns de ceux-ci sont cependant parfois cités avec les indications relatives.

Beauvais ne dissimule pas dans la préface de son
ouvrage les inconvéniens attachés aux indications des
valeurs ou des prix des pièces antiques, et il ajoute
qu'il ne s'est déterminé à les donner que sur l'avis
de d'Ennery, qui était possesseur d'une très-belle collection de médailles.

441. Pour indiquer les degrés de rareté des pièces, Beauvais se servit des signes suivans, dont l'u-
sage s'était introduit depuis quelque temps, et dont
je copie ici textuellement les explications :

O. signifie que la tête dont il est question ne se trouve
   point en tel métal ou en tel module.

C. — que la médaille est commune, et n'a de valeur (sur-

(¹) Histoire abrégée des Empereurs, etc.

tout en bronze) qu'à proportion de sa conservation.

R.   — que la médaille est rare, et qu'elle est d'un prix bien au-dessus d'une médaille commune.

R R.   — que c'est une médaille distinguée, et qu'elle vaut le double et quelquefois davantage que celle qui n'est désignée que par une R.

R R R.   — qu'elle est d'une grande rareté, et qu'elle manque souvent dans les cabinets les plus nombreux.

R R R R.   — que c'est une médaille presque unique, et dont on ne connaît qu'un très-petit nombre.

Unique.   indique que c'est une pièce qui n'est connue que dans une seule collection.

Après les indications de rareté, sont portés les valeurs ou prix en livres tournois.

442. Le mode d'indication des raretés, adopté par Beauvais, fut suivi depuis par tous les auteurs. J. Eckhel l'employa dans sa *Doctrina numorum veterum*.

443. Lorsque M. le chevalier Mionnet entreprit ses travaux sur la nomenclature des monnaies des Peuples, Villes et Rois, il crut devoir modifier le mode d'indication des raretés employé jusque-là. Le premier volume de son ouvrage parut en 1806 ('), et l'auteur fit connaître dans sa préface les motifs qui le déterminaient à ces innovations.

Le plan de M. Mionnet était beaucoup plus étendu que celui de Beauvais. Ce plan avait même pour but des nomenclatures presque complètes. Il était donc naturel de ne pas se contenter des formules

(') Description de médailles antiques grecques et romaines, etc

jusqu'alors usitées et d'en introduire qui se prêtas-
sent davantage à un système d'indications plus développées et plus variées. Aussi M. Mionnet a-t-il porté
les degrés de rareté à huit, en les désignant par les
signes suivans :

C.   Médaille *commune*.
R¹. Premier ou plus petit degré de rareté
R². Deuxième degré de rareté.
R³. Troisième degré de rareté.
R⁴. Quatrième degré de rareté.
R⁵. Cinquième degré de rareté.
R⁶. Sixième degré de rareté.
R⁷. Septième degré de rareté.
R⁸. Huitième, ou plus grand degré de rareté.
R☆ Médaille *unique*.

Il ajouta des indications particulières pour faire
connaître les divers genres de fabrique des pièces.

Ces indications sont terminées par celles des valeurs ou prix en francs.

M. Mionnet exposa avec raison, dans sa préface,
les inconvéniens que présentent les indications des
prix des médailles antiques, ainsi que les motifs qui
l'ont déterminé à les donner.

444. La méthode adoptée par M. Mionnet, qu'il
a fait connaître dans le premier volume de son ouvrage, et qu'il a exactement suivie dans les autres
volumes, a été universellement approuvée. Quelques auteurs ont cependant continué à se servir de
l'ancien mode d'indication ; nous citerons entre autres
M. Sestini.

445. On verra aux Observations sur la nomencla-

ture des monnaies et médailles des Peuples, Villes et
Rois, que j'ai suivi, dans les nomenclatures abrégées
contenues dans cet ouvrage, la méthode de M. le
chevalier Mionnet, sauf la suppression du signe R ☆
indiquant les pièces uniques. Mes motifs pour cette
suppression se trouvent exposés en ce lieu.

Il ne serait pas hors de propos de faire connaître
ici les valeurs totales de quelques cabinets connus et
célèbres. Les renseignemens à cet égard ne sont pas
très-nombreux; quelques-uns d'entre eux, tenant à
des intérêts privés de dates récentes et relatifs à des
collections vendues en totalité à des gouvernemens,
ne pourraient être publiés qu'avec le consentement
des parties intéressées, et avec des détails sur la composition de ces cabinets, trop étendus pour être placés ici. Nous nous bornerons à quelques indications
dont on pourra apprécier l'intérêt.

446. Le docteur Hunter avait dépensé pour former sa collection, dont le catalogue a été publié,
une somme de 23,000 livres sterling, qui doit être
réduite à 21,000 livres sterling par la vente des doubles, qui produisirent 2,000 livres sterling. On croit
que la célèbre collection formée par d'Ennery lui
avait coûté 2 à 300,000 livres. Elle fut vendue aux
enchères publiques en 1788, et produisit 100,961 livres 13 sous, à des prix très inférieurs à ceux d'aujourd'hui. Une suite de médailles des Peuples, Villes
et Rois, qui s'est trouvée en vente dans ces derniers
temps, et qui pouvait être considérée comme la plus
intéressante et la plus belle de France par le choix
et la conservation des pièces, vient d'être vendue

environ 80,000 francs (1). Une collection de pièces
de coin Romain, du même mérite, aurait une valeur
à-peu-près égale.

447. En résumant ces données, on peut admettre qu'une personne qui réunirait les connaissances,
le goût et la fortune nécessaires, et qui désirerait
former une collection aussi belle qu'un particulier
peut la posséder, en exceptant quelques grandes
suites existant principalement en Angleterre, par-
viendrait à ce but en quelques années, suivant les
occasions qui se présenteraient, en dépensant environ 200,000 francs.

448. Cela ne doit pas décourager les amateurs
qui n'ont à consacrer à la formation de leurs collections que des sommes bien moins considérables. Des
suites très-limitées et peu coûteuses peuvent être intéressantes; des occasions favorables procurent quelquefois, à des prix très-modérés, des pièces rares et
belles; enfin le charme que les possesseurs de séries
numismatiques éprouvent à classer, examiner et augmenter leurs collections, serait peut-être moins grand
s'il ne s'y mêlait pas des regrets sur les lacunes à
remplir, et des espérances de fréquentes acquisitions.

---

(1) **Cette belle suite** avait été formée par M. Allier de Hauteroche, ancien consul dans le Levant; elle a été vendue à M. Rollin. Le catalogue en avait été rédigé par M. Dumersan; on le
trouvera cité dans la bibliothèque numismatique qui suit.

CHAPITRE XX.

Bibliothèque numismatique.

449. La connaissance des ouvrages qui ont traité d'une science est indispensable à ceux qui s'occupent de cette science. Aussi a-t-on donné, outre les bibliographies générales, des traités particuliers sur les livres relatifs à diverses branches des connaissances humaines.

450. Les anciens bibliographes, Labbe, Struvius et autres, ont cité des séries de livres relatifs à la Numismatique. Anselme Banduri publia une Bibliothèque numismatique en 1718; Christian Hirsch en donna une en 1760. La *Bibliotheca numaria* de J. G. Lipsius, de 1801, qui est rangée alphabétiquement, contient l'indication des ouvrages et dissertations relatifs à la numismatique ancienne et moderne, et celle d'autres livres qui ne traitent qu'incidemment de quelque partie de cette science. Quant aux bibliographies générales récentes, elles sont loin de contenir tous les ouvrages qu'il est utile aux Numismatistes de connaître.

451. J'ai donc pensé qu'il était convenable de donner ici une Bibliothèque numismatique, resserrée autant que l'exige la nature de mon travail, mais contenant cependant tous les ouvrages dont la connaissance est maintenant nécessaire, et indiquant les ouvrages publiés jusqu'à l'époque actuelle.

452. Cette Bibliothèque est classée méthodiquement. Elle contient tous les ouvrages indispensables et beaucoup d'autres d'un intérêt moins général. J'ai cité, pour les livres imprimés plusieurs fois,
la meilleure édition, en indiquant les autres lorsque
l'ouvrage m'a paru le mériter (¹).

Je n'ai pas admis les ouvrages qui, par leur an-
cienneté ou leur peu d'importance, ne m'ont pas
semblé devoir être cités dans un travail de la nature
de celui-ci. C'est par ce motif que je n'ai pas indiqué
les dissertations imprimées dans les recueils acadé-
miques ou les journaux savans, ce qui m'eût entraîné
beaucoup trop loin.

453. Il eût été utile de pouvoir donner, en peu de
mots, des jugemens sur le but et le mérite des ouvrages. Eckhel l'a fait pour chaque auteur dans la courte
bibliographie numismatique qu'il a insérée dans le
premier volume de sa *Doctrina numorum veterum*.
Ces jugemens seraient d'autant plus utiles que les
ouvrages de Numismatique sont souvent consultés
par des archéologues ou autres savans qui ne font
pas une étude particulière et approfondie des monnaies anciennes. Ils s'appuient quelquefois sur des

---

(¹) Je dois exprimer ici ma reconnaissance pour mon ancien
ami M. le chevalier Mionnet, qui m'a permis de puiser dans
sa bibliothèque numismatique, la plus nombreuse de Paris,
beaucoup de renseignemens dont j'avais besoin, et sans lesquels
ce travail eût été moins complet. C'est une occasion que je saisis
avec empressement de rappeler l'extrême obligeance de ce savant.

auteurs ou des ouvrages qui ne méritent pas de
confiance ou qui ne sont pas au niveau des connaissances actuelles, et ils citent ainsi des opinions
anciennes ou même erronées. Mais des jugemens
sur chaque ouvrage eussent exigé trop d'extension
dans un livre élémentaire tel que celui-ci, et il eût
été de plus assez difficile de donner des avis exacts
sur quelques écrits des derniers temps.

454. La bibliothèque numismatique qui suit, et que
j'ai cru devoir disposer méthodiquement, ainsi que
je viens de le dire, est classée dans l'ordre suivant :

Les ouvrages qui traitent des généralités sont
placés les premiers, viennent ensuite ceux qui sont
relatifs à différentes parties de la Numismatique.

On trouve après ceux-ci les traités qui s'appliquent
particulièrement aux monnaies et médailles grecques
ou des Peuples, Villes et Rois, puis ceux qui sont
relatifs aux médailles Romaines.

Je termine par les catalogues des collections.

Les ouvrages sont rangés dans chaque classe ou
subdivision, d'après l'ordre de leur publication, pour
ceux qui embrassent les généralités, et d'après l'ordre géographique ou historique, pour ceux qui
traitent d'objets spéciaux.

BIBLIOTHÈQUE NUMISMATIQUE.

OUVRAGES GÉNÉRAUX SUR LA NUMISMATIQUE, ÉLÉMENS, DICTIONNAIRES.

(Rangés dans l'ordre de leur publication)

1. Discorsi sopra le medaglie degli antichi da Enea Vico. *In Vinegia*, 1555, un vol. in-4.

Réimprimé en 1558, et à *Paris*, en 1619, in-4.

2. Discorso di Seb. Erizzo sopra le medaglie degli antichi, con la dichiaratione delle monete consulari e delle medaglie degli imperadori romani; quarta editione. *Venetia, G. Varisco e Paganino Paganini* (*s. a.*), un vol. in-4.

Cette édition est plus complète que les trois premières qui ont paru en 1559, 1568 et 1571, la première in-8, les deux autres in-4.

3. Discours sur les médailles, par A. Le Pois. *Paris*, 1579, un vol. in-4.

4. Discours de la religion des anciens Romains, etc., escript par noble S. Guill. Du Choul, etc., illustré de médailles, etc. *Lyon, G. Roville*, 1581, un vol. in-4, fig.

La première édition avait paru en 1556. Il y en a aussi une de 1567, et d'autres postérieures à celle de 1581.

5. Dialogos de medallas, inscriciones y otras antiguedades. Ex bibliotheca Ant. Augustini. *En Tarragona. Mey*, 1587, un vol. in-4, fig.

Cet ouvrage fut réimprimé à Madrid en 1744. Il a été traduit en italien et en latin; ces traductions ont eu plusieurs éditions.

6. De monetis et re monetaria lib. II; accedunt tractatus diversorum de eadem re, auct. Ren. BUDELLIO. *Coloniæ-Agrip.*, 1591, un vol. in-4.

7. WILEBRORDI SNELII R. F., de re nummaria liber singularis. *Antuerpiæ, ex officina Plantiniana Raphelengii*, 1613, cahier in-12.

8. Jos. SCALIGERI Jul. Cæs. F. de re nummaria Dissertatio, liber posthumus. *Antuerpiæ, ex officina Plantiniana Raphelengii*, 1616, un vol. in-12.

9. Discours sur les médailles antiques, etc., par M. Louis SAVOT. *Paris, Séb. Cramoisy,* 1627, un vol. in-4.

10. Livre des médailles du sieur LEMENESTRIER, etc. *Dijon, Guyot*, 1627, 2 parties in-4, fig.

11. Adr. RECHENBERGII Historiæ rei nummariæ scriptores aliquot insigniores simul collecti, cum bibliotheca nummaria. *Lipsiæ*, 1692, seu *Lugduni-Batavorum*, 1695, 2 vol. in-4.

12. Specimen universæ rei nummariæ antiquæ, etc. auct. Andr. MORELLIO. Edit. secunda, cui accedunt Ezech. SPANHEMII ad Morellium epistolæ. *Lipsiæ*, 1695, 2 tom. in-8, fig.

    La première édition est de *Paris*, 1683.

13. Histoire des médailles, ou Introduction à la connoissance de cette science, par Ch. PATIN. *Paris, veuve Mabre Cramoisy*, 1695, un vol. in-12, fig.

14. Ezech. SPANHEMII Dissertationes de præstantia et usu numismatum antiquorum, editio nova. Tomus primus. *Londini, R. Smith*, 1706. — Volumen alterum. Opus posthumum ex auctoris apographo editum, ac numismatum iconibus illustratum ab Is. VERBURGIO. *Amstelodami, Wetstenii*, 1717, les 2 vol. in-fol., fig.

    Cet ouvrage avait été précédemment imprimé plusieurs fois. La deuxième édition est de 1671, chez *D. Elzevir.*

15. Hub. GOLTZII de re nummaria antiqua Opera quæ

extant universa quinque voluminibus comprehensa. *An-tuerpiæ*, 1708, 5 vol. in-fol., fig.

Les ouvrages de GOLTZIUS ou GOLTZ avaient d'abord paru séparément de 1566 à 1576, en 5 vol. détachés, puis en 1644 et 1645, en 5 vol. réunis.

16. Bibliotheca nummaria sive auctorum qui de re nummaria scripserunt, operâ et studio D. Anselmi BANDURI. *Lutetiæ-Parisiorum*, 1718, un vol. pet. in-fol.

Il y a une édition de Hambourg donnée par J.-A. Fabricius.

17. Specimen rei nummariæ, quo, cum prolegomenis de occasione, scopo, ordine et usu thesauri universalis numismatum, observationes doctissimorum virorum de numismatis græci præstantia, usu, raritate et pretio, et aliquot vetustissimorum Macedoniæ regum numismata exhibentur, operâ Joh. Jac. GESSNERI Tigurini. *Tiguri, ex officina Heideggeriana,* 1735, 2 vol. in-fol., fig.

Description de l'Ouvrage.

1er. Volume.

Texte. — 1°. Le titre ci-dessus, puis un second feuillet : *Bericht der Verlegeren an den geleichten Leser.* Un troisième feuillet : *Lectori........*— 2°. Le texte (imprimé et à deux colonnes), pages 1 à 126 (les pages 75 et 76 sont doubles, 123 à 126 sont cotées par erreur 223 à 226).— 3°. Le texte gravé, pages 127 à254, paginées, par suite de l'erreur précédente, 227 à 354 (rare). — 4°. 3 feuillets ou 6 pages gravées contenant la table alphabétique des *Numismata populorum et urbium* (rarissime).

Figures. — 1°. titre imprimé : *Numismata regum Macedoniæ.... Ibid.,* 1738 ; et 7 pl. — 2°. titre gravé : *Numismata regum Syriæ, Ægypti et Arsacidarum.... Tiguri, apud Casp. Faesslinum* (*absque anno*) ; 9 pl. de Syrie, 3 d'Egypte, 4 des Parthes et Arsacides, etc. — 3°. Titre gravé : *Numismata regum Siciliæ, Judææ, minorum gentium et virorum illustrium... Ibid.*; et 5 pl. des rois de Sicile, 3 des petits peuples (qui comprennent les Juifs), et 4 des hommes illustres ; avant ces 4 pl. on doit trouver un titre gravé : *Numismata græca regum atque virorum illustrium.... Ibid.* — 4°. titre gravé : *Numismata græca populorum et urbium.... Ibid.* ; et 86 pl. numérotées I à LXXXV (la pl. XIX est double et cotée XIX*). — 5°. 8 pl. supplémentaires pour ces diverses suites: la première porte : *Supplementa ad thesaurum numismatum ...* sans texte.

Nota. Le texte des Rois de Macédoine finit avec la page 36, les Rois de Syrie au milieu de la page 82, ceux de Sicile avec la page 118, et les Hommes illustres avec la page 126. Le texte gravé appartient aux Peuples et Villes

2e. Volume.

Numismata antiqua Familiarum Romanarum omnia, etc., tabulis æneis repræsentata, etc., digessit et edidit Joh. Jac. Gessnerus. *Tiguri, apud Casp. Fuesslinum pictorem.* Ce titre gravé et 34 planches. = *Numismata antiqua Imperatorum Romanorum latina et græca omnia, etc., tabulis æneis repræsentata, etc., digessit et edidit* Joh. Jac. Gessnerus. *Tiguri, apud Casparum Fuesslinum pictorem.* Ce titre gravé et 183 planches. = Une planche de supplément cotée 184 ; sans texte. Un vol. in-fol., fig.

Il faut joindre à ces 2 volumes :

1°. *Adpendicula ad Numismata græca Populorum et Urbium* à Jac. Gessnero tab. æneis repræsentata, auct. *Aloys Christiani. Vindobonæ,* 1762 ou *editio altera,* 1769, un vol. in-4, fig.

2°. *Appendicula altera ad Numismata græca Populorum et Urbium* à Jac. Gessnero tabulis æneis repræsentata, auctore Jos. Khell. *Vindobonæ, de Trattner,* 1764, un vol. in-4, fig.

L'ouvrage de GESSNER n'étant presque jamais complet, j'ai cru devoir le décrire exactement, parce qu'il est rare et qu'il a conservé de la valeur, quoiqu'il ne puisse plus offrir d'utilité réelle dans l'état actuel de la science.

18. Erasmi FROELICH, Soc. Jesu, quatuor tentamina in re numaria vetere. Editio altera. *Viennæ-Austriæ, Voiglin,* 1737, un vol. in-4, fig.

19. La Science des médailles (par le P. Louis JOBERT), nouvelle édition avec des remarques historiques et critiques (par Jos. BIMARD DE LA BASTIE). *Paris, De Bure l'aîné,* 1739, 2 vol. in-12, fig.

La première édition avait paru en 1693 ; d'autres furent données en 1715 et 1717.

20. Bibliotheca numismatica exhibens catalogum auctorum, qui de re monetaria et numis, tam antiquis quam recentioribus, scripsére, auctore Christ. HIRSCH. *Norimbergæ,* 1760, un vol. in-fol.

21. Introduction à la science des médailles pour servir à la connoissance des dieux, de la religion, des sciences, des arts, et de tout ce qui appartient à l'histoire ancienne, etc.; par D. Th. MANGEART. *Paris, d'Houry,* 1763, un vol. in-fol., fig.

22. Istituzione antiquario-numismatica o sia introduzione allo studio delle antiche medaglie, in due libri

proposta dall'autore dell'istituzione antiquario-lapidaria.
G.-A. MONALDINI. *In Roma, V. Monaldini*, 1772, un
vol. in-8.

23. Diccionario numismatico general, para la perfecta
inteligencia de las medallas antiguas, etc., por D. Th.-
And. de GUSSEME. *Madrid, Ibarra*, 1773-77, 6 vol. in-4.

24. Nouvelles recherches sur la science des médailles,
inscriptions et hiéroglyphes antiques ; par POINSINET DE
SIVRY. *Maestricht, Dufour et Roux*, 1778, un vol. in-4, fig.

25. Lexicon universæ rei numariæ veterum et præcipuè Græcorum ac Romanorum, etc. ; edidit Jo.-Chris-
tophorus RASCHE. *Lipsiæ*, 1785-1795, 5 tomes, chacun
en deux parties, et le tome VI, partie première, in-8,
total 11 volumes. = Lexicon universæ rei numariæ veterum... supplementis emendationibusque auxit Joa.-
Christ. RASCHE. *Lipsiæ*, 1802-1805, 3 tomes in-8 (lettres
A.-IVV).

Le reste du Supplément n'a pas paru.

26. An Essay on medals, or introduction to the know-
ledge of ancient and modern coins and medals, especially
those of Grece, Rome and Britain, by John PINKERTON ;
a new edition, etc. *London, J. Edwards*, etc., 1789,
2 vol. in-12, fig.

La première édition, imprimée en 1784, fût brûlée, sauf un seul exem-
plaire. Il y a eu une édition postérieure en 1808, 2 vol. in-8.

27. Doctrina numorum veterum conscripta a Josepho
ECKHEL, etc. *Vindobonæ, sumptibus J.-V. Degen, im-
pressit Ign. Alberti*, 1792-1798, 8 vol. in-4, fig.

28. Addenda ad Eckhelii doctrinam numorum veterum ex ejusdem autographo posthumo, ed. A. Steinbüchel. *Vindobonæ, F. Volke*, 1826, cahier in-4.

29. Essai sur les monnaies anciennes et modernes, par
M. ROCHON. *Paris, Prault*, 1792, un vol. in-8.

30. Istituzione antiquario-numismatica dell'Abb. Fr.-Ant. Zaccaria, in questa seconda ediz. accresc. di una lettera del P. Paciaudi sopra l'utilità dello studio delle medaglie. *Venezia*, 1793, un vol. in-8.

31. Introduction à l'étude des médailles, par **A. L.** Millin. *Paris, Imp. du Magazin encyclopédique*, 1796, un vol. in-8.

32. I. G. Lipsii bibliotheca numaria sive **catalogus** auctorum qui usque ad finem seculi **XVIII** de re monetaria aut numis scripserunt. Præfatus est brevi commemoratione de studii numismatici vicissitudinibus **Christ.** Gottl. Heyne. *Lipsiæ, impens. bibl. Schœferiani*, 1801, 2 tomes, formant un vol. in-8.

33. Kurtzgefasste Anfangsgründe zur alten **Numismatik**, zusammengetragen von Joseph Eckhel. *Vien, Herausgeber*, 1807, un vol. in-8, fig.

> Il avait paru en 1788 une édition sans date. Cet ouvrage a été traduit en italien, en latin et en français. Voyez les numéros suivans.

34. Lezioni elementari di numismatica antica dell' Abbate Eckhel tradotte dal tedesco dal P. D. Felice Caronni. *Roma, Pagliarini*, 1808, un vol. in-4, fig.

35. Manuale doctrinæ numorum veterum a celeberr. Eckhelio editæ, a D. Felice Caronno. *Romæ*, 1808, un vol. in-4.

36. Histoire de la monnaie, depuis les temps de la plus haute antiquité jusqu'au règne de Charlemagne, par M. le marquis Garnier. *Paris, veuve Agasse*, 1819, 2 vol. in-8.

37. Traité élémentaire de numismatique ancienne, Grecque et Romaine, composé d'après celui d'Eckhel, etc.; par Gerard Jacob K. (Kolb). *Paris, Aimé André, Desplace et comp.*, 1825, 2 vol. in-8, fig.

OUVRAGES RELATIFS A DIFFÉRENTES PARTIES DE LA
NUMISMATIQUE.

(Rangés dans l'ordre de leur publication.)

38. Libri V de asse et partibus ejus, auct. Guill.
Budaeo. *Venetiis, in œdibus Aldi et And. Asulani so-
ceri*, 1522, un vol. pet. in-4.

> Deux éditions avaient déjà été données à Paris en 1514 et 1516. D'autres
> suivirent celle que nous citons.

> Il y a une traduction italienne par G. Bern. GUALANDI, *Florence*,
> 1562, et un extrait en français. *Paris*, 1522, in-8, et *Lyon*, 1555, in-16.

39. De Sestertiis, seu Subsecivorum pecuniæ veteris
Græcæ et Romanæ, libri IV, auct. Jo. Fred. GRONOVIO.
Lugd.-Bat., 1691, un vol. in-4.

40. Selectiorum numismatum præcipuè Romanorum
expositiones, auct. Const. LANDI. *Lugd.-Batav.*, 1695,
un vol. in-4.

41. Osservazioni istoriche sopra alcuni medaglioni antichi all' Altezza Serenissima di Cosimo III, Gran Duca
di Toscana; da Filippo BUONARROTI. *In Roma, D. A.
Ercole*, 1698, un vol. in-4, fig.

42. Ottonis SPERLINGII, Dissertatio de nummis non
cusis tam veterum quam recentiorum. *Amstelodami,
apud Fr. Halmam*, 1700, un vol. in-4.

43. De veteris numismatis potentia et qualitate, auct.
Gottlieb RINK. *Lipsiæ et Francofurti*, 1701, un vol. in-4.

44. Joa. HARDUINI, è Soc. Jesu, Opera omnia, etc. *Amstelodami, Joan. Lud. de Lorme*, 1709, un vol. in-fol., fig.

> Les *Opera varia* ont été imprimés en 1733 (n°. 47).

45. Notitia succincta numismatum imperialium Romanorum quæ ab antiquariis maximo, quæ magno, quæ-
que modico pretio censentur. (*Absque anno*), cahier in-4.

46. De elephantis in nummis obviis, Exercitationes duæ, auct. Gisb. Cuper. *Hagæ-Comitum*, 1719, seu 1746, un vol. in-fol.

47. Joa. Harduini, è Soc. Jesu, Opera varia cum indicibus et tabulis æneis. *Amstel., apud H. du Sauzet, et Hagæ-Comitum, apud P. de Hondt*, 1733, un vol. in-fol., fig.

48. Alex. Xav. Panelii, è Soc. Jesu, de cistophoris. *Lugduni, Deville*, etc., 1734, un vol. in-4, fig.

49. Dissertatio de nummis monetariorum veterum culpâ vitiosis, auct. Seb. Kayser. *Viennæ*, 1736, un vol. in-8.

50. De ponderibus et mensuris veterum Romanorum, Græcorum, Hebræorum, Disquisitio, auct. J. Gasp. Eisenschmidt. *Argentorati*, 1737, un vol. petit in-8.

51. Nummismalogia, por Morganti. *Lisboa*, 1737, un vol. in-4.

52. La manière de discerner les médailles antiques de celles qui sont contrefaites, par Beauvais, d'Orléans. *Paris, Briasson*, 1739, cahier in-4.

> Réimprimé l'année suivante dans le Traité des finances et de la fausse monnaie des Romains (n°. 56), en 1767 à la suite de l'Histoire abrégée des Empereurs (n°. 189), et en 1794, avec des notes de J. G. Lipsius, à *Dresde*, chez les frères *Walther*, in-4.

53. I Piombi antichi, opera di Franc. de Ficoroni. *In Roma, G. Mainardi*, 1740, un vol. in-4, fig.

> Traduit en latin en 1750 (n°. 57).

54. J. G. Wachteri Archæologia numismática. *Lipsiæ*, 1740, un vol. in-4.

55. Remarques historiques sur les médailles et les monnaies, par J. D. Koeler. *Berlin*, 1740, un vol. in-4.

56. Traité des finances et de la fausse monnaie des Romains (par De Chassipol), avec une dissertation sur la manière de discerner les médailles antiques d'avec les contrefaites (par Beauvais). *Paris*, 1740, un vol. in-12.

57. De plumbeis antiquorum numismatibus, etc., Dis-

scrtatio Fr. FICORONII quam latinè vertit D. CANTAGALLIUS. *Romæ, A. de Rubeis,* 1750, un vol. in-4, fig.

58. Car. ARBUTHNOTII tabulæ antiquorum nummorum, mensurarum, et ponderum pretiique rerum venalium, etc., ex anglicà in linguam latinam conversæ, operâ Dan. KOE-NIGII. *Traj. ad Rhenum, Besseling,* 1756, un vol. in-4.

59. Car. Ferd. HOMMELII Jurisprudentia numismatibus illustrata, nec non sigillis, gemmis, aliisque vetustis variè exornata. *Lipsiæ, Wendlerus,* 1763, un vol. in-12, fig.

60. Lettre à M. le marquis Olivieri au sujet de quelques monumens phéniciens, etc.; par M. l'abbé BARTHÉ-LEMY. *Paris, L. F. De la Tour,* 1766, cahier in-4, fig.

61. Métrologie, ou Traité des mesures, poids et monnaies des anciens peuples et des modernes; par Alexis J.-P. PAUCTON. *Paris,* 1781, un vol. in-4.

62. Métrologie, ou Tables pour servir à l'intelligence des poids et mesures des anciens, et principalement à déterminer la valeur des monnaies grecques et romaines, etc.; par M. DE ROMÉ DE L'ISLE. *Paris, Imp. de Monsieur,* 1789, un vol. in-4.

63. Lettere e dissertazioni numismatiche sopra alcune medaglie rare della collezione Ainslieana, etc.; da D. SES-TINI. I quatro primi tomi, *Livorno, T. Masi e comp.,* 1789-1790. Il quinto, *Roma, Fulgoni,* 1794. I tomi 6°., 7°., 8°., 9°. ed ultimo, *Berlino, C. Quien,* 1804-1806; in-4, fig.

Le tome V a été réimprimé : Edizione seconda accresciuta, e corretta. *Firenze, G. Piatti,* 1821, in-4, fig.

64. Joa. PINKERTONII Notitia raritatis numismatum populorum veterum, græcorum, latinorum et aliorum variis in regnis civitatibusque cusorum. N°s. 1, 2, 3, *s. d.,* cahier in-4.

65. Dissertations sur la rareté, les différentes grandeurs

et la contrefaction des médailles antiques, etc.; le tout traduit de l'anglais de J. PINKERTON, et augmenté des indices nécessaires par J. G. LIPSIUS, avec une géographie numismatique complète des anciens Peuples, Villes et Rois. (Cette dernière partie, écrite en latin, est de J. F. Wackerus.) *Dresde, Fr. Walther,* 1795, un vol. in-4.

66. Descriptio numorum veterum ex museis Ainslie, Bellini, etc., etc. (auct. D. SESTINI). *Lipsiæ, in officinâ Jo. Fried. Gleditschii,* 1796, un vol. in-4, fig.

67. Catalogue d'une collection d'empreintes en soufre de médailles grecques et romaines (par M. MIONNET). *Paris, Crapelet,* an VIII (1799-1800), cahier in-12.

68. Breve metodo per distinguere facilmente la rarità delle medaglie antiche di tutti i metalli tanto consolari che imperiali, si greche che latine ed in colonie; da Vinc. Nat. SCOTTI. *Pisa, Ranieri Prosperi,* 1803, cahier in-12.

69. Iconographie ancienne, ou Recueil des portraits authentiques des empereurs, rois, et hommes illustres de l'antiquité. — Iconographie grecque, par E. Q. VIS-CONTI. *Paris, P. Didot,* 1808, 3 vol., gr. in-fol., fig.— Iconographie romaine, par E. Q. VISCONTI. Tome Ier. *Paris, P. Didot l'aîné,* 1817. Tome II et III, par A. MONGEZ. *Paris, P. Didot l'aîné,* 1821; et *J. Didot,* 1826. Les 3 vol. gr. in-fol., fig.

> L'Iconographie grecque contient 57 pl. numérotées, plus une pl. cotée A. L'Iconographie romaine contient aussi 57 pl. numérotées, plus deux pl. (le portrait de Visconti, et le tombeau du même). Le texte de tout l'ouvrage a été aussi publié in-4, en 1811, pour la partie grecque, et pour la partie romaine, aux mêmes dates que l'in-fol. Cette dernière partie aura encore un vol. qui la conduira jusques et compris Julien l'Apostat. L'in-fol. n'a pas été mis dans le commerce.

70. Giornale numismatico. Opera periodica, etc., del Cav. F. M. AVELLINO. *In Napoli, Dom. Sangiacomo,* 1811; tomo primo contenente i numeri I-IV pubblicati dal 1 gennajo fino al 1 luglio 1808. — Tomo secondo

contenente i numeri V e VI pubblicati dal 1 dicembre 1811 al 1 marzo 1812; in-4, fig.

71. Lettere e dissertazioni numismatiche di Domenico Sestini, ecc., lequali servir possono di continuazione ai nove tomi gia editi. Il tomo I°. *Milano, L. Mussi*, 1813. — Il 2°. *Pisa, Seb. Nistri*, 1817. — Il 3°. *Milano, A. F. Stella*, 1817. — Il 4°. ed il 5°. *Firenze, G. Piatti*, 1818. — Il 6°. *Firenze, G. Piatti*, 1819. — I tomi 7°., 8°., 9°. ed ultimo. *Firenze, G. Piatti*, 1820, in-4, fig.

72. Mémoire sur la valeur des monnaies de compte, chez les peuples de l'antiquité; par le comte Germain GARNIER. *Paris, V^e. Agasse*, 1817, cahier in-4.

73. Considérations générales sur l'évaluation des monnaies grecques et romaines, etc., par M. LETRONNE. *Paris, Firmin Didot*, oct. 1817, un vol. in-4.

74. Della rarità delle monete antiche di tutte le forme e metalli, trattato compilato da V. N. SCOTTI. *Livorno*, 1821, un vol. in-8.

> Déjà publié sous un titre à peu près semblable en 1809. — Un autre ouvrage du même auteur sur le même sujet avait été publié en 1803 [68].

75. Leçons élémentaires de numismatique romaine puisées dans l'examen d'une collection particulière (par DE PINA). *Paris, C. J. Trouvé*, 1823, un vol. in-8, fig.

76. Sopra i moderni falsificatori di medaglie greche antiche nei trè metalli, e descrizione di tutte quelle prodotte dai medesimi nello spazio di pochi anni (da D°. SESTINI). *Firenze, Attilio Tofani*, 1826, cahier in-4, fig.

OUVRAGES RELATIFS AUX MONNAIES ET MÉDAILLES DES PEUPLES, VILLES ET ROIS.

§ I. *Traités généraux.*
(Rangés dans l'ordre de leur publication.)

77. Joa. HARDUINI, Soc. Jesu, Nummi antiqui popu-

lorum et urbium illustrati. *Parisiis, F. Muguet,* 1684, un vol. in-4.

Il y a une seconde édition de 1689, in-4.

78. Numismata aerea Imperatorum, Augustorum et Cæsarum, in coloniis, municipiis et urbibus jure latio donatis, ex omni modulo, percussa; auctore Jo. Foy-Vaillant. *Parisiis, Dan. Hortemels,* 1688 ou 1697, 2 vol. in-fol., fig.

79. J. Harduini Antirrheticus de nummis antiquis coloniarum et municipiorum ad Joan. Foy-Vaillant. *Parisiis, F. Muguet,* 1689, un vol. in-4.

80. Numismata Imperatorum, Augustorum et Cæsarum a populis, romanæ ditionis, græcè loquentibus, ex omni modulo, percussa, etc. Editio altera; per Joan. Vaillant. *Amstelodami, G. Gallet,* 1700, un vol. pet. in-fol., fig.

81. Animadversiones in quosdam numos veteres urbium, auct. E. Froelich. *Viennæ,* 1738, un vol. in-8.

Il a paru à Florence, en 1751, une autre édition donnée par *Gori.*

82. Appendiculæ II novæ, ad numos coloniarum altera, altera ad numos Augustorum ab urbibus græcè loquentibus percussos, auct. Er. Froelich. *Viennæ,* 1744, un vol. in-8.

Réimprimé en 1762, par les soins de *Khell.*

83. Regum veterum numismata anecdota áut pèrrara, notis illustrata, auct. Erasmo Froelich. *Vindobonæ,* 1752, un vol. in-4, fig.

84. Ad numismata Regum veterum anecdota aut rariora Accessio nova, conscripta ab Er. Froelich. *Viennæ-Austriæ, Trattner,* 1755, un vol. in-4, fig.

85. Notitia elementaris numismatum antiquorum illorum quæ urbium liberarum, regum et principum ac personarum illustrium appellantur, conscripta ab Er. Froelich, Soc. Jesu. *Viennæ, J. T. Trattner,* 1758, un vol. in-4, fig.

86. Regum veterum numismata anecdota aut perrara notis illustrata, collata operâ et studio Franc. Ant. S. R. I. Comitis DE KHEVENHÜLLER. *Viennæ- Austriæ, Trattner,* (*absque anno*), un vol. in-4.

87. Recueil de médailles de Rois qui n'ont point encore été publiées ou qui sont peu connues (par Jos. PELLERIN). *Paris, Guérin et Delatour,* 1762, un vol. in-4, fig.

Cet ouvrage et les six numéros suivans forment les œuvres de Pellerin.

88. Recueil de médailles de Peuples et de Villes qui n'ont point encore été publiées ou qui sont peu connues (par le même). *Ibidem,* 1763, 3 vol. in-4, fig.

89. Mélange de diverses médailles pour servir de supplément aux recueils des médailles de Rois et de Villes qui ont été imprimés en 1762 et 1763 (par le même). *Ibidem,* 1765, 2 vol. in-4, fig.

90. Supplément aux six volumes de Recueils des médailles de Rois, de Villes, etc., publiés en 1762, 1763, et 1765, avec des corrections relatives aux mêmes volumes (par le même). *Ibidem,* 1765, in-4, fig. — Second supplément, etc. (par le même). *Paris, Delatour,* 1766, in-4, fig.

Ces deux supplémens forment un volume et contiennent la table générale des sept volumes.

91. Troisième supplément, etc. (par le même). *Ibid.,* 1767, in-4, fig.—Quatrième et dernier supplément, etc. (par le même). *Ibidem,* 1767, in-4, fig.

Ces deux supplémens forment un volume.

92. Lettres de l'auteur des Recueils de médailles de Rois, de Peuples et de Villes, imprimés en huit volumes in-4, etc. (par le même). *Francfort et Paris, Delatour,* 1770, un vol. in-4, fig.

La première lettre avait déjà paru seule en 1768.

93. Additions aux neuf volumes de Recueils de médailles de Rois, de Villes, etc., imprimés en 1762, 1763,

1765, 1767, 1768, et 1770, avec des remarques sur quelques médailles déjà publiées (par le même). *Lahaye et Paris, V^e. Desaint,* 1778, un vol. in-4, fig.

On y joint:

94. Observations sur quelques médailles du cabinet de M. Pellerin, par l'abbé Leblond. *La Haye, et Paris, V^e. Desaint,* 1771, un vol. in-4, fig.

Ces observations ont été réimprimées chez *Barrois l'aîné*, en 1823, in-4.

95. Numismata græca Populorum et Urbium, auct. Jos. Khell. *Vindobonæ,* 1764, un vol. in-4, fig.

96. Miscellanea numismatica in quibus exhibentur Populorum insigniumque virorum numismata omnia, etc. ; a P. Dominico Magnan. *Romæ, A. Casaletti, etc.,* 1772-1774, 4 vol. in-8, fig.

97. Numi veteres anecdoti ex museis Cæsareo Vindobonensi......; collegit et animadversionibus illustravit J. Eckhel, etc. *Viennæ-Austriæ, J. Kurzbœck,* 1775, deux parties in-4, fig.

98. Explication de quelques médailles grecques et phéniciennes, avec une paléographie numismatique ; seconde édition, par M. L. Dutens. *Londres, P. Elmsly,* 1776, un vol. in-4, fig.

La première édition avait paru en 1773.

99. Numismata græca quæ Ant. Benedictus è suo maximè et aliorum museis selegit, cum animadversionibus G. Aloysii Oderici. *Romæ,* 1777, un vol. in-4.

100. Populorum et Regum numi veteres inediti, collecti ac illustrati à Fr. Neumanno. *Vindobonæ, Rud. Græfferus,* 1779. — Pars altera. *Vindobonæ, Typis Trattnerianis,* 1783, 2 vol. in-4, fig.

101. Silloge I. numorum veterum anecdotorum thesauri Cæsarei, cum commentariis Jos. Eckhel, etc. *Viennæ, de Trattnern,* 1786, un vol. in-4, fig.

La suite n'a pas paru.

102. Recueil des médailles des Rois grecs de notre cabinet ; par P. Van Damme. *Amsterdam*, 1793, un vol. in-fol.

103. Description de médailles antiques grecques et romaines, avec leur degré de rareté et leur estimation, ouvrage servant de catalogue à une suite de plus de vingt mille empreintes en soufre, prises sur les pièces originales; par T. E. Mionnet. *Paris, l'Auteur*, 1806-1813, 6 volumes in-8, et un volume de planches.

Le premier volume a été réimprimé : 2e. édition , *Paris , l'Auteur*, 1822.

104. Même ouvrage; supplément. *Paris, l'Auteur*, 1819 et ann. suiv., in-8, fig.

Les trois premiers volumes ont déjà paru.

105. Lettera al signor Domenico Sestini, etc., sopra due medaglie greche del gabinetto reale di Milano ; di G. C. (Giuseppe Cattaneo). *Milano, Mus.i*, 1811, cahier in-8, fig.

106. Recueil de quelques médailles grecques inédites ; par M. Millingen. *Rome, De Romanis*, 1812, un vol. in-4, fig.

107. Descrizione degli stateri antichi illustrati con le medaglie per Dom. Sestini. *Firenze, Piatti*, 1817, un vol. in-4, fig.

108. Numismatique du Voyage du jeune Anacharsis, ou Médailles des beaux temps de la Grèce, par Landon et Dumersan. *Paris, Annales du Musée*, 1818, 2 vol. in-8, fig.

Réimprimé en 1823, in-8, et en 1824, in-12.

109. Classes generales seu Moneta vetus Urbium, Populorum et Regum ordine geographico et chronologico descripta. Editio secunda, emendatior et locupletior; author Dom. Sestinius. *Florentiæ, G. Piatti*, 1821, un vol. in-4.

La première édition avait paru à *Leipzig* , en 1797.

110. Descrizione d'alcune medaglie greche del museo particolare di sua Altezza reale Monsig. Cristiano Federico principe ereditario di Danimarca, per D°. Sestini. *Firenze, G. Piatti,* 1821, un vol. in-4, fig.

111. Descrizione d'alcune medaglie greche del museo del signore C. d'Ottavio Fontana di Trieste, per D°. Sestini. *Firenze, G. Piatti,* 1822, un vol. in-4, fig.

112. Médailles grecques [Rois de la Bactriane, etc.] (par M. Koehler). *Saint-Pétersbourg, N. Gretsch* (*s. d.*), un vol. in-8, fig.

113. Recueil de médailles grecques inédites, publiées par Édouard de Cadalvene. *Paris, Debure frères,* 1828, un vol. in-4, fig.

§. II. *Traités particuliers.*

(Rangés dans l'ordre géographique.)

114. Dissertation historique sur les monnoyes antiques d'Espagne, par Mahudel. *Paris, Lemercier, etc.,* 1725, un vol. in-4, fig.

115. Ensayo sobre los alphabetos de las letras desconocidas que se encuentran en las mas antiguas medallas, y monumentos de Espana, por don Luis Jos. Velazquez, *En Madrid, Ant. Sanz,* 1752, un vol. in-4, fig.

116. Medallas de las colonias, municipios, y pueblos antiguos de Espana, etc., por el R. P. M. Fr. Henrique Florez. *Madrid, Marin,* 1757-1773, 3 vol. in-4, fig.

117. Descrizione delle medaglie Ispane appartenenti alla Lusitania, alla Betica, e alla Tarragonese che si conservano nel museo Hedervariano, per D°. Sestini. *Firenze, G. Piatti,* 1818, un vol. in-4, fig.

118. Examen de las medallas antiguas atribuidas a la

ciudad de Munda en la Betica. *Madrid, imprenta reale,* 1799, un vol. in-fol., fig.

119. Essai sur les médailles antiques de Cunobelinus , roi de la Grande-Bretagne, et description d'une médaille inédite de ce prince, par M. le marquis ROGER DE LAGOY. *Aix, Aug. Pontier,* 1826, cahier in-4, fig.

120. Mémoire sur les monnaies et les monumens des anciens Marseillais (par FAURIS DE SAINT-VINCENS). 1771, in-4, fig.

121. Italiæ veteris numismata; edidit F. M. AVELLI-NIUS. *Neapoli, D. Sangiacomo,* 1808, un vol. in-4. — Ad volumen 1 supplementum. *Neapoli, ex officina Monitoris,* 1814, un vol. in-4.

122. Monete antiche di Capua, ecc. *Napoli, Stamp. Simoniana,* 1803, un vol. in-4, fig.

123. Lucania numismatica seu Lucaniæ populorum numismata omnia, etc.; à P. Dominico MAGNAN. *Romæ, Monaldini et Settari,* 1775, un vol. in-4, fig.

124. Bruttia numismatica, seu Bruttiæ, hodiè Calabriæ, populorum numismata omnia, etc.; à P. Dominico MA-GNAN. *Romæ, A. Casaletti et J. Monaldini,* 1773, un vol. in-fol., fig.

125. Phil. PARUTÆ, et Leonardi AUGUSTINI senensis Sicilia numismatica, etc., etc.; cura Sig. HAVERCAMPI. *Lugduni-Batavorum, P. Vander Aa,* 1723, 3 parties in-fol., fig.

Cet ouvrage forme les tomes VI, VII et VIII du *Thesaurus antiquitatum Siciliæ* de Grævius. — La première édition de l'ouvrage de Paruta avait paru à Palerme en 1612.

126. Jac. Phil. D'ORVILLE Sicula, etc., et commentarium ad numismata sicula, etc.; orationem in auctoris obitum et præfationem adjecit Petrus BURMANNUS secundus. *Amstelædami, G. Tielenburg,* 1764, 2 part. in-fol., fig.

127. Siciliæ populorum et urbium, regum quoque et

tyrannorum veteres nummi Saracenorum epocham ante-
cedentes; auct. Gabr. L. Castello; P. T. (principe
Torremuzza). *Panormi, Typis Regiis,* 1781, un vol.
in-fol., fig.

128. Ad Siciliæ populorum et urbium... veteres nummos, etc., auctarium. *Ibidem,* 1789, cahier in-fol., fig.

129. Ad Siciliæ, etc., auctarium secundum. *Ibidem,*
1791, cahier in-fol., fig.

> Une édition contenant les inscriptions et médailles de la Sicile avait
> paru en 1769-1789. — La *Nova Collectio* des inscriptions a paru en 1784,
> in-fol.

130. Histoire des rois de Thrace et de ceux du Bosphore-Cimmérien, éclaircie par les médailles, par Cary.
Paris, Desaint et Saillant, 1752, un vol. in-4, fig.

131. Osservazioni sopra una medaglia d'Eropo III, re
di Macedonia, esistente nel museo di P. Van Damm e sopra
una rarissima serie di medaglie di Tolomeo figlio di Giu-
ba II, esistente pure in quello del B. de Schellersheim.
Roma, 1794, un vol. in-4, fig.

132. Sig. Havercampi Dissertationes de Alexandri
magni numismate, etc. *Lugduni-Batavorum, apud Jans-
sonios, Vander Aa,* 1722, un vol. in-8, fig.

133. Remarques sur les premiers versets du livre des
Macchabées, ou Dissertacion (*sic*) sur une médaille d'A-
lexandre-le-Grand; par le R. P. Panel. Traduction espa-
gnole en regard. *Valence, J. E. Dolz,* 1753, un vol.
in-4, fig.

134. Essai sur les médailles antiques des Iles de Cépha-
lonie et d'Ithaque, par C. P. De Bosset. *Londres, Long-
man, etc.,* 1815, un vol. in-4, fig.

135. Sopra le medaglie antiche relative alla confede-
razione degli Achei, dissertazione di D°. Sestini. *Milano,
Stella e Comp.,* 1817, cahier in-4, fig.

136. Essai historique et critique sur les monnaies d'ar-

gent de la ligue Achéenne, accompagné de recherches sur
les monnaies de Corinthe, de Sicyone et de Carthage, qui
ont eu cours pour le service de cette fédération ; par M. E.
Cousinéry. *Paris, A. A. Renouard,* 1825, un vol. in-4,
fig.

137. Notice sur les médailles de Rhadaméadis, roi in-
connu du Bosphore-Cimmérien, découvertes en Tauride
en 1820; par M. J. De Stempkovsky. *Paris, Firmin
Didot,* 1822, un vol. in-8, fig.

138. Antiquités grecques du Bosphore-Cimmérien publiées et expliquées par M. Raoul-Rochette. *Paris,
F. Didot,* 1822, un vol. in-8, fig.

139. Remarques sur un ouvrage intitulé : Antiquités
grecques du Bosphore-Cimmérien (par M. Koehler).
Saint-Pétersbourg, 1823, un vol. in-8, fig.

140. Mémoire sur une médaille anecdote de Polémon,
roi de Pont, par M. le chevalier de Hauteroche. *Cambrai,
Berthout,* juillet 1826, brochure in-8, fig.

141. Oratio anniversaria Harveiana ; adjecta dissertatio
de nummis à Smyrnæis in medicorum honorem percussis,
auct. R. Mead. *Londini,* 1724, un vol. in-4, fig., *seu* 1728,
un vol. in-8, fig.

142. De Numo Rhodio in agro Sambiensi reperto Dissertatio, etc.; auct. Th. Sig. Bayero. *Regiomonti,* 1723,
un vol. in-4.

143. De Numo M. Tullii Ciceronis à Magnetibus Ly-
diæ cum ejus imagine signato Dissertatio; auctor H. San-
clementius. *Romæ, Poggioli,* 1805, un vol. in-4, fig.

144. Dubia de Minnisari aliorumque Armeniæ Regum
numis et Arsacidarum epocha nuper vulgatis proposita per
Er. Froelich, S. J. C. *Viennæ-Austriæ, Trattner,*
1754, cahier in-4.

145. Eduardi Corsini, etc., de Minnisari aliorumque

Armeniæ regum nummis et Arsacidarum epochâ Dissertatio. *Liburni, Santini et soc.*, 1754, cahier in-4.

146. Annus et Epochæ Syromacedonum in vetustis urbium Syriæ nummis, præsertim Mediceis expositæ, etc.;
auctore F. Henr. Noris. *Florentiæ, Typis Sereniss.
Magni Ducis*, 1691, un vol. in-fol., fig.

147. Seleucidarum imperium, sive Historia regum
Syriæ ad fidem numismatum accommodata, per J. Foy-
Vaillant. Editio secunda. *Hagæ-Comitum, P. Gosse et
J. Neaulme*, 1732, un vol. in-fol., fig.

La première édition avait été donnée en 1681.

148. Annales compendiarii regum et rerum Syriæ,
numis veteribus illustrati, deducti ab obitu Alexandri
Magni ad Cn. Pompeii in Syriam adventum, ex prælectio-
nibus Jo. Bapt. Prileszky; auctore Erasm. Froelich.
Viennæ, 1744, un vol. in-fol., fig.

Il y a eu une deuxième édition aussi à Vienne en 1754.

149. Coins of the Seleucidæ kings of Syria, etc., with
historical memoirs of each reign (by Gough), illustrated
with twenty-four plates of coins, from the cabinet of the
late Mathew Duane, engraved by F. Bartolozzi. *London,
J. Nichols and son, etc.*, 1803, un vol. in-4, fig.

150. Descriptio numorum Antiochiæ Syriæ, sive Specimen artis criticæ numariæ, quod rei veteris numisma-
ticæ studiosis exhibet Josephus Eckhel. *Viennæ, de Trattnern*, 1786, cahier in-4.

151. De antiquis numis Hebræorum, etc., quorum
S. Biblia, et rabbinorum scripta meminerunt. Auct. Gasp.
Wasero. *Tiguri*, 1605, un vol. in-4.

152. Relandi Dissertationes de nummis veterum Hebræorum. *Traj. ad Rhenum*, 1709, un vol. pet. in-8.

153. Franc. Perezii Bayeri, etc., de numis Hebræo-

rum Samaritanis Dissertatio. *Valentiæ-Edetanorum*, *B.*
Montfort, 1781, un vol. pet. in-fol., fig.

154. Numorum Hebræo-Samaritanorum Vindiciæ (eo-
dem auctore). *Valentiæ-Edetanorum*, *B. Montfort*, 1790,
un vol. pet. in-fol.

Doit être réuni avec l'ouvrage précédent.

155. Harduini Chronologiæ ex nummis antiquis resti-
tutæ Prolusio de nummis Herodiadum. *Parisiis*, *J.*
Anisson, 1693, un vol. in-4.

156. Th. Sig. Bayeri Historia Osrhoena et Edessena ex
numis illustrata. *Petropoli*, *Typ. Academiæ*, 1734, un
vol. in-4, fig.

157. Arsacidarum imperium sive regum Parthorum
Historia, ad fidem numismatum accommodata, per J. Foy-
Vaillant. Tomus primus. — Achæmenidarum imperium
sive Regum Ponti, Bosphori et Bithyniæ Historia ad fidem
numismatum accommodata, per J. Foy-Vaillant. Tomus
secundus. *Parisiis*, *C. Moette*, 1725, 2 vol. in-4, fig.

158. Annales Arsacidarum, auctore L. Dufour de Lon-
guerue. *Argentorati*, 1732, un vol. in-4.

159. Mémoire sur diverses antiquités de la Perse, et
sur les médailles des rois de la dynastie des Sassanides, etc.,
par A. I. Silvestre de Sacy. *Paris*, *Impr. nationale exé-*
cutive du Louvre, 1793, un vol. in-4, fig.

160. Historia regni Græcorum Bactriani, etc., auct.
Th. Sig. Bayero. Acced. Theod. Walteri doctrina tem-
porum indica. *Petropoli*, 1738, un vol. in-4, fig.

161. Historia Ptolemæorum Ægypti regum, ad fidem
numismatum accommodata, per J. Vaillant. *Amstelæ-*
dami, G. Gallet, 1701, un vol. pet. in-fol., fig.

162. Recherches historiques et géographiques sur les
médailles des nomes ou préfectures de l'Égypte, par

J.-F. Tòchon d'Annecy. *Paris, Imp. royale*, 1822, un vol. in-4, fig.

163. Er. Froelich, è S. J., de familiâ Vaballathi numis illustratâ opusculum posthumum, etc., curante Jos. Khell. *Vindobonæ, J. P. Kraus*, 1762, un vol. in-4, fig.

OUVRAGES RELATIFS AUX MONNAIES ET MÉDAILLES ROMAINES.

§ I. *Traités sur les As et sur les Monnaies des familles.*

164. De Numis aliquot æreis uncialibus Epistola (à F. X. Card. de Zelada). *Romæ, Generosi Salomoni*, 1778, un vol. in-4, fig.

165. Familiæ romanæ in antiquis numismatibus ab urbe conditâ ad tempora divi Augusti, ex bibliothecâ Fulvii Ursini, cum adjunctis Antonii Augustini, Episc. IJerdensis; Car. Patin restituit, recognovit, auxit. *Parisiis, Joa. du Bray*, 1663, un vol. in-fol., fig.

La première édition avait paru à Rome en 1577.

166. Nummi antiqui familiarum romanarum perpetuis interpretationibus illustrati, per J. Vaillant. *Amstelædami, G. Gallet*, 1703, 2 vol. pet. in-fol., fig.

167. Thesaurus Morellianus, sive familiarum romanarum numismata omnia diligentissimè undique conquisita, ad ipsorum numorum fidem accuratissimè delineata, et juxtà ordinem F. Ursini et C. Patini disposita ab And. Morellio, etc.; nunc primum edidit et commentario perpetuo illustravit Sig. Havercampus. *Amstelædami, apud J. Westenium et G. Smith*, 1734, 2 vol. in-fol., fig.

168. Réflexions sur les deux plus anciennes médailles d'or romaines qui se trouvent dans le cabinet de S. A. R. Madame (par Baudelot De Dai val). *Paris, J. B. Lamesle*, 1720, cahier in-4, fig.

§ II. *Traités sur les Monnaies et Médailles impériales.*

1°. *Traités généraux.*

(Rangés dans l'ordre de leur publication.)

169. Illustrium Imagines. (*In fine*) : Imperatorum et illustrium virorum vultus ex antiquis numismatibus expressi per diversos doctissimos viros, sed pro majori parte per Andr. FULVIUM. *Romæ, Jac. Mazochius,* 1517, un vol. in-8, fig.

170. Le imagini con tutti i riversi trovati et le vite degl'imperatori, etc. ÆNEA VICO Parm. F., l'anno 1548, un vol. in-4, fig.

171. Epitome thesauri antiquitatum, hoc est Impp. rom., orientalium et occidentalium iconum, ex antiquis numismatibus quàm fidelissimè delineatarum. Ex musæo Jacobi DE STRADA Mantuani antiquarii. *Lugduni, apud Jacobum de Strada et Thomam Guerinum,* 1553, un vol. in-4, fig.

172. Omnium Cæsarum verissimæ imagines ex antiquis numismatis desumptæ, additâ perbrevi cujusque vitæ descriptione, etc. Libri primi editio altera. ÆNEAS VICUS Parm. F., anno 1554, un vol. in-4, fig.

173. Le imagini delle donne Auguste, intagliate in stampa di rame; con le vite et ispositioni di Enea VICO sopra i riversi delle loro medaglie antiche. *In Venegia, Enea Vico Parmigiano,* etc., 1557, un vol. in-4, fig.

174. Augustarum imagines æreis formis expressæ, etc., ab ÆNEA VICO Parmense. *Venetiis (Paul. Manutius),* 1558, un vol. in-4, fig.

175. Impp. romanorum numismatum series a C. Julio Cæsare ad Rudolphum II, etc., per Levinum HULSIUM.

Secunda editio. *Francofurti, impensis authoris,* 1605, un vol. in-12, fig.

176. Ex libris XXIII Commentariorum in vetera Imperatorum numismata Æneæ Vici liber primus. *Parisiis, Duvallius,* 1619, un vol. in-4, fig.

177. Explicacion de unas monedas de oro de Emperadores romanos, que se han hallado en el puerto de Guadarrama, por D. Juan de Quinones. *Madrid,* 1620, un vol. in-4.

178. Commentaires historiques contenant l'histoire générale des Empereurs, Impératrices, Cæsars et Tyrans de l'Empire romain, illustrée, enrichie et augmentée par les inscriptions et énigmes de treize à quatorze cens médailles tant grecques que latines, etc.; par Jean Tristan. *Paris, Denys Moreau,* 1644, 3 vol. in-fol., fig.

Les exemplaires portant 1657 sont de la même édition; il n'y a de nouveau que le titre.

179. Historia romana à J. Cæsare ad Constantinum Magnum per numismata, auct. Lacarry. *Claromonti,* 1671, un vol. in-4.

180. Thesaurus selectorum numismatum antiquorum, etc., auctore Jac. Oiselio, J. C. *Amstelodami, H. et T. Boom,* 1677, un vol. in-4.

181. L'Historia augusta da Giulio Cesare a Constantino il Magno illustrata con la verità dell'antiche medaglie, da Franc. Angeloni. Seconda impressione, da Gio. Pietro Bellori. *In Roma, Felice Cesaretti,* 1685, un vol. in-fol., fig.

La première édition est de 1641.

182. I Cesari in oro, raccolti nel Farnese museo, e pubblicati colle loro congrue interpretazioni, tomo 1, composto dal padre Paolo Pedrusi. *Parma, stamp. di S. A. S.,* 1694.

— Tomi 2°., 3°., 4°. (I Cesari in argento), 1701, 1703, 1704.

— Tomo 5°. (I Cesari in medaglioni), 1709.

— Tomi 6°., 7°., 8°. (I Cesari in metallo grande), 1714, 1717, 1721.

— Tomi 9°. e 10°. (I Cesari in metallo mezzano e piccolo) opera di Pietro Piovene, 1724, 1727.

Les 10 vol. in-fol., fig.

183. Imperatorum romanorum numismata ex ære mediæ et minimæ formæ, descripta et enarrata per Car. Patinum. *Amstelodami, Gallet,* 1696, un vol. in-fol., fig.

> La première édition est de 1671, à *Strasbourg.*

184. Romanorum Imperatorum Pinacotheca, sive duodecim Imperatorum simulacra, etc.; curâ et labore Ludolphi Smids. *Amstelædami, H. Desbordes et P. Sceperies,* 1699, un vol. in-4, fig.

185. Numismata Imperatorum romanorum a Trajano Decio ad Palæologos Augustos. Accessit Bibliotheca nummaria sive auctorum qui de re nummaria scripserunt, operâ et studio D. Anselmi Banduri. *Lutetiæ-Parisiorum, Montalant,* 1718, 2 vol. in-fol., fig.

> Il y a eu une seconde édition en 1719, à *Hambourg.* Froelich a publié un supplément, et Tanini en a donné un plus étendu en 1791. (192.) — La *Bibliotheca nummaria* a été publiée séparément la même année. (16.)

186. Imperatorum romanorum numismata a Pompejo Magno ad Heraclium, ab Adolpho Occone olim congesta, nunc Augustorum iconibus, perpetuis historico-chronologicis notis, pluribusque additamentis jam illustrata à Francisco Mediobarbo Birago, etc.; curante Philippo Argelato Bononiensi. *Mediolani, ex œdibus Societatis Palatinæ,* 1730, un vol. in-fol., fig.

> La première édition avait été imprimée à *Anvers* en 1579.

I.   23

187. Numismata Imperatorum romanorum præstantiora a Julio Cæsare ad Postumum usquè, per Joa. VAILLANT, etc., editio altera, cui accessit appendix a Postumo ad Constantinum Magnum, studio Jo. Fr. BALDINI. *Romæ, C. Barbiellini, etc.,* 1743, 3 vol. in-4, fig.

La première édition avait paru à Paris en 1682 ; d'autres furent publiées en 1692, 1695, 1696. Khell a donné un supplément à cet ouvrage en 1767. (189).

188. Histoire abrégée des Empereurs romains et grecs, des Impératrices, des Césars, des Tyrans, et des personnes des familles impériales pour lesquelles on a frappé des médailles, etc., avec le degré de leur rareté et la valeur des têtes rares; par M. BEAUVAIS. *Paris, De Bure père,* 1767, 3 vol. in-12.

189. Ad Numismata Imperatorum romanorum aurea et argentea à Vaillantio edita, à Cl. Baldinio aucta ex solius Austriæ utriusque, iisque aliquibus museis, supplementum à Julio Cæs. ad Comnenos se porrigens, operà Jos. KHELL, è S. J. *Vindobonæ, de Trattnern,* 1767, un vol. in-4, fig.

190. Numismata aurea Imperatorum romanorum è cimelio Regis christianiss. delineata et æri incisa (à Com. DE CAYLUS), absque anno, in-4.

Sans texte. 70 pl. y compris le titre gravé et le portrait de l'auteur. Les premiers exemplaires n'ont ni le titre ni le portrait.

191. The medallic history of imperial Rome, by W. COOKE. *London,* 1781, 2 vol. gr. in-4, fig.

192. Numismatum Imperatorum romanorum a Trajano Decio ad Constantinum Draconem ab Anselmo Bandurio editorum Supplementum, confectum studio et curà Hieronymi TANINII. *Romæ, Ant. Fulgonius,* 1791, un vol. in-fol., fig.

Cet ouvrage se joint à celui de Banduri imprimé en 1718. (185.)

193. De la rareté et du prix des médailles romaines, etc., par T. E. MIONNET. Seconde édition. *Paris, l'Auteur*, 1827, 2 vol. in-8, fig.

La première édition avait paru en 1815, en un vol.

2°. *Traités particuliers.*

(rangés dans l'ordre historique).

194. Thesaurus Morellianus, sive Christ. SCHLEGELII, Sig. HAVERKAMPI et Ant. Fr. GORII Commentaria in XII priorum Imperatorum romanorum numismata aurea, argentea, ærea cujuscumque moduli, diligentissimè conquisita et ad ipsos nummos accuratissimè delineata ab And. MORELLIO, etc., cum præfatione Pet. WESSELINGII. *Amstelædami, Jac. A. Wetstein*, 1752, 3 vol. in-fol.

195. Caii SUETONII TRANQUILLI opera quæ extant. Car. PATINUS notis et numismatibus illustravit. *Basileæ, typis Genathianis*, 1675, un vol. in-4, fig.

196. Médailles spintriennes gravées par A. DE SAINT-AUBIN. (Sept planches in-fol., sans titre ni texte. Ces planches appartiennent à la Description des principales pierres gravées du cabinet du duc d'Orléans, donnée par Le Blond et De la Chau, en 1780, 2 vol. in-fol.)

197. Dissertation sur douze médailles des Jeux séculaires de l'empereur Domitien, par le sieur RAINSSANT. *Versailles, F. Muguet*, 1684, cahier in-4, fig.

198. Dissertation sur les médailles attribuées au fils de l'empereur Postume, par M. Prosper DUPRÉ. *Paris, A. A. Renouard*, 1825, cahier in-8.

199. Histoire de Carausius prouvée par les médailles, par GENEBRIER. *Paris*, 1740, un vol. in-4.

23.

200. The medallic history of Marcus Aurelius Valerius Carausius emperor in Brittain, by William Stukeley. *London, Ch. Corbet,* 1757, un vol. in-4, fig.

201. Lettre de G. L. Oderico à l'abbé Marini sur une médaille de Carausius qui n'a point encore paru. En anglais et en français. *Génes (s. d.),* un vol. in-4.

202. De Imperatorum constantinopolitanorum, seu inferioris ævi vel imperii, uti vocant, numismatibus, Dissertatio Caroli Du Fresne D. Du-Cange. *Romæ, Salvioni,* 1755, un vol. in-4, fig.

203. Mélanges de numismatique et d'histoire, ou Correspondance sur les médailles et monnaies des empereurs d'Orient, etc.; par N. D. Marchant. *Paris, F. J. Fournier,* 1818, un vol. in-8, fig.

Plusieurs lettres formant suite à ce volume out été publiées isolément depuis.

204. Notice sur les médaillons romains en or du musée impérial et royal de Vienne, etc., par Ant. Steinbuchel. *Vienne, Ant. Strauss,* 1826, cahier in-4, fig.

205. De Numis romanis in agro Prussico repertis, Comment. auct. Th. Sig. Bayero. *Lipsiæ,* 1722, un vol. in-4.

CATALOGUES DE COLLECTIONS NUMISMATIQUES.

(rangés dans l'ordre de leur publication).

206. Thesaurus numismatum è musæo C. Patin. *Sumptibus auctoris,* 1672, un vol. in-4, fig.

207. Thesaurus numismatum, etc., ab ill. et exc. D. Petro Mauroceno, senatore veneto, Ser. Reipublicæ legatus, aut. Car. Patin. *Venetiis, Jo. F. Valvasensis,* 1683, un vol. in-4, fig.

208. Selecta numismata antiqua ex museo Petri Se-

GUINI, etc. *Lutetiæ-Parisiorum*, *J. Joubert*, 1684, un vol. in-4, fig.

Il y avait eu une édition antérieure. Paris, 1676.

209. Thesaurus ex thesauro palatino selectus, sive gemmarum et numismatum quæ in electorali cimeliarchio continentur, etc., dispositio ; authore L. BEGERO. *Heidel-bergæ, Ph. Delborn*, 1685, un vol. in-fol., fig.

210. Nummi antiqui Consulum, Augustorum, Regum, etc., in thesauro Christinæ reginæ Romæ asservati, per seriem redacti ; auct. Fr. CAMELI. *Romæ*, 1690, un vol. in-4.

Donné de nouveau par Sig. Havercamp en 1742. (226.)

211. Selecta numismata antiqua, ex museo Jacobi de WILDE. *Amstelodami, sumptibus authoris*, 1692, un vol. in-4, fig.

212. Selectiora numismata in aere maximi moduli e museo D. D. Francisci de Camps, etc., concisis interpretationibus per D. VAILLANT, illustrata. *Parisiis, Ant. Dezallier*, 1694, un vol. in-4, fig.

Il y a d'autres éditions citées ci-après. (213, 220.)

213. Selectiora numismata ærea maximi moduli (è museo Franc. de Camps, delineata et sculpta à Fr. Eslinger. *Parisiis*, 1696), un vol. in-4, planches sans texte.

Il faut joindre à ce volume la *Description* donnée par M. SESTINI. *Berlin*, 1808. (242.)

214. Thesaurus brandenburgicus selectus, sive gemmarum et numismatum Græcorum, etc., series, commentario illustratæ, à L. BEGERO. *Coloniæ-Marchicæ, Ulr. Liebpert*, 1696, un vol. in-fol., fig. — Thesauri electoralis brandenburgici continuatio, sive numismatum Romanorum, etc., series selecta ; aut. L. BEGERO. *Ibid.*, (*absq. a.*) un vol. in-fol., fig.— Ejusd. Thesauri volumen tertium, etc.: à L. BEGERO. *Ib.* (*absq. a.*). un vol. in-fol., fig.

215. Médaillons antiques depuis Auguste jusqu'aux enfans de Constantin; un vol. in-fol. max. (contenant 41 planches sans texte, faisant partie du recueil connu sous le nom de *Cabinet du Roi*).

Ou y joint les médailles du Bas-Empire gravées pour l'ouvrage de Bauduri, 47 planches sur 37 demi-feuilles.

216. Del Tesoro britannico parte prima, overo il museo nummario ove si contengono le medaglie greche e latine, ecc.; delineate e descritte da Nic. Franc. HAYM romano. *Londra, G. Tonson,* 1719-20, 2 vol. in-4. fig.

Il a paru la même année une traduction anglaise. — Une autre édition de 1762-1764, par Christiani et Khell est citée ci-après. (231.)

217. Numismata ærea max. moduli, in museo Carthusianorum servata. *Romæ,* 1727, un vol. in-fol., fig.

218. Gotha numaria sistens Thesauri Fridericiani numismata antiqua aurea, argentea, ærea, etc.; auctore Christ. Sigism. LIEBE, etc. *Amstelædami, apud R. et J. Wetstenios et G. Smith,* 1730, un vol. in-fol. fig.

219. Musei Theupoli antiqua numismata olim collecta a Joanne Dominico THEUPOLO, etc. *Venetiis,* 1736, 2 vol., gr. in-4.

220. Antiqua Imperatorum romanorum numismata ex ære maximo olim ab abbate de Camps collecta, et quorum nonnulla Jo. FOY-VAILLANT explicationibus illustravit, nunc in cimelio Vict. Mariæ Ducis d'Estrées Franciæ Marescalli servata, 1737, un vol. in-fol., fig.

221. Imperatorum romanorum, a Julio Cæsare ad Heraclium usquè, numismata aurea, etc., Caroli Ducis Croii et Arschotani studio collecta, etc., nec minore fide, atque industriâ Jacobi DE BIE ex archetypis in æs incisa, etc.; accedit L. SMIDS romanorum Imperatorum Pinacotheca. Sig. HAVERCAMPUS recensuit et auxit. *Amstelodami, M. Schagen,* 1738, un vol. in-4, fig.

Ce catalogue avait déjà été donné par Joa. Hemelarius, à *Anvers,* avec les mêmes planches. Il y en a eu plusieurs éditions.

222. Antiqua numismata maximi moduli aurea, argentea, ærea ex museo Alexandri S. R. E. card. Albani in vaticanam bibliothecam a Clemente XII, pont. opt. max. translata et a Rodulphino VENUTO cortonensi notis illustrata. *Romæ, impensis Calcographei Cameralis, typis Bernabò*, 1739-1744, 2 vol. in-fol. max., fig.

223. Antiqua numismata aurea et argentea præstantiora, et ærea maximi moduli, quæ in regio thesauro Magni Ducis Etruriæ adservantur; auct. Ant. Fr. GORI. *Florentiæ*, 1740, 3 vol. in-fol. max., fig.

> Ces trois volumes forment les tomes IV, V et VI du *Museum Florentinum*.

224. In numismata ærea selectiora maximi moduli e museo Pisani olim Corrario commentarii; auct. D. Alberto MAZZOLENO. *In monasterio Benedictino-Casinate S. Jacobi Pontidæ agri Bergomatis, apud Joa. Santinum*, 1740.— In eadem animadversiones (ejusdem Mazzoleni). *Ibidem*, 1741. — In eadem animadversiones (ejusdem). *Ibidem*, 1744, les 3 vol. in-fol. max., fig.

225. Numismata quædam cujuscumque formæ et metalli musei Honorii Arigoni veneti, ad usum juventutis rei nummariæ studiosæ. *Tarvisii, apud E. Bergamum*, 1741-1759, 4 tomes in-fol., fig.

> Il faut y joindre l'ouvrage publié par M. Sestini, à Berlin en 1805.(240.)

226. Nummophylacium reginæ Christinæ quod comprehendit numismata ærea Imperatorum romanorum, latina, græca, atque in coloniis cusa, quondam a Petro SANTES BARTOLO summo artificio summàque fide incisa tabulis æneis LXIII; cum commentario Sig. HAVERCAMPI. *Hagæ-Comitum, Petr. de Hondt*, 1742, un vol. in-fol., fig., traduction française en regard.

> Un premier Catalogue avait paru en 1690. (210.)

227. Numismata antiqua in tres partes divisa, collegit

olim"et æri incidi vivens curavit Thomas Pembrochiæ et
Montis-Gomerici comes. *Prelo domum mandabatur*. 1746,
4 parties, gr. in-4, fig. (sans texte).

Il y a des exemplaires sur papier in-fol.

228. Nummorum antiquorum scriniis Bodleianis re-
conditorum Catalogus cum commentario, tabulis æneis et
appendice (auct. Franc. WISE). *Oxonii, è theatro Shel-
doniano*, 1750, un vol. in-fol., fig.

229. Numismata antiqua à Jacobo MUSELLIO collecta et
edita. *Veronæ*, 1751, 3 vol. in-fol. (un de texte et deux
de planches).

On y joint deux volumes d'antiquités.

230. Numismata cimelii Cæsarei regii Austriaci Vindobonensis, quorum rariora iconismis, cetera catalogis
exhibita (operà et studio Jos. DE FRANCE, Valent. DU VAL,
P. Eras. FROELICH et Jos. KHELL). *Vindobonæ, J. T. Trattner*, 1754 et 1755, 2 vol. in-fol. max., fig.

Voyez le Catalogue donné par Eckhel en 1779. (235.)

231. Thesauri Britannici pars prima, seu Museum
numarium, etc., interprete Aloysio comite CHRISTIANI.
Vindobonæ, 1762, un vol. in-4, fig. — Thesauri Britannici pars altera, seu Museum numarium complexum
numos græcos et latinos omnis metalli et formæ necdum
editos, depictos et descriptos a Nicolao Franc. HAYM, interprete Jos. KHELL. *Vindob.*, 1764, un vol. in-4, fig.

La première édition est de 1719. (216.)

232. Musei Kircheriani in romano Soc. Jesu collegio
Ærea notis illustrata (a P. CONTUCCIO). *Romæ*, 1763-
1765, 2 tomes, in-fol., fig.

233. Descrizione istorica del museo di Christiano
DEHN, per l'abate Fr. Mar. DOLCE. *Roma*, 1772, 3 vol.
in-4.

234. Catalogue raisonné d'une collection de médailles

(par Schachmann). *Leipzig, B. C. Breitkopf et fils,* 1774, un vol. in-4, fig.

235. Catalogus musei Cæsarei Vindobonensis numorum veterum, distributus in partes II, quarum prior monetam Urbium, Populorum, Regum, altera Romanorum complectitur; disposuit et descripsit Eckhel. *Vindobonæ, J. P. Kraus,* 1779, 2 vol. in-fol. max., fig.

236. Nummorum veterum Populorum et Urbium qui in museo Gul. Hunter asservantur, Descriptio, figuris illustrata; operâ et studio Car. Combe. *Londini, J. Nichols,* 1782, un vol. in-4, fig.

237. Numi Ægyptii imperatorii prostantes in museo Borgiano Velitris, etc.; à Geor. Zoega. *Romæ, apud Ant. Fulgonium,* 1787, un vol. in-4, fig.

238. Catalogue d'une collection de médailles antiques faite par la comtesse douair. de Bentinck, née comtesse d'Aldenburg. *Amsterdam, héritiers de K. Eel,* 1787, deux parties, in-4, fig. — Supplément. *Ibid.,* 1788, un vol. in-4, fig.

Ce supplément se compose de 241 pages à la suite desquelles se trouvent 40 pages de gravures numérotées 1 à 40, avec ce titre : *Médailles de mon catalogue qui n'ont pas été gravées encore et qui ont paru mériter de l'être.*

239. Catalogue des médailles antiques et modernes, principalement des inédites et des rares en or, argent, bronze, etc., du cabinet de M. d'Ennery (par l'abbé Campion de Tersan). *Paris, imp. de Monsieur,* 1788, un vol. in-4.

Il faut y joindre la feuille des vacations de la vente faite en avril et mai 1788, avec les prix notés à la plume.

240. Catalogus numorum veterum musci Arigoniani castigatus a D. S. F. (Dom. Sestini), etc. *Berolini, apud Car. Quien,* 1805, un vol. pet. in-fol.

Fait suite au *Musée Arigoni* imprimé en 1741, in-fol. (225.

241. Indicazione delle medaglie antiche del signor PietroVitali, opera del dottore AlessandroVisconti. *Roma, Ant. Fulgoni*, 1805, 2 parties, in-4.

242. Descriptio selectiorum numismatum in ære max. moduli è museo olim abbatis de Camps, posteàque mareschalli d'Etrées indeque gazæ regiæ Parisiensis, secundum rarissimum exemplum quod nunc est r. bibliothecæ Beroliniensis, etc.; auct. D. Sestini. *Berolini, C. Quien*, 1808, un vol. in-4.

Voyez *Selectiora numismata, etc.*, grav. par F. Eslinger, 1696. (213.)

243. Musei Sanclementiani numismata selecta Regum, Populorum et Urbium, præcipuè Imperatorum Romanorum græca, ægyptiaca et coloniarum, illustrata, libri III cum figuris; addito de epochis libro IV. *Romæ, Poggioli*, 1808-1809, 4 vol. in-4, fig.

244. Catalogue d'une collection de 728 médailles consulaires et de 3616 médailles impériales en argent, suivi d'une notice du prix de chaque médaille impériale; par M. Rollin. *Paris, P. Mongie*, 1811, un vol. in-8.

245. Populorum et Urbium selecta numismata ex ære, descripta et figuris illustrata ab Ed. Harwood. *Londini, typis T. Bensley, etc.*, 1812, un vol. in-4, fig.

246. Musei Hedervarii in Hungaria numos antiquos græcos et latinos descripsit, etc., Michael à Wiczay (curà Caronni). *Vindobonæ, typis Patrum Mechitaristarum*, 1814, 2 vol. in-4, fig.

247. Veterum Populorum et Regum numi qui in museo Britannico adservantur, auct. Taylor Combe. *Londini, R. et A. Taylor*, 1814, un vol. in-4, fig.

248. Catalogus numorum veterum græcorum et latinorum musei regis Daniæ; disposuit A. Ch. Ramus. *Hafniæ*, 1816, 2 parties divisées en 3 vol. in-4, fig.

On peut y joindre l'ouvrage suivant :

249. Lettera critica all'estensore del libro intitolato : Catalogus Numorum veterum græcorum et latinorum musei regis Daniæ. *Hafniæ,* 1816 (firmata D. S. [Domenico Sestini], senza data), un cahier in-4.

250. Notice sur le cabinet des médailles et des pierres gravées de S. M. le Roi des Pays-Bas, par J. C. DE JONGE. *La Haye, veuve Allart et Comp.,* 1823, un vol. in-12.

251. Descrizione della serie consolare del museo di Carlo d'Ottavio Fontana di Trieste, fatta dal suo possessore. *Firenze, G. Piatti,* 1827, un vol. in-4, fig.

252. Descrizione delle medaglie antiche greche del museo Hedervariano dal Bosforo Cimmerio fino all'Armenia romana, con altre di più musei, ecc., per Domenico SESTINI. *Firenze, Guglielmo Piatti,* 1828, un vol. in-4, fig.

253. Description des médailles antiques du cabinet de feu M. Allier de Hauteroche, etc., par M. DUMERSAN. *Paris, De Bure frères,* 1829, un vol. in-4, fig.

TABLE DES AUTEURS

CITÉS

DANS LE TOME PREMIER.

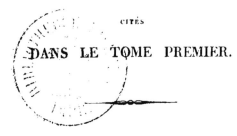

FIN DE LA TABLE DES AUTEURS CITÉS DANS LE TOME PREMIER.

TABLE DES MATIÈRES

DU TOME PREMIER

24.

E.

25

FIN DE LA TABLE DES MATIERES DU TOME PREMIER.

ERRATA

DU TOME PREMIER.

Page 67, ligne 31. — ici, *lisez:* dans cet ouvrage.

74,   27. — et quan... *lisez:* et quant.

86,   28. — comme on les obtient du coin... *lisez:* ni rendre l'effet du coin.

97,   14. — des Monnaies de bronze peu épaisses... *lisez:* des Monnaies peu épaisses.

106,   26. — (374), *lisez:* (377).

223,   19. — du style enfin des inscriptions numismatiques... *lisez:* enfin du style de l'art des inscriptions numismatiques.

234,   26. — Les lettres changées... *lisez:* Des lettres changées.

236,   29. — t. I, p. 170... *lisez:* t. II, p. 170.

243,   7. — *dentelées, fourrées...* lisez: *dentelées fourrées.*

256,   27. — rarementcontre faites, *lisez:* rarement contrefaites.

316,   26. — Dès que l'on en a formé... *lisez:* Dès que l'on a eu formé.

329,   4. — Le tiret placé après la quatrième ligne doit l'être après la première.

336,   21. — (n°. 189), *lisez:* (n°. 188).

350,   30. — DE DAI VAL, *lisez:* DE DAIRVAL.

Imprimé en France
FROC020957220120
23239FR00016B/186/P